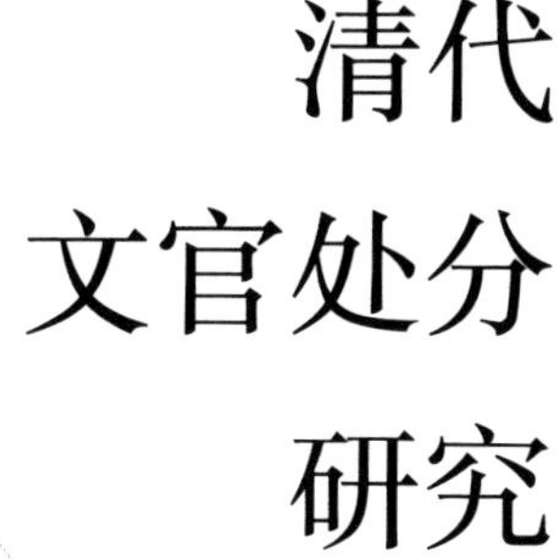

清代文官处分研究

董瑞 著

目　录

绪　论

第一节　问题的提出及概念界定

一、问题提出

自秦迄清，中国一直是实行君主专制的社会，国家大事决于皇帝一人。然而，“天下之大，一人不能以独理，则必分其职于臣邻”[①]，因此，历朝各代都设官分职，用人行政，并奉行循名责实的精神，以法治官，明定赏罚。赏，即官员在有功劳时，应该按照规定进行奖叙；罚，即官员在有过时，依据相关法律进行惩罚，追究其法律责任。本书的主旨在于讨论文官的行政法律责任问题。

按照当代之法理，官员承担法律责任的形式大体分为行政责任、刑事责任和民事责任三种。其中，行政责任即处分，主要是基于官员的职责和身份而定，其与刑罚、民事惩罚之区别，迥然有异，甚为明显。然溯查中国古代法律，虽已有三种惩罚方式的

① ［清］牛天宿：《百僚金鉴》，载《续修四库全书》第755册，史部·职官类，上海古籍出版社1995—2002年版，第9页。

区分，例如，行政上有夺禄、削爵和免官等，刑事上有五刑，民事上有追偿赔补，但究以刑罚为主，行政、民事惩罚只是配合适用，且不成体系，三种责任形式长期混同交叉。[①]

至清代，上述现象有所改变。本书认为，清代在承沿汉制的基础上，参酌满族习惯，形成了一套适如清代实际行之有效的文官管理法律制度。其中，文官的处分制度已基本独立，且自成体系，究其理由有四：

有系统的处分种类。清代对文官惩罚，重者，施以笞、杖、徒、流、死五刑，轻者，给予罚俸、降级或革职等处分；而且，许多犯笞杖轻罪的官员，除可以照例赎罪外，还可以罚俸、降级来代替刑罚。又，罚俸者，设一月至二年七等差；降级者，分留任、调用两种，前者有一级、二级、三级三等，后者有一级至五级五等；革职者，分留任、离任、永不叙用三等。上述三种处分，自轻至重，皆可独立适用。

有固定的管辖机关。自隋唐设立六部以来，国家的惩罚大权尽归刑部，而主管文官的吏部，其责重在铨选考核，以定黜陟。[②]至清代，对于文官的处分权力明定为吏部，该部设考功司，专掌考核和处分。同时，都察院掌纠劾之权，可行使对吏部文官的处分权。至于刑部，则专司刑罚，若参案涉及处分，则须移咨吏

① 艾永明：《清朝文官制度》，商务印书馆2003年版，第178页。织田万：《清国行政法》，中国政法大学出版社2003年版，第420页。

② 乾隆曾论道："凡罪人之丽辟及职官之案劾者，皆据此（刑曹）平决。盖今刑部之议罪与吏、兵二部之议处，具职掌本同在法官……隋唐始于吏部置考功一曹，而所司惟考续黜陟之令，其他论劾仍不与焉。《唐六典》称九品已上犯除免官者，大理详而质之，以上刑部，其事尚在法官。至明以内外弹章，付之考功定拟，武官功过，亦归武选，于是官司过失至革职以下者，其核议之事，乃悉属吏、兵二部而不在法司矣。今以定科删定两部，专掌修定法令，实兼有今刑部律例馆、吏兵二部则例馆之任。"（《历代职官表》卷一三《刑部表》，商务印书馆"丛书集成初编"本1936年版。）

部，共同办理。

有单独的法律依据。中国古代法典，诸如《唐律疏议》《宋刑统》《元典章》《大明律》，都是包罗万象，将各种责任形式杂糅其中，未有明确区分。满族入关后，仿行明制，制定《大清律例》，这部法典与前朝如出一辙，仍是以刑为主，兼及其他。然而，清代最大不同在于，定有《吏部处分则例》，这是一部独立的法规，且是确定文官处分的首要依据。

有特别的适用原则。古代文官刑事犯罪，分公罪私罪，但由于其犯罪概念不同于今日，凡过误皆为犯罪，所以清代的处分也分公罪私罪，这一点，处分与刑罚相同。然而，刑事惩罚与处分究有不同，例如，刑部论罪和吏部议处，两者在失入失出原则适用上，迥然有别。“刑部失入重于失出者，因罪犯一经失入，已罹重辟，所谓死者不可复生，严其处分，正以重民命也；至失出，囚即遣放，仍可审核更正，故其议处从轻。若吏部办理议处，疏忽失入，固有应得之咎，但事后尚可自行检举，或经被议之员控辩，仍可查明改正，不致终于枉屈，其议处可以从轻；至失出，则以应行议降之人，妄为拟抵，安知非徇情受贿，高下其手，久之易滋流弊，不可不重其处分，俾知儆惕，以刑部出入轻重，反而用之，方为平允。”①

综上可见，清代文官处分制度已基本独立，当然，仍有许多地方值得细究，相关问题将在后文中逐步展开论述。

应该指出，本文的研究范围仅限于清代（1616—1911）。戴逸先生说，历史必须分成许多段落去研究，才能更集中、更深入地追踪事件，观察人物，分析制度，更充分地理解世界的丰富

① 《高宗纯皇帝实录（十四）》卷一〇五〇，乾隆四十三年二月上，中华书局1986年版（下同），第32—33页。

期，或未能完成定额指标，隐瞒消息以及其他违反规章程序的行为。”[①] 艾永明认为：“清朝文官制度较之于前代更加完备，处分制度的基本独立是一个重要的标志。在中国古代文官制度发展的很长时间内，文官的行政责任和刑事责任、处分和刑事惩罚是交融相混的。然而，这种现象在清朝已经基本消除。尽管清朝文官的行政责任和刑事责任在某些方面、在一定程度上还没有完全区分，但两者的责任追究制度已经明显分立，处分已经成为基本独立的制度。”[②] 蒲坚认为：“清朝为加强吏治，除《大清律例》里有关职官因行政上失职构成犯罪而受到惩罚的规定外，还制定了有关则例，《吏部处分则例》就是专门处理官吏失职行为的行政法规。根据这个法规，凡官吏在行政上的失职行为按不同情节，给以不同惩罚，轻者罚俸，重者革职，再重的除革职外，还要问罪，即判处刑罚，最重的要判处死刑。”[③] 其他学者，如柏桦的《明清州县群体研究》和《从历史档案看清代州县官员的惩处制度》等论著和文章中，也对处分和刑罚作了区分，其主要从个别角度入手，做了概括介绍。

有学者虽未严格区分处分和刑罚的性质，但却对两者适用依据和实施机关作了区分。例如瞿同祖认为：“当有州县官违犯某一法规或律例并被其上司或御史弹劾之后，该案就会交给吏部按照《吏部则例》或刑法典（《大清律例》）中的有关条款议处。其处罚可能是夺俸、降级或革职。在严重的案件中，违法官员也可能被永久褫革（‘永不叙用’）。当他犯的是依《大清律》应受笞杖之刑的轻罪时，可能会代之以夺俸、降级或革职，因为官员有

① 孔飞力：《叫魂》，上海三联出版社 1999 年版，转引自孟姝芳《清代乾隆朝官员行政处分研究》，中国人民大学博士论文未刊稿，第 4 页。

② 艾永明：《清朝文官制度》，商务印书馆 2003 年版，第 375 页。

③ 蒲坚：《中国古代行政立法》，北京大学出版社 1990 年版，第 513 页。

免除笞杖的法定特权。因为革职是《吏部处分则例》（该则例仅适用于犯笞杖刑罪的官员）中规定的最高处罚，所以官员犯应受更严重惩罚的罪案者，则应交给刑部并按《大清律例》审判。”①

有学者认为，在处分的具体实施中，《吏部处分则例》的效力高于《大清律例》。例如，关于督抚将徒犯定地充配后的起解期限，《大清律例》第 391 条规定限十日内，但同条附例却规定限一月，此外，《六部处分则例》又规定限为二月。对此，那思陆曾言道：“三项规定，相互歧异，究应适用何者，亟值研究。以法理言之，例之效力高于律，故《大清律例》第 391 条应无适用可能。至于后二项规定，似应适用《六部处分则例》之规定，盖因《六部处分则例》实际上决定官员之处分也。”②

有学者认为，行政上的过失和犯罪性质相同。例如孔令纪认为：“官员处分最重的是交刑部治罪。”③ 墨子刻认为：“作为由内阁掌管的清代行政惩处制度，其思想和惯例的渊源，可以回溯到大约 1800 年前。当官员们的严重罪行被刑部掌握后，他们可能被处以罚款、降级和开革官职。”④ 可见，他们并没有严格区分处分和刑罚在性质上的不同，在概念使用上较为模糊。

多数学者在研究古代人事管理和监察制度时，提到处分问题。相关著作方面，如吴宗国主编的《中国古代官僚制度研究》、李孔怀的《中国古代行政制度史》、杨鸿年和欧阳鑫的《中国政制史》、郭宝平的《中国传统行政制度通论》、田兆阳的《中国古

① 瞿同祖：《清代地方政府》，法律出版社 2003 年版，第 58—59 页。

② 那思陆：《清代中央司法审判制度》，北京大学出版社 2004 年版，第 231 页。

③ 孔令纪：《中国历代官制》，齐鲁出版社 2002 年版，转引自孟姝芳《清代乾隆朝官员行政处分研究》，中国人民大学博士论文刊稿，第 4 页。

④ 墨子刻：《摆脱困境：新儒学与中国政治文化的演进》，江苏人民出版社 1990 年版，转引自孟姝芳《清代乾隆朝官员行政处分研究》，中国人民大学博士论文刊稿，第 4 页。

代行政史略》、黄惠贤的《中国俸禄制度史》和邱永明的《中国封建监察制度实施研究》等。相关文章方面，如高尚仁、桑毓英的《清中叶行政舞弊的研究》，刘毓兰的《清代官员的罚俸制度》，林新奇的《论乾隆时期的议罪银与罚俸制度的区别》，吕美颐的《清代的督催与奏销制度》，杨选娣的《论清朝对蒙古王公的议叙议处制度》，王思治的《从清初的吏治看封建官僚政治》，等等。这些著作和文章，或从事例的诠释，或从特定群体出发，或从处分方式，或从处分事由，或从监察责任的承担等角度，偶尔涉及处分问题，但都是简单提到，并没有专门论述。

以上学者的观点是否符合清代（文官）处分的历史事实，还有待于我们利用新发现的史料进一步验证，我个人认为还有不少问题有待修正、补充、展开和完善。

二、研究价值

我对清代文官法律制度发生兴趣，始于攻读硕士研究生阶段，那时专注于清末的官制改革。然而，在学习过程中越发觉得，不对整个清代官制进行系统把握，就无法对近代以来官制的变革做出中肯评价。因此，我决定把博士论文的选题定在清代文官管理上。

中国古代实行君主专制，一切权力都根植于皇权，其文官的职权只是皇权的延伸而已①，国家对文官进行处分，正是皇帝对臣下监督的表现。现代社会政府诞生的基础在于人民权利的让

① 申不害："明君如身，臣如手；君若号，臣如响；君设其本，臣操其末；君治其要，臣行其详；君操其柄，臣事其常。"这段话表明，无论臣属官职再高、权力再大，也不过是君主的办事工具而已。（见《群书治要·大体篇》，转引自余华青《权术论》，广西师范大学出版社 2006 年版，第 308 页。）

渡，其公务员在享有相当权利的同时，必须履行一定义务，违反该义务，就要承担法律责任。然而，不管是古代文官，还是现代公务员，其总是隶属一定职位，体现一定身份，如果其滥用职权，亵渎身份，就会受到相应的惩罚。从这个角度讲，虽然两者所处的法律框架不同，但从功能角度而言，有不尽相同之处，例如，处分制度，就是一个很好的契合点。本书将“清代文官处分”作为研究对象，无论理论还是实践，都有其积极的价值。

从理论上说，有两点值得关注：一方面，深入研究清代文官的管理，开拓清代行政法制研究的新领域。目前，关于清代文官管理的研究，多从选拔、考核角度入手，而对于在任文官在繁杂的政务处理中所应承担的行政责任关注不多。即使有些研究古代行政监察的学者，在论著中提到一些关于处分的内容，但关于处分的性质、具体分类、历史沿革及其实际运作，都未有深入的探讨。本书在大量搜集清代关于文官处分资料的基础上，对相关问题展开系统讨论，无疑会对清代文官管理有更为深入的认识，也可对清代行政法制研究中的这一空白有所弥补。另一方面，对清代法典进行重新解读，加深对清代立法的认识。研究清代法制的学者，无不重视对《大清律例》的解读。一直以来，学界或对具体例特点进行探讨，或对它的民事和刑事方面的资源进行发掘，而对其中一些常见提法关注不够。比如，法典中常有的“题参”“参劾”“交部议处”等至今还未有专门论述，然而，这正是清代法制由文本到实际运行的桥梁，也是文官处分案件的受理事由。另外，《大清律例》中的“例”，与清代大量存在的则例、事例、条例有何区别和联系，也是有待详细讨论的问题。

从实践中看，目前我国关于官员处分的许多规定过于笼统，主要存在以下问题：概念不统一，存在处分与纪律处分混用现象；引起处分的事由不够明确，操作上有极大的任意性；处分的程序规定较少，处分主体不够明确；公务员受到处分后，救济渠道实效不大。

可见，对清代文官处分的历史研究，不仅可以搞清楚相关法律制度的具体规定，还可以对完善我国公务员的行政责任制度，提供可资借鉴的完整文本。

三、研究方法

本书试图以马克思主义法学的立场、观点和方法，对清代文官处分制度展开系统研究，在具体适用时，主要采取了以下几种方法：

（一）唯物辩证法

本书在研究清代处分这一法律现象时，是从清代的实际出发，坚持具体问题具体分析，坚持理论与实践的统一。

（二）实证分析法

本书在厘清法律文本上对处分制度规定的同时，选取了清代大量关于文官处分的案例，试图将两者进行比对研究，从而展开更为切实的观察和分析。

（三）逻辑分析法

为使文章思路清晰，逻辑严密，体系完整，本书在考订处分制度的许多具体规定时，都进行了详细分类、归纳概括和抽象提炼。

（四）价值分析法

本书认为，清代处分制度是皇权的一种体现，其实施的目的，就是谋求以皇帝为代表的整个统治阶级的长治久安。因此，其在对文官进行严厉惩罚的同时，还要保障文官的基本生活，以维持行政机构的正常运转。

（五）史料考据法

本书使用的基本史料都是清代的文献，这些文献资料有时也会出现前后互异、言辞矛盾的问题。书中遇到类似情况，都采取备考或存疑的方法，以待后证。

第三节 历史分期及资料的使用

一、历史分期

对历史进行分期是为了研究的方便，这样更容易从宏观上加以把握问题，也更加系统。当然，针对不同的问题，分期的标准也不相同。就清代文官处分而言，对其进行分期，可以主要以处分则例制定、修改、变革为基准，同时也不能忽视处分种类及管辖机关等相关情况。综合考虑，本书将清代文官处分的发展，大体分为五个阶段，兹述如下①：

① 此处所述涉及很多问题，后文将逐渐展开叙述，除有需要特别说明外，不再赘述。

第一阶段：天命元年至天聪四年（1616—1630），共15年，这是部族习惯法时期。

这一阶段，处分的种类有罚银[①]、削爵[②]、革世职等，处分案件主要由努尔哈赤和皇太极亲自处理，基本上属于部族统治形态。

需要辨明的是，革世职与革职有一定差异。天命五年（1620）三月，努尔哈赤仿明制创设满洲世职制，共分备御、游击、参将、副将、总兵官五等，其中总、副、参、游又各分三品。此后，遂以“世职”作为官品的标志。世职，表示大臣和官员的品级，与实任官职不尽吻合，在入关后亦仍然存在。[③]

第二阶段：天聪五年至康熙八年（1631—1669），共39年，这是不断积累新例时期。

入关以前，天聪五年，皇太极创设六部，其中吏部是第一个设立的部，大约就在此时有了考核官吏的明文规定。[④] 官员考核以后，有升有降，而且，罚俸、罚银、革职、革世职等处分种类同时存在。又自此以后官员的处分案件主要以吏部为主[⑤]，至晚清改制未有变化。

入关以后，顺治朝、康熙朝初期不断积累处分案件的条例，而且基本上形成了体系。问题是，处分条例越积越多，过于繁

---

① 罚银与罚俸并不相同，后有详述。

② 清后来定降级之法本此。（［清］沈家本：《历代刑法考》，中华书局1985年版，第484页。）

③ 张晋藩主编《清朝法制史》，中华书局1998年版，第34—35页。

④ 张晋藩主编《清朝法制史》，中华书局1998年版，第45页。

⑤ 此时除吏部有处分权外，刑部、兵部也有，其他部门也不同程度地享有，大概此时各部权能未全然分开缘故。

密，相互之间多有矛盾，而且并没有刊刻成册[①]，造成实际操作中多有失当。

第三阶段：康熙九年至乾隆七年（1670—1742），共 73 年，这是刊刻成文处分则例[②]，并探索立法模式时期。

康熙九年四月五日的湖广道御史李之芳上疏说，吏部考功司事例中，外官的参罚处分、降级革职条例甚多，则例过于繁多，请求命部院大臣彻底整理整顿“见行事例”。对此，皇帝指示吏部审议，吏部在议复中决定：“委满汉司员，以见行事例划一厘定，进呈御览，钦定遵行。”后来似乎付诸实践，公布颁行。后康熙十二年又议定新的处分则例，康熙二十五年刊刻[③]颁发《处分则例》。又从康熙二十年到雍正初年 40 年间，中央政府没有编纂则例集[④]，如何应用有效的则例，则完全听任地方官员，处于一种放任自流的状态。雍正以后，重新编纂处分则例。[⑤]

第四阶段：乾隆八年至光绪三十一年（1743—1905），共 163 年，这是处分则例成熟定型，并不断细化更定的阶段。

雍正时期重新编纂的处分则例到雍正十二年才完成，而且质量很差。后来改变了编纂方式[⑥]，乾隆七年完成《钦定吏部处分则例》47 卷[⑦]，这标志着清代处分则例的编纂已经成熟定型，自此至光绪三十一年，处分则例的编纂方式没有根本变化，主要是

---

① 谷井阳子：《清代则例省例考》，载杨一凡总主编《中国法制史考证・历代法制史考》甲编第七卷，中国社会科学出版社 2003 年版（下同），第 185 页。

② 则例、条例、事例有区别，后文详述。

③ 单纯公布颁行与刊刻颁行并不相同。前者不够系统，多是文书汇集，靠幕友秘本方式流传；而后者则是系统的成册文本。（《清代则例省例考》，第 193—194 页。）

④ 除吏部的处分则例外，各部也根据自己的职能编纂则例。

⑤ 《清代则例省例考》，第 185—186，192，202 页。

⑥ 雍正时期，尝试由一个独立于六部之外的衙门（律例馆）编纂则例，事实证明，这样做的效果不尽如人意，乾隆七年，改由各部自己编纂，将律例馆划归刑部。

⑦ 《清代则例省例考》，第 207 页。

根据现实案例的情况进行删繁就简，并不断细化。[①]

第五阶段：光绪三十二年至宣统三年（1906—1911），共6年，这是处分制度的转型时期。

光绪三十二年九月二十日（1906年11月6日），清末朝廷依照奕匡等议定的中央各衙门官制，发布了《厘定官制谕》，这是清末颁布的具有法律效力的全面改革官制的诏令，其中有关于处分的新法规、新规定。[②] 此部分内容将在本书第一章和第三章中详述，兹不赘述。

二、资料使用

本书除充分利用学者的论著外，大量使用的是清代文献档案，兹述如下：

（一）《吏部处分则例》

这是清代文官处分的主要依据，也是认定处分相对独立的表现，本书对许多问题的理解，源于对该书的理解。由于清代颁布了多部《吏部处分则例》，本文第一章《法源》中，将对此详细考辨。

（二）《大清会典》《大清会典事例》

这是关于清代典章制度的系统记载，许多问题可与处分则例对照。

---

① 清代到底编纂了多少部《处分则例》，现在无从考证，后面将列举目前所见的处分则例，并有版本介绍。

② 李曙光：《晚清职官法研究》，中国政法大学出版社2000年版，第176页。

（三）《大清律例》

处分的法律渊源，除《吏部处分则例》外，就是《大清律例》，本书会对《大清律例》的情况进行分析介绍。

（四）《录副奏折》

清代自雍正始，官员的奏折都有录副，而且比较完整，其中不少是关于参劾案件的，为研究清代文官处分提供了大量原始材料。

（五）《内阁·吏科题本·纠参处分》

这部档案目前藏于中国第一历史档案馆，其中提供了大量丰富的、鲜活的处分案例以及处分统计数字。

（六）《清实录》

《清实录》是以上谕、朱批奏折、皇帝的起居注及其他档案资料为据，按年月日排列加工修纂而成。就目前我们所能见到的《清实录》而言，共有十二部，即《满洲实录》、太祖至德宗十一朝实录及《宣统政纪》。《清实录》卷帙浩繁，作为清史原始资料的价值不可小视，“尽管《清实录》历朝多次篡改，讳饰之处甚多，远不如档案资料或私人亲见亲闻之记载更为确凿可靠，然而整个一代近三百年间按年按月按日、这样翔实有系统的记录，舍实录外，世上似无第二部书可以与之相比拟。”① 清代六部官员及各地大员，涉及重大的政务、文官处分等事项，必须向皇帝上

① 王钟翰：《〈清实录〉与清史研究》，载《王钟翰清史论集》第一册，中华书局2004年版，第616页。

报，由皇帝最后做决定，因此，《清实录》中有大量的关于处分案件的记述，而且可与《内阁·吏科题本·纠参处分》中的记录两相对照。鉴于此，本书把《清实录》作为研究的重点，大量资料皆引自是书。

第一章　清代文官处分的概述

本章主要讨论处分的对象、类别、法律渊源及处理事由。清代官员分文职官和武职官，本书的文官即文职官。处分的类别分惩戒和惩处。处分的法律渊源有会典、例和律。处分的事由，不能尽举，主要是主管机关按据事实认定。

第一节　对　象

清代官员分为文职官和武职官。文职官，中央自内阁大学士、军机大臣及尚书侍郎等堂官，至各部院九品小京官，地方自总督、巡抚、布政使、按察使、道员、知府、知州、知县，至地方九品官员均属之。武职官，包括绿营官员和八旗官员，前者自各省提督、总兵、副将、参将、游击、都司、守备、千总、把总、外委千总、外委把总及额外外委均属之。①

本书意义上的文官，即文职官。不过，“实践中，文官的确定较为复杂。官员的资、阶与其职任常常分离，文资出身者任武职、武资出身者任文职屡见不鲜。所以，确定‘文官’范畴，不仅要看其出身，更要依其实际职任”②。

---

① 那思陆：《清代中央司法审判制度》，北京大学出版社 2004 年版，第 201 页。

② 艾永明：《清朝文官制度》，商务印书馆 2003 年版，第 2 页。

清代官员处分制度，分文官处分和武官处分，而且各有专门的处分法规，然而，最为健全者，当属文官处分。究其原因，“关于文官法规尤多，关于武官法规太少，故有一为普通法，一为特别法之观。况且清国自古最重文治，世世相承，以至今日。一般制度，重文轻武，其迹显著。而至于官吏法规，益可以明知其有轩轾也。故关文官之法规，诚使人不胜烦琐，而关武官者，则不然矣。且特为武官设者，大抵不过适用文官法规之原则也”①。现在，我们讨论清代官员处分制度，“难免精于文官，疏于武官，是势当然而已”②。

除官之外，还有一个吏的问题。“吏字有二义，一与官字同义，无有分别，例如大学士、尚书、督抚等，称曰大吏是也；一与官字分明区别，不使二义混用，自一品至未入流（文官品级，后文有述），由吏部或兵部铨叙，及准据其他一定方法，自皇上任命者谓之官。吏则为吏员之义，内阁供事及内外各衙门书吏等贱役皆属于此，无官之资格。”③

对于吏的惩罚，不同于官，例如乾隆五十七年（1792）七月癸卯谕云：

> 据吉庆参奏，博山县知县武亿，于缉捕事件，任听衙役妄拿平民，滥行重责，以致拖累无辜，已将武亿革职。衙役倚官滋事，最为闾阎之害，法禁綦严，但向来书役诈赃毙命，以及假差吓骗等项，律有专条，自可按例定拟，其奉有差票，而妄行拘拿，别无诈索情事者，未经着有定例。此等衙役怂恿本官，滥行差拘，拖累无辜，及至滋生事端，本官

① 织田万：《清国行政法》，中国政法大学出版社 2003 年版，第 304 页。

② 织田万：《清国行政法》，中国政法大学出版社 2003 年版，第 304 页。

③ 织田万：《清国行政法》，中国政法大学出版社 2003 年版，第 303 页。

被参降革，而该役等转得置身事外，又于后来官员任内，试其伎俩，殊不足以示惩儆。不特衙役为然，即书吏、长随以及幕友，亦往往有愚弄本官，耸令任意妄行，贻误地方，即本官去任，所谓官去吏不去，伊仍可作弊，此等恶习，不可不加之惩治，使知儆畏。嗣后除书役等诈赃毙命等项，仍按律治罪外，其虽无吓诈等情，而有藉势妄为，累及平民，致本官降革者，所有幕友、书役、长随，应如何酌议治罪之处，着该部详细定议具奏。所有武亿案内，妄拏平民之衙役，即着吉庆查明，照新例办理。寻奏，嗣后地方官有应参降革之案，该督抚先饬该管上司，严究幕友、长随、书役等，如有怂恿愚弄情事，即拘拿看守，除舞弊诈赃，及捕役借端诬拿平民，并奉差缉贼混拿充数等款，俱照例办理外，其审无前项情弊，但有倚官滋事，耸令妄为，累及本官者，各按本官降革处分上加一等，本官降一级者，将该犯杖七十；降二级者，杖八十；降三级者，杖九十；降四级者，杖一百；革者，杖六十徒一年；如本官罪止拟徒，亦各于本官罪上加一等治罪；籍隶本地者，即交本地方官；外籍者，递回原籍，均严加管束，不许复充，倘仍潜身该地，欺瞒后任，改易姓名，复充书役及幕友、长随者，应令该督抚详加查察，一经得实，即严参治罪；其本官罪止军流外遣者，仍与本官同罪。从之。①

可见，案件发生后，对于官的惩罚适用降级、革职等处分，而对吏的惩罚则适用杖、徒等刑罚，两者分别甚是明显。

---

① 《高宗纯皇帝实录（十八）》卷一四〇八，乾隆五十七年七月上，第926—927页。

综上，本文所研究处分的对象，仅指文官[①]，不包括吏。有“官吏”同时出现时，其中的“吏”，也是指官而言。

第二节　类　别

清代文官处分分为惩戒和惩处两类。前者主要规定于吏部的处分则例中，后者则有相关考绩法规和处分则例共同规定，试分述如下。

一、惩戒

惩戒，即国家在平时行政过程中，就事论事的处分。官员在任职期间，难免犯诸如失察、违限等错误，而这些错误，在清代都被认定为犯罪，带来的直接结果就是，官员要被处以罚俸、降级或者革职的处分，更为严重的还要受到刑事惩罚。在这种情况下，官员的处分问题，正是本文的研究重点，后文中的大量案例、分析，也将围绕着这个问题展开，兹不赘述。

二、惩处

惩处[②]，即官员在京察、大计后，按“六法”（下文有述）论

---

① 文中会有大量“官员”字样，一是为行文方便，一是说明这种情况对于文职官、武职官都适用。除特别说明外，作“文官”解。

② 吴庚认为：公务员的行政责任可分为惩戒处分及考绩处分，考绩处分亦称惩处。（吴庚：《行政法之理论与实用》，中国人民大学出版社 2005 年版，第 173—174 页。）本文考察清代文官考绩处分，与吴庚所论公务员行政责任中的考绩处分，质同形异，因此在这里借用“惩处”的概念，以与惩戒相对应，方便叙述。

参所得的处分。京察、大计为清代考核官员的两种方式[①]，三年举行一次，每次结果都要按照一定的标准，对官员进行奖励和惩罚。这里的惩罚，即处分。试分述如下：

（一）京察

京察，即对京官（中央政府官员）所进行的铨考。[②]

1. 京察形式

（1）列题。列题，即“吏部列举特定官吏，缮写其治绩，具题以敕裁”[③]。“尚书、侍郎、左都御史、副都御史、内阁学士兼礼部侍郎衔，为一本，总督、巡抚，为一本，由吏部缮履历清单具题，候旨定夺。总管内务府大臣非由部院兼任者，亦照尚书侍郎之例进呈履历。”[④] 总督、巡抚非为京官，因其地位重要，故考察方式列为京官序列。

（2）引见。引见，即“吏部题奏，君主赐谒，后行黜陟”[⑤]。“三品以下京堂，及内阁侍读学士、翰林院侍读学士、侍讲学士、左右春坊庶子，由吏部缮履历清单具题引见。内务府三院卿员，将履历清册，造送吏部，随各衙门一体引见。奉天府尹府丞引见与否，于京察本内请旨。”[⑥]

比较引见与列题，“其形式比列题似更加慎重，然其实未必然也。盖系列题者诸官固为国家大官，居常亲近君主左右，虽不

① “考群吏之治，京官曰京察，外官曰大计。”（［清］昆冈等修，吴树梅等纂《钦定大清会典》卷一一，载《续修四库全书》第794册，史部·政书类，上海古籍出版社1995—2002年版［下同］，第117页。）

② 《钦定大清会典》卷一一，第117页。

③ 织田万：《清国行政法》，中国政法大学出版社2003年版，第374页。

④ 《钦定大清会典》卷一一，第117页。

⑤ 织田万：《清国行政法》，中国政法大学出版社2003年版，第374页。

⑥ 《钦定大清会典》卷一一，第117页。

须引见，君主能知其为人。故案据吏部上奏事实，辄得亲裁黜陟。至其以下官吏，不能亲近君主，于是特用此形式耳”[①]。

（3）会覆。会覆，即“吏部之大学士、都察院之吏科及京畿道会同审议，是否黜陟，具题奏请裁可”[②]。具体而言就是，“翰、詹、科、道、司官、小京官、中书、笔帖式皆由本衙门注考，吏部会同大学士、都察院吏科、京畿道定稿，缮等第黄册具题”[③]。

2. 京察注考

无论列题、引见或会覆，都需要注考。注考，即京察时，“堂官察其属之职”[④]，调查事实，审定证凭，出具考语，以定等第。注考一般由总管大臣、大学士或本衙门堂官负责，例如：“内务府自属卿司员郎中以下，由总管大臣注考。中书科中书、笔帖式，由内阁大学士注考。六科给事中，都察院堂官注考。”[⑤]其他官员的注考，参见《钦定大清会典》卷一一，兹不赘述。

（二）大计

大计，即对除总督、巡抚外的外官（地方政府官员）所进行的铨考。[⑥]

1. 大计形式

（1）考题。考题，即对布政使、按察使进行考察的形式。二者皆“由督抚出考咨部，汇覆具题，候旨定夺”[⑦]。

（2）会覆。会覆，即对各省及河员道以下、盐员运使以下进

① 织田万：《清国行政法》，中国政法大学出版社 2003 年版，第 374 页。

② 织田万：《清国行政法》，中国政法大学出版社 2003 年版，第 374 页。

③ 《钦定大清会典》卷一一，第 117 页。

④ 《钦定大清会典》卷一一，第 117 页。

⑤ 《钦定大清会典》卷一一，第 117 页。

⑥ 《钦定大清会典》卷一一，第 117 页。

⑦ 《钦定大清会典》卷一一，第 117 页。

行的铨考。应铨考者，皆“由总督河督分应举应劾两本具题。顺天府所属四路同知、二十四州县正佐各官，由该府尹分别举劾，移行直督，归大计官具题。吏部会同都察院吏科、京畿道考覆题覆”①。

2. 大计注考

大计考题、会覆也需注考。“知县以上官吏……自直接上级官，顺次递申总督巡抚。督抚注考，以送吏部，从其意见，乃行黜陟。”②

京察、大计情况大体如此。按照这两种方式，对官员考察后有两种处理形式：一要依“守才政年”“四格”③，以别其等，进行举及议叙，这在本书第四章救济中还有相关论述，兹不赘述；二要依“六法”进行参劾（即对违法失职官员进行纠举，后文有详述），并根据结果，给予相应的处分。

六法者，“一曰不谨，二曰罢软无为，三曰浮躁，四曰才力不及，五曰年老，六曰有疾”④。“‘六法’的前身是‘八法’。《乾隆会典》是以‘八法’劾官员，《嘉庆会典》乃以‘六法’劾官员。但是，‘六法’之名，不是从嘉庆朝才开始使用的。顺治、康熙、雍正时均沿用明制，以‘八法’考察官员。乾隆初年，已有‘八法’和‘六法’之名，而且两者长期交相使用。其所以如此，实乃‘八法’与‘六法’并无区别。所谓‘八法’，是在‘六法’之外又有‘贪’和‘酷’，而统治者认为，与其他六法相

---

① 《钦定大清会典》卷一一，第117页。

② 织田万：《清国行政法》，中国政法大学出版社2003年版，第377页。

③ 《钦定大清会典》卷一一，第117—118页。

④ 《嘉庆朝大清会典》卷八，转引自孟姝芳《清代乾隆朝官员行政处分研究》，中国人民大学博士论文未刊稿，第30页。

比，贪、酷在性质上最为严重，应当不待三年考绩就予以"[①] 贪、酷者特参。[②]

京察、大计后，无论按照"六法"还是"八法"，都要据实参劾，给予处分如下[③]：

不谨、罢软无为者，革职；

浮躁者，降三级调用；

才力不及者，降二级调用；

年老、有疾者，休致。

可见，其惩罚形式主要为革职或降级，系处分种类中的两种。另外，休致是否为处分的形式，后文有论，兹不赘述。这里举官员京察、大计后受到处分的案例以说明之：

京察革职。康熙八年八月，"谕吏部，前京察处分满尚书侍郎等，因无事故被革，俱给还原官，令其候补。今思满汉诸臣，被革相同，朕原无异视，应一体昭恩。京察内，有汉尚书侍郎被革者，察明议奏"[④]。嗣后，同月辛巳，"吏部遵谕查覆，原任礼部尚书梁清标，刑部左侍郎石申，均系京察无故被革，应复还原职。从之"[⑤]。

大计革职。乾隆四十八年二月，"谕：据明兴查奏，县丞金凤彩，大计革职，系原任巡抚国泰，挟嫌填入不谨，请将随同补揭之道府，交部议处一折。金凤彩，虽系微员，该道府因其平日办事认真，于大计时，业经注列一等考语，乃国泰以其争论阳谷

① 艾永明：《清朝文官制度》，商务印书馆 2003 年版，第 233 页。

② "《嘉庆会典》废之曰：凡官贪者、酷者，则特参，不入于六法。"（转引自织田万《清国行政法》，中国政法大学出版社 2003 年版，第 376 页。）

③ 孟姝芳：《清代乾隆朝官员行政处分研究》，中国人民大学博士论文未刊稿，第 30 页。

④ 《圣祖仁皇帝实录（一）》卷三一，康熙八年八月，第 417 页。

⑤ 《圣祖仁皇帝实录（一）》卷三一，康熙八年八月，第 418 页。

县聚众一案，临时将该员填入不谨项下，道府并不与闻，迨发本后，始签发揭式，由于易简移行，照缮补揭。考绩大典，黜陟攸关，国泰、于易简，竟敢挟嫌任性，徇私废公，即此一节，国泰、于易简，已有取死之道。至该道府，于巡抚勒令照缮补揭时，并不访查确实，即行补揭，究有不合。所有登莱青道何泽传、莱州府知府季世法、及原任阳谷县知县安徽广德州知州郑飞鸣等，着交部议处。金凤彩着该部带领引见”[①]。

第三节 法 源

法源，也称法之渊源，一般而言，其有两层意思：“或指法之所由出之权力而言，如以神明或君主之意思，为法之渊源是；或指法之所以构成之材料而言，如以法典或判决例，为法之渊源是。”[②] 本书所要使用的是第二层意思，即与清代文官处分相关各种法律的外在表现形式，具体来说，主要有会典、例及律，今试分述如下。

一、会典

会典，即“会要典章之义也。凡行政之准则，明定纲领，永远遵行，朝廷百官之编制与其处务之规程，总括靡遗”[③]。

清会典是记录清代政府机构职掌和功能的官书，计清代十三

① 《高宗纯皇帝实录（十五）》卷一一七四，乾隆四十八年二月上，第743页。
② 织田万：《清国行政法》，中国政法大学出版社2003年版，第6页。
③ 织田万：《清国行政法》，中国政法大学出版社2003年版，第51页。

朝，共编有五部会典，兹述如下[①]：

康熙朝会典原名《大清会典》，创修于康熙二十三年（1684），告成于二十九年（1690），由大学士伊桑阿、王熙任总裁。起崇德元年（1636），迄康熙二十五年（1686）。全书共162卷。

雍正朝会典原名同前，续纂于雍正二年（1724），告成于十年（1732），由大学士尹泰、张廷玉任总裁。起康熙二十六年（1687），迄雍正五年（1727）。书成，共250卷，卷增于前三分之一。

乾隆朝会典，续修于乾隆十二年（1747），告成于二十九年（1764），由履亲王允祹，大学士傅恒、张廷玉任总裁。起雍正六年（1728），迄乾隆二十三年（1758），展至二十七年（1762），特旨增辑者，不拘年限。既成，全书共100卷。

嘉庆朝会典，再辑于嘉庆六年（1801），告成于二十三年（1818），由大学士托津、曹振镛任总裁。起乾隆二十三年（1758），迄嘉庆十七年（1812），展至二十三年（1818）。书成，共80卷。

光绪朝会典，增辑于光绪十二年（1886），告成于二十五年（1899），由大学士昆岗、徐桐任总裁。起嘉庆十八年（1813），迄光绪十三年（1887），展至二十二年（1896）。全书共100卷。

五朝会典中，康、雍两朝只有《清会典》，余三朝还有《清会典则例》、《清会典事例》和《清会典图》。其中，则例、事例问题，下文有详述，兹不赘述；《清会典图》是对于庙坛、礼器、乐器等的附图说明，清朝共有两部，即嘉庆朝《清会典图》（132

---

① 王钟翰：《〈清会典〉的官制史资料价值》，载《王钟翰清史论集》第三册，中华书局2004年版，第1878—1879页。

卷）和光绪朝《清会典图》（270卷），因其与本文主旨无关，故从略。

从内容上看，五朝会典中，都有关于吏部考功司职掌的规定，其中有不少关于官员处分问题的规定，例如：

康熙《大清会典》卷12

纠劾条奏　呈辨冤抑　处分杂例

光绪《钦定大清会典》卷11

处分之法　处分之例

从性质上看，一般认为，《大清会典》具有行政法典的性质，“大凡一代大经大法，莫不纳之全帙，而百司执事之组织，固皆详细规定于《会典》中也”①。诚如康熙在会典序中说：“朕嗣历服三十年于兹，夙夜兢兢，缵承祖考，宪章前谟，以仰溯乎尧舜禹文武致治之隆轨，时饬群臣勤修职业，每建一事，布一令，务期上弗戾于古，下克诚于民，酌剂讨论其难其慎，然后付所司奉行。夫朝廷之瓲制损益，无一不关乎黎庶。大中之轨立则易而可循，画一法行则简而可守，制治保邦之道惟成宪是稽，不綦重欤！”② 不过，《会典》中关于各部署职掌之规定，只是提纲挈领，以备一代典制而已，相关内容，往往“寥寥数语，未免失之过简，不及则例详明远甚。亦以一则挈官制之大纲，一则具体办事之细则，书各有体，当如是耳”③。

① 王钟翰：《清代则例及其与政法关系之研究》，载《王钟翰清史论集》第三册，中华书局2004年版，第1723页。

② 康熙朝《大清会典·御制会典序》，转引自苏亦工《明清律典与条例》，中国政法大学出版社2000年版，第68页。

③ 王钟翰：《清代则例及其与政法关系之研究》，载《王钟翰清史论集》第三册，中华书局2004年版，第1724页。

二、例

有清一代，设官分职，用人行政，“大约例之一字，足以概括无余。除刑例（刑名之例）外，有曰则例，曰条例，曰事例，包括职掌、考成、礼仪、营建、制造、物价诸事项，名目繁迹，有条不紊，皆古昔所掌固故事也”[①]。“考例之始设，其说不一，一般认为宋代以前无所谓例，唯以比训例，遂以汉之《决事比》为后世例之所自始，其六朝所谓例，只是作为律之篇目，而非于律之外，别之为例。”[②]

（一）则例

则例，即由行政过程中办过与律相符的实例所纂成的作为后世应遵循之准则。[③] 清代“行政事务，本属吏、户、礼、兵、刑、工六部分掌，虽间有新设官厅，然分掌之制划然确定，延及地方官厅。故官厅之于执务，苟有疑义，则递次禀申中央政府，政府视察其事件性质转致该部，令其审议，再奏请敕裁”[④]，而后设新例。“皇帝裁可设定新例时，必有著为例之语，此为裁可之形式。盖例之本质，在于行政机关内部指定处务之方法。苟从裁可之形式，设为新例，则将来所有同种事件，皆遵奉之为准则。”[⑤] 当遇

---

① 王钟翰：《清代则例及其与政法关系之研究》，载《王钟翰清史论集》第三册，中华书局2004年版，第1697—1698页。

② 王钟翰：《清代则例及其与政法关系之研究》，载《王钟翰清史论集》第三册，中华书局2004年版，第1698—1699页。

③ 《钦定王公处分则例》卷一《公式》，转引自张友渔、高潮主编《中华律令集成·清卷》，吉林人民出版社1991年版（下同），第340页。

④ 织田万：《清国行政法》，中国政法大学出版社2003年版，第62页。

⑤ 织田万：《清国行政法》，中国政法大学出版社2003年版，第62页。

新例“集积之时，则限年纂辑之。分别取舍，定明其当遵行否。更经奏请敕裁，定为行政上当尊据之法规，此为则例”[①]。

则例由各部定期纂修。盖例因案而成。[②] 因此，各衙门会定时将所办之案加以查覆，“如有例所未备而案应遵照者，即行检明，汇齐纂入《则例》。其案与例不符者，造册注明事由，将原稿即行销毁。若有例案不符而稿件仍有关查覆者，著另册登记，钤引贮库，办稿时不得再行援引”[③]。“道光十年之前，各部院定限十年一修《则例》，因限期过长，致滋流弊。后道光十年定制，不必定限十年开关重修。”[④] 故则例之纂修，“其有定期则无可疑也，惟实际亦未必定期纂修”[⑤]。

有清一代，凡十二帝十三朝，“历二百六十有七载，不可谓不久者矣；然细推其所以维系之故，除刑律外，厥为则例。大抵每一衙门，皆有则例”。“则例所标，为一事，或一部一署，大小曲折，无所不概括。其范围愈延愈广，愈广愈变，六部而外，上启宫廷”，“下及一事”，“不惟《会典》所不及赅，且多有因地因时，斟酌损益者；故不得不纂为则例，俾内外知所适从”。[⑥]

然而，则例增多，难免互异，矛盾之处不在少数。清制各部都有纂修则例的权力，关于处分则例，吏、兵、刑三部就都有纂修，然而三部之间就同一事项，规定常不一样，例如康熙十年十二月丁亥谕云：

---

① 织田万：《清国行政法》，中国政法大学出版社 2003 年版，第 62 页。

② 《钦定王公处分则例》卷一《公式》，第 340 页。

③ 《钦定工部则例》卷一〇六，转引自张友渔、高潮主编《中华律令集成·清卷》，吉林人民出版社 1991 年版，第 936 页。

④ 艾永明：《清朝文官制度》，商务印书馆 2003 年版，第 9 页。

⑤ 织田万：《清国行政法》，中国政法大学出版社 2003 年版，第 63 页。

⑥ 王钟翰：《清代则例及其与政法关系之研究》，载《王钟翰清史论集》第三册，中华书局 2004 年版，第 1701 页。

兵部等衙门题，内外满汉文武问刑衙门，除用夹棍拶指外，有另用非刑者，吏兵刑三部处分则例，轻重不一。查吏部例，不论已经致死未死，革职提问，兵刑二部例，未经致死者，降级调用。今应画一定例，凡满汉文武官员，另用非刑者，俱革职，免其提问；其武官将妇人用夹棍者，应照吏部例，革职，该管兼辖上司，不据实察报者，降二级调用，该将军提镇，不行题参者，降一级留任；将孕妇用拶指者，降一级调用，该管兼辖上司，不据实察报者，罚俸一年，将军提镇，罚俸六个月。其德州等城驻防满洲武官，拿获盗贼，会同该地方官审理，竟行送部，应将该管上司免议。从之。①

当然，这种则例之间的互异之处，不仅存在于部门则例之间，随时间推移，其本身亦会有冲突，例如雍正三年七月己亥谕云：

朕惟治天下之道，首重用人，朕自临御以来，凡大小文武官员，俱亲加看验考试补用，至降革罚俸等项处分，必再三详审，务使情罪允当，不令稍有屈抑。今吏兵二部，铨选处分则例，刊刻遵行已久，其中不无前后互异之处。又，见行则例，有未经校刻者，部内抄白存查，遇事引用，外官无由得知，奸胥猾吏，因而上下其手，亦未可定。今律例馆纂修律例将竣，着吏兵二部，会同将铨选处分则例，并抄白条例，逐一细查详议，应删者删，应留者留，务期简明确切，

① 《圣祖仁皇帝实录（一）》卷三七，康熙十年十二月，第500页。

可以永远遵守，仍逐卷缮写，并原书进呈，朕亲加酌量，刊刻颁行。再，书肆有刻卖六部则例等书，行文五城，各直省督抚，严行禁止。[①]

则例种类繁多，但仍可分为两类：

一曰一般则例，即“各部就一般事务纂修者”[②]，其中有关于文官处分的规定，例如[③]：

《吏部则例·处分则例》

乾隆

七年，张廷玉主修

三十四年，傅恒主修

四十八年，阿桂主修

五十九年，和珅主修

二曰特别则例，即“各部就其特定事务，或设则例者”[④]，今将目前所知关于文官处分的特别则例开列如下[⑤]：

（1）《钦定吏部处分则例》刊本

雍正

十一年 47 卷 16 册

乾隆

四十四年 47 卷 16 册

嘉庆

① 《世宗宪皇帝实录（一）》卷三四，雍正三年七月，第 513—514 页。

② 织田万：《清国行政法》，中国政法大学出版社 2003 年版，第 64 页。

③ 孟姝芳：《清代乾隆朝官员行政处分研究》，中国人民大学博士论文未刊稿，第 12 页。

④ 织田万：《清国行政法》，中国政法大学出版社 2003 年版，第 64 页。

⑤ 王钟翰：《王钟翰清史论集》第三册，中华书局 2004 年版，第 1703，1708，1852，1869 页。

五年 14 册

十五年 16 册

二十一年 20 册

二十二年 52 卷

道光

六年 52 卷 20 册

十二年 52 卷 20 册

二十三年 27 册

同治

四年 52 卷 20 册

（2）《钦定六部处分新例》刻本

道光

二十六年 52 卷 20 册

（3）《钦定新修六部处分则例》刻本

道光

二十三年 52 卷 24 册

（4）《钦定重修六部处分则例》刻本

咸丰

五年 52 卷 24 册

光绪

三年 52 卷 24 册

十三年 52 卷 24 册

十八年 52 卷 8 册

二十一年 52 卷 8 册

另外，见有关处分章程、新章、图要[1]，亦录于此，以备查用，相关内容，后有交代：

（1）《钦定吏部处分章程》

同治

六年33卷4册

光绪 钞本

十五年不分卷1册

（2）《吏部处分奏定新章》钞本

光绪

十五年不分卷1册

（3）《处分则例图要》

咸丰

九年6卷2册

同治

四年6卷2册

六年6卷2册

八年6卷2册

九年6卷2册

十一年6卷2册

光绪

十四年6卷2册

二十二年6卷2册

其中值得辨明的是，为何有《吏部处分则例》和《六部处分则例》的区别。为说明这个问题，需要先了解清代的律例馆功能

---

① 王钟翰：《王钟翰清史论集》第三册，中华书局2004年版，第1703，1852，1869页。

与演变。

律例馆始设于顺治二年（1645），特简王大臣为总裁，以各部院通习法律者，为提调、纂修等官。乾隆七年（1742）始隶刑部，总裁无员，以刑部尚书、侍郎兼充。掌修法令，刊定条式颁行。①

前文中讲到，各部都有编纂处分则例的权力，正如康熙时期的处分则例，其实就是各部处分规定的汇集。到雍正时期，似乎存在这样的想法，即让律例馆总括包括已经成为律及其条例而在一定程度上固定的、范畴更加广阔的例。比如前文中所举例，雍正要求律例馆和吏部、兵部会同纂修处分则例即是。但是雍正三年要求纂修的处分则例直到雍正十二年时才完成，而且质量很差，经乾隆三年八月御史陈豫朋条奏，决定重修。于是，由吏部挑选满汉贤能司员各二员，会同律例馆提调、纂修等官员进行编纂，但是编纂工作是以律例馆为核心。

由一个独立的衙门去编纂涉及各个衙门的处分则例，其中所涉事宜不少具有专业性，而律例馆所委纂修各官，并不能周知吏部事宜，是以，处分则例编纂缓慢，编成之后，多有互异之处。嗣后，乾隆四年二月，吏部提出意见，请求将处分则例的编纂权完全交给吏部。就是说，必须是在吏部训练过的人才能胜任这项工作，从而全盘否定了律例馆的纂修。对于吏部的请求，乾隆立即朱批同意。大概由于这次事件，律例馆后来划归刑部管理。事实证明，由六部以外的衙门总括六部的例的编纂，在纵向的行政机构的业务中是行不通的。从此，《六部处分则例》这样的名称基本消失，处分则例被限定于文职的《吏部处分则例》和武职的《兵部处分则例》。光绪年间有《钦定六部处分则例》的坊刻本，

---

① 张德泽：《清代国家机关考略》，学苑出版社 2001 年版，第 108—109 页。

但该书是私校本，其中记载吏部的奏疏以及吏部处分则例编纂的职衔名称等，显然是根据《吏部处分则例》的翻印。[①]

又这种立法体制至清末西方法律文化输入中国，又有较大变化，对传统的职官法律构成了一定冲击。1906 年，清廷开始官制改革，随之，处分制度也开始转型，其中一个重要表现就是不断修订处分则例。

这次官制改革，吏部并未裁并，而是仍着照旧行。[②] 因此，吏部草拟了一个九年改革计划，其中，重点是配合诸如考试、户籍等相关事项的改革而修订处分则例，但是这次修订需要会同法部、度支部或民政部等办理，而此前处分则例的修订则由吏部自己处理。[③] 可见，处分则例的制定方式转变，表明处分制度正处

① 《清代则例省例考》，第 204—208 页。

② 李曙光：《晚清职官法研究》，中国政法大学出版社 2000 年版，第 35 页。

③ 宣统元年闰二月，"吏部奏，妥拟筹备事宜，按年开列清单呈览。第一年，停选州县，奏定改选章程，通行双单月轮次表，奏定办理己酉年京察变通章程。第二年，核造各员月选人员统计表，各项分发人员统计表，各省考核州县事实最优等、优等、中等人员统计表，各项开复捐复人员统计表。以上一条，应即以光绪三十四年造起，行令各省造送各项实缺人员任卸调署统计表，各项候补人员差委入学统计表，全年所见员缺，及请补人员统计表，均限于次年二月内到齐。酌改外省州县班次轮次，拟订暂行章程，酌拟厘定京师官制草案，酌拟编订文官考试章程，任用章程草案。第三年，增修各省道府以下新设旧有缺目一览表，行查各省在籍候选佐杂教职实存员数，限一年内报齐。拟订停选佐杂章程，停选教职章程。是年厅州县巡警一律完备，订命盗案处分则例，会同法部办。改订外省大计章程，归并考核事实章程。酌拟厘定直省官制草案。第四年，实行停选佐杂教职，是年实行文官考试章程，任用章程。从是年起，一律改造新册，并按季造考试合格统计表，考试黜落统计表。按照新订税则，改订钱漕盐关等项处分则例，会同度支部办。第五年，是年颁布户籍法，增订隐匿脱漏户籍处分条例，会同民政部办。是年直省府厅州县各级审判厅粗具规模，删订承审事件处分则例，会同法部办。是年颁布新定内外官制，拟订各官事任权限简明表。改刊新品级考。改订京外官革职、降调、降级、罚俸、停升、记过各款切实办法。第六年，拟订限制各项劳绩章程，酌改各项分发验看办法。是年三科贡举生员考试，一律完竣核造授职人已仕未仕统计表，学堂出身已仕人员统计表。是年设立行政审判院，分别何种案由该院判决后归本部核办。第七年，是年试办新定内外（转下页）

在转型时期，只不过是一种暂时性、过渡性的状态，这也是清末厘定官制改制不改体的表现。[①]

（二）条例

条例，即《大清律例》中所附之例文[②]，亦称刑例（刑名条例）。明朝初年，“有律有令，而律之未赅者，始有条例之名”[③]。“清初一仍明旧，亦付明之条例于后”[④]，并不断将历年所行之条，摭拾汇辑，以备比照援引。“一般来说，条例是作为律的补充和辅助的刑事法规。”[⑤] 当然，有些条例还有行政方面的规定，如“乾隆年间颁行的《钦颁磨勘简明条例》、光绪二十一年颁行的《钦定武场条例》等虽名为条例，却是有关行政方面的规定”[⑥]。清代“文献中提到条例时通常会有两种不同情况：一种是专指的，即专指单行或附着于律典中的刑事条例，如《问刑条例》；

（接上页）官制，详定裁并各官善后章程，删除处分例内与各项新律不符条目，另订画一章程。改定州县等官回避本籍章程，及在本籍服官限制章程。行查各省原设各项选缺，有无今昔不同情形，并专补选缺人员各若干员，令一年内报齐。第八年，是年变通旗制，一律办定，详定满汉官缺归并办法，实行州县等官免回避本籍。统计各省各项选缺，共应酌留若干缺，余悉归各督抚拣补。第九年，是年宣布宪法，确定本部办事权限。是年新定内外官制，一律实行。改造职官录，并附刊各种品级俸限公费表，将历年四司修订则例理由，撮具大纲，奏定后，即在本部设专局派员办理。下宪政编查馆知之”［《德宗景皇帝实录（九）（附）宣统政纪》卷一〇，宣统元年闰二月下，第200—202页］。

① 李曙光：《晚清职官法研究》，中国政法大学出版社2000年版，第37，181，183页。

② 织田万：《清国行政法》，中国政法大学出版社2003年版，第59页。

③ 王钟翰：《清代则例及其与政法关系之研究》，载《王钟翰清史论集》第三册，中华书局2004年版，第1698页。

④ 王钟翰：《清代则例及其与政法关系之研究》，载《王钟翰清史论集》第三册，中华书局2004年版，第1745页。

⑤ 苏亦工：《明清律典与条例》，中国政法大学出版社2000年版，第42页。

⑥ 苏亦工：《明清律典与条例》，中国政法大学出版社2000年版，第42页。

另一种是泛指的，为习惯的用法，非专指哪部特定的法规”[①]。

例由案生，条例也不例外。条例的渊源应该即为刑部以及各省，所从生之新例成案。其中，刑部新例若作为条例，必经律例馆审议，奏请敕裁，编入律例中；各省自立成案，或先条奏，候旨定夺，或咨请各部，等候答复，方再奏请。[②]

条例为因时因事而作，时移事变，条例自应定期纂修。“纂修条例，本为刑部律例馆所管掌。顺治二年创设律例馆，初为独立官厅。乾隆七年，隶于刑部。该馆不常设之，每届条例纂修之期，由刑部官吏中选择，临时命为官员，纂修毕即撤去。而条例纂修之法有二：曰大修；曰小修。小修每五年举行一次，大修每十年举行一次。此为定例。……纂修本有一定期限，不准迟误，小修限十个月，大修限一个年。定限内必成业。倘例过多，于限期内不能纂修，则开馆之初，具申其由，预请缓期。”[③]

又清代条例与刑例常常混淆，盖因两者本来关系较近所致。清初，《大清律》大抵全袭《大明律》，然而内容不免有与现实相抵牾者，于是，康熙十八年特谕确定新律文，同时要求将所附条例，应去应存，着九卿詹士科道会同详加酌定确议具奏。后经九卿等遵旨会同更改条例，别自为书，名为《刑部见行则例》。[④] 嗣后，“雍正三年复修《大清律集解附例》；于是则例中之刑名条例，大半采在律中。而律例一名，转含混模糊，不复可辨矣。其实刑例与则例之区别，混言之，则皆曰例；分别言之，则刑名专属刑名，而则例则兼赅庶事。然刑例初名则例，后始改之；而则

① 苏亦工：《明清律典与条例》，中国政法大学出版社 2000 年版，第 42 页。

② 织田万：《清国行政法》，中国政法大学出版社 2003 年版，第 61—62 页。

③ 织田万：《清国行政法》，中国政法大学出版社 2003 年版，第 60 页。

④ 王钟翰：《清代则例及其与政法关系之研究》，载《王钟翰清史论集》第三册，中华书局 2004 年版，第 1746 页。

例之中亦有刑名，唯属于官员之处分而已。故刑例与则例显然有别，而其间互相出入之处甚多”①。康熙二十八年，又谕将《见行则例》载入《大清律条例》中，命图纳、张廷玉等为总裁，将律文则例，删定改正，汇为一书，同时撤销《刑部见行则例》。自后终清一代，各部署皆有则例，刑部只有《通行条例》与《章程》，未见以则例见称矣。②

由是，条例本是辅助刑律而生，然而条例中也有关于处分的规定，这也是清代处分与刑罚未完全分开之表现。

总体而言，规定处分的条例，有两种形式。

一是《大清律例》中的条例有官员处分的内容，例如：

> 道、府以上官员，凡关系叛逆、军需、驿递公文等紧要重大事情，照例差人外，其余细事之许行牌催提。如违例差遣人役者，督抚指明题参，徇情不参者，事发一并议处。其督抚于平常细事差役害民者，亦交部议处。③
>
> 凡州、县官将小民疾苦之情不行详报上司，使民无可控诉者，革职，永不叙用。若已经详报，而上司不接准题达者，革职。④

二是以条例命名的关于处分的单行法规，例如光绪三十四年(1908)，制定《禁烟考成议叙议处条例》。该条例规定，各省地

---

① 王钟翰：《清代则例及其与政法关系之研究》，载《王钟翰清史论集》第三册，中华书局2004年版，第1745页。

② 王钟翰：《清代则例及其与政法关系之研究》，载《王钟翰清史论集》第三册，中华书局2004年版，第1747—1748页。

③ 田涛、郑秦点校《大清律例》，法律出版社1999年版，第144页。

④ 田涛、郑秦点校《大清律例》，法律出版社1999年版，第160页。

方官在任依限完成禁烟任务者，从第二年起，每年晋升一级；于应行查禁各条限期未经禁绝者，照奉行不力例，降二级调用；其未经查禁而提称禁绝者，照蒙混私罪例革职；于其境内栽种罂粟地亩、膏土各店及吸烟人数统计，一年内递减数目不及八分之一者，照奉行不力例降二级调用。[①]

（三）事例

事例，即作为会典的细目的历年积存的例。[②]“清初入关，一切草创，法典未备。行过之事，即可为例。其稍有变者，则为新例，上下遵行唯谨。”[③]

迨后《大清会典》颁行，事例与会典便不再可分。“会典大要以官统事，以事隶官，如周六官、唐六典，提纲挈领，治具必张。至事例则各门各目因革损益皆按年排比，是以历届会典凡例内各表明起迄年限。”[④]前面讲到，清朝先后制定修订五部会典，“其中前两部会典——康熙、雍正《会典》仿效《明会典》的体例，‘以官统事，以事隶官’，所载的事例附于会典之后，与典文合为一体，不可分割。……从乾隆《会典》起，后三部会典，即乾隆、嘉庆、光绪《会典》，把典则和事例分别为两个部分，即会典和会典事例。大致‘以典为经，以例为纬’，经纬分明且‘殊途同归’。分离出来的事例自成一部，称为‘会典事例’（或‘会典则例’），附在会典之后，作为会典的辅助，把各门各目的

---

① 李曙光：《晚清职官法研究》，中国政法大学出版社 2000 年版，第 182 页。

② 苏亦工：《明清律典与条例》，中国政法大学出版社 2000 年版，第 42 页。

③ 王钟翰：《清代则例及其与政法关系之研究》，载《王钟翰清史论集》第三册，中华书局 2004 年版，第 1696 页。

④ 光绪朝《钦定大清会典事例·卷首·凡例》，转引自苏亦工《明清律典与条例》，中国政法大学出版社 2000 年版，第 45 页。

‘因革损益’情况，按年排比。这样既有门类，又有时间顺序，查阅起来非常方便。但乾隆会典例外，改称事例为则例”[①]。

事例与则例之间有差异，亦有联系。“清初，律例并行，一仍明旧。故例之颁行天下者，多为条例、事例，初无所谓则例也。”[②] 然则，事例、则例，都是例，皆因案而成者，质同名异的原因，是由于在实用中目的不同。“则例是作为官员处理政务时的直接援引凭据而制定的，而事例是保存历年颁布的规定，以备稽考其原委始末。”[③] 是以乾隆会典中使用的“则例”，具有偶然性，究其原因，不可详查，学者尚在讨论中，兹不赘述。

会典之事例详细记载各门演变，其中自然包括大量处分的内容，多载于吏部之处分例条目下。本书考订处分制度中的各项规定，多有引用事例，后文自有体现。

综上，则例、条例、事例名称相近，都属于例，表明三者有共同性，即它们都是变通的、灵活的、辅助性的法源形式。但是三者的名称都有一字之差，说明三者还有一定的区别，即：则例是独立的单行的行政法规；条例是辅助律的刑事法规；事例是以时间为序，辅助会典，记录历年颁布的规定。这三种不同功用的例名称上的异同，正是明清法源形式走向规范化的一个重要体现。当然，这种规范化大致是在清中叶才实现的。[④]

---

① 苏亦工：《明清律典与条例》，中国政法大学出版社 2000 年版，第 45 页。

② 王钟翰：《清代则例及其与政法关系之研究》，载《王钟翰清史论集》第三册，中华书局 2004 年版，第 1710 页。

③ 苏亦工：《明清律典与条例》，中国政法大学出版社 2000 年版，第 45 页。

④ 苏亦工：《明清律典与条例》，中国政法大学出版社 2000 年版，第 46 页。

三、律

国家刑法之设，可以诘奸除暴，惩贪黜邪，以端风俗，以肃官方。刑之有律，犹物之有规矩准绳也。《大清律》的纂修演变大体如下[①]：

顺治元年六月，摄政睿亲王入关定乱，令问刑衙门准依《明律》治罪。

顺治元年八月，刑科给事中孙襄，条陈刑法事："今法司所遵，乃故明律令，就中科条繁简，情法轻重，当稽往宪，合时宜，斟酌损益，刊定成书，布告中外，俾知画一遵守。"

顺治元年十月，世祖入京，即皇帝位。刑部左侍郎党崇雅奏请暂用明律，候国制画一，永垂令甲。得旨：在外仍照明律行。

顺治二年，从刑科给事中请，命修律馆参稽满汉条例，分轻重等差。

顺治三年，刑部尚书吴达海奉诏遵照明律，参酌成编，名曰《大清律集解附例》，此为清朝刑法法典之始。

康熙九年，大学士管刑部尚书事对喀纳等奉诏校正。

康熙十八年，就定律外所有条例，宜保存者，详加酌定，刊刻通行，名曰《刑部见行则例》。

康熙二十八年，台臣盛符升奏请，以现行则例载入大清律内，乃命尚书图纳、张廷玉等为总裁。

---

① 王钟翰：《清代则例及其与政法关系之研究》，载《王钟翰清史论集》第三册，中华书局2004年版，第1692，1693，1746页。《世祖章皇帝实录》卷七，顺治元年八月，第74—75页。织田万：《清国行政法》，中国政法大学出版社2003年版，第58—59页。郑秦：《清代法律制度研究》，中国政法大学出版社2000年版，第36—37，48—49页。

康熙三十四年，将律文名例，先缮进呈。

康熙四十六年，将全书缮写进呈御览，未蒙颁布。

雍正元年，大学士朱轼、尚书查郎阿等奉诏速修。

雍正三年，进呈黄册，书名仍为《大清律集解附例》。

雍正五年，业必刊行，刻本律书的扉页名称作《钦定大清律》，而该书卷首雍正亲笔的御制序则是《御制大清律例集解序》。既然雍正本人如此命名，加之后来乾隆在修律时也说"宪宗皇帝钦定《大清律集解》刊示中外"，那么，雍正律后世也就以《大清律集解》的名称通行了。

乾隆五年，正式定名《大清律例》，律文仍旧遵照雍正五年律，为四百三十六门，至清末未见修改，条例则随时损益改删，因为"律为一定不易之成法，例为因时制宜之良规"。

另外，由于官方编纂律例，有时过期不颁布，使得私撰法典得以发展，如沈之奇《大清律例统纂集成》。嘉庆之初，沈氏注释律例刊行于浙江。道光年间，山阴姚雨芗一再修葺。自列朝历颁之诏，至前后奉行之条例，皆收载之，汇集无遗。咸丰十年，互罹兵燹，藏本极少。同治之初，吴晓帆得其原版，乃就会稽彭年，更厘定之，六年完成。十年，吴氏又续修之。光绪初年会稽陶骏、陶念霖二人，校正增补，即今《大清律例增修统纂集成》是也。

按现在的法律分类来看清代法律，可以认为清代之法，尚未全分化，一切诸法专归刑法。即如《大清律例》，亦为刑法之法典，凡关于刑事之制裁，皆规定焉。其实则有当属于民法者，或属行政法者，属于诉讼法者，尽收于其中。律例以正官民之非违，而律与例，并为刑法法典，此为清国立法之精神。[①] 前面已

① 织田万：《清国行政法》，中国政法大学出版社 2003 年版，第 56 页。

讲到，律文除袭明律文外，还有许多是由条例、则例转化而来，其中不乏关于处分的规定，今择两条列于下：

> 凡国家律令，参酌事情轻重，定立罪名，颁行天下，永为遵守。百司官吏务要熟读，讲明律意，剖决事务。每遇年终，在内在外，各从上司官考校，若有不能讲解，不晓律意者，官罚俸一月。[①]
>
> 失错（漏使印信，不签姓名之类）及漏报（卷宗多本，而不送照刷）……其府、州、县正官、巡检（非首领官之比），一宗至五宗，罚俸一月，每五宗加一等，罚至三月。[②]

综而论之，会典、则例、条例、事例、律文，都有关于处分的规定。其中，会典为一代典制，行文简约，不具操作，所以具体办理处分案件时，自然不会引用；事例是将历年之例排比，有新例时，办案时自应引用新例，故事例也不会引用；除此，则例、条例、律文皆为当时之法，三者自能作为办案引用之法律条文，此将在本书第三章《查例》中有详述，兹不赘述。

然而，当则例、条例、律文规定的事项同一，处罚又不同时，其效力等级又如何呢？例如：

1. 则例。《六部处分则例》中关于徒流军遣迁徙人犯，起解期限定限为二月：

> 徒流军遣并迁徙各处人犯，俱以文到日为始，定限两个月起解。如人犯众多，以五名作一起先后解送，每日限行五

① 田涛、郑秦点校《大清律例》，法律出版社1999年版，第156页。

② 田涛、郑秦点校《大清律例》，法律出版社1999年版，第164页。

十里。①

2. 条例。《大清律例》（稽留囚徒）所附条例规定，起解期限定限为一月：

> 外省发遣官常各犯，乃发往军台赎罪废员，军流徒罪人犯，于文到之日，均限一个月即行起解，勿得任起逗留。②

3. 律文。《大清律例》（稽留囚徒）规定，起解期限定限为十日内：

> 凡应徒、流、迁徙、充军囚徒，断决后，当该（原问）官司限一十日内，如（原定）法（式）锁杻，差人管押，牢固关防，发遣所拟地方交割。③

以上三项，相互歧异，如何适用，仍需要实际案例印证。从法理上说，条例的效力高于律文，所以律文应不得适用；条例与则例相比，大概应适用则例，因为《六部处分则例》是决定处分的首要准则。④

---

① ［清］文孚等：《钦定六部处分则例》，光绪十三年重修，光绪十八年上海图书集成印书局印，第 940 页。

② 那思陆：《清代中央司法审判制度》，北京大学出版社 2004 年版，第 231 页。

③ 田涛、郑秦点校《大清律例》，法律出版社 1999 年版，第 550 页。

④ 那思陆：《清代中央司法审判制度》，北京大学出版社 2004 年版，第 231 页。

第四节　事　由

文官受到处分，究竟是由于什么事由呢？详细论述并不是件容易的事，但总是与其应承担的职责相关，兹就文官职责及具体处分的具体事由分述如下。

一、文官职责

文官职责大体分为职务上要求及身份上要求两种，职务上要求者，官员执职务之时当负担之；身份上要求者，则不论其执职务与否，一切官员都需遵行。前者，“法律要求大小官员以恪尽职守为首务”[①]；后者，因君臣关系、臣民关系则有不同表现。[②]今据吏部处分则例、《大清律例》及相关学者的研究[③]，择其要者，开列如下。

一是职务上要求：不可擅离职守；不可赴任违限；无故不可缺勤；出使不可迟延复命；不可延滞官文书；服从上级命令；不得失于觉察；不得溺职。

二是身份上要求：忠顺君主；通晓律令；保守秘密；遵奉仪礼；保持品位；遵守良俗；管束家人。

以上是清代文官所负职责的主要部分，此外相关职责还有不少，兹仅就失于觉察、溺职举两例说明之。

---

① 艾永明：《清朝文官制度》，商务印书馆2003年版，第149页。

② 艾永明：《清朝文官制度》，商务印书馆2003年版，第149页。

③ 织田万：《清国行政法》，中国政法大学出版社2003年版，第414—419页。艾永明：《清朝文官制度》，商务印书馆2003年版，第150—168页。

乾隆四十二年十二月，“吏部奏，署江西布政使赣南道周克开、按察使冯廷丞，阅看王锡侯字贯一书，不能检出悖逆重情，竟同声附和，有乖大义。……其失察妄着书籍之大学士管两江总督高晋，照例降级留任。得旨：……高晋着降一级留任”①。

又嘉庆十六年九月，上曰：“皇考庆辰盛典，因臣民之请，祇较常年略通燕飨，以达下情，并不许民闲广陈戏乐，巷舞衢歌。诚以繁文缛节，素非朕心所愉，实属有损无益。每观往史如前代之侈陈百戏，赐酺旬朝方且心薄所为，引为鉴戒。本年南河漫口，下游被灾，各直省亦闲告薄收，朕轸念民艰，旰宵莫释，即值旬庆之年，亦必将胪祝靡文，概行裁抑，傥朕稍忘民莫，侈举庆仪，各大臣言官等，必应上章切谏，方为爱君之道。乃前日御史景德，冒昧奏请，欲于万寿节，令城内演戏设剧十日，岁以为例。朕兢业万几，敦崇实政，中外臣庶，共见共闻景德竟敢以此言轻为尝试，其视朕为何如主耶。本应于陈奏之日，立予杖责发遣，朕不为已甚，先交部严加议处。兹部议将该御史照溺职例革职，实属咎无可宽，景德着即革职，并发往盛京，交观明差遣，派当苦差。盛京风气朴质，俾景德在彼览观服习，当自知其识见庸鄙，愧恧无地也。”②

二、具体事由

文官职责的设定只是解决原则问题，具体实施，还有待细化。由于文官的处分权在于吏部（后面有详述），处分的事由自由其按照一定事实标准认定。清代以六部为本，相关行政事项自

① 《高宗纯皇帝实录（十三）》卷一〇四七，乾隆四十二年十二月下，第 1025 页。

② 《仁宗睿皇帝实录（四）》卷二四八，嘉庆十六年九月，第 357—357 页。

亦按此分类，据会典及吏部处分则例，处分定例编目分属、目、条三级，吏部于讨论处分时，按条裁决，由于其数量巨大，不便详列，今降属、目开列如下。[①]

吏属之目十有五：

公式、降罚、升选、举劾、考绩、赴任、离任、本章、印信、限期、归旗、事故、旷职、营私、书役。

户属之目十有二：

仓场、漕运、田宅、户口、盐法、钱法、关市、灾赈、催征、解支、盘查、承追。

礼属之目六：

科场、学校、仪制、祀典、文词、服饰。

兵属之目六：

驿递、马政、军政、军器、海防、边防。

刑属之目八：

盗贼、人命、逃人、杂犯、提解、审断、禁狱、用刑。

工属之目二：

河工、修造。

本书后面所举案例，都与这些规定相关，兹不赘述。

---

① 《钦定大清会典》卷一一，第114—115页。

第二章 清代文官处分的种类

清代的会典中规定，处分的方式有罚俸、降级和革职三种，这将是本章的重点。同时，对于清代历史上曾经出现过，虽然没有列入处分种类，但是在实际中的功能与处分并无实质区别，本章也将其作为分析的对象。

第一节 罚 俸

罚俸，是清代文官处分种类的一种，即扣发官员的俸给。[①]

一、俸给

俸给，是政府对其官吏工作的物质报酬。俸给之制，代有不同，“俸给既为物质之报酬，则各代所用以为支付俸给之实物皆以其时之经济状况为转移，或以土地，或以谷粟，或以布帛，或以银钱，或货币与实物兼而用之，未可一概而论之”。又“历代官级有高下，俸给有多寡，而俸给之多寡则均以官秩之高下为标准而决定之；良以官级者所以表示各人之政治地位与身份也，而

① 李鹏年、刘子扬、陈锵仪编著《清代六部成语词典》，天津人民出版社 1990 年版，第 34 页。

俸给者所以维持此地位与身份时必不可少之凭借也，二者相辅为用，故以官级定官俸以俸禄保官秩焉”。[①] 关于官员品级制度，后文详述，兹不赘述。

清代俸给，参酌前明之旧，而定俸银禄米之制，银米兼支，分正俸、恩俸和养廉银三种。其中，养廉银将在本章“其他”篇中论述，兹仅将正俸、恩俸分述如下。

（一）正俸

正俸，谓支给一切官吏之定额俸给，而从品秩高下，自异其额。[②]

清制，文职京官，满汉人一例，按品级颁发俸银和禄米，米视俸而定，每银一两并给米一斛，银有奇者以米之升合准之；文职外官，俸银之数与京官相等，然无禄米之给。[③] 文官具体俸禄标准如下[④]：

一品 岁给俸银一百八十两，禄米九十石；

二品 银百五十两，米七十五石斗；

三品 银百三十两，米六十五石；

四品 银百五两，米五十二石五斗；

五品 银八十两，米四十石；

六品 银六十两，米三十石；

---

① 张金鉴：《中国文官制度史》，中国台湾华冈出版有限公司 1977 年版，第 138—139 页。

② 织田万：《清国行政法》，中国政法大学出版社 2003 年版，第 397—398 页。

③ 张金鉴：《中国文官制度史》，中国台湾华冈出版有限公司 1977 年版，第 154 页。织田万：《清国行政法》，中国政法大学版社 2003 年版，第 398 页。

④ 《钦定户部则例》卷七三，同治十三年刻本。同时参考张金鉴《中国文官制度史》，中国台湾华冈出版有限公司 1977 年版，第 154 页；艾永明《清朝文官制度》，商务印书馆 2003 年版，第 134 页。

七品　银四十五两，米二十二石五斗；

八品　银四十两，米二十石；

以上正从品数额相同。

正九品　银三十三两一钱一分厘，米十六石五斗五升七合；

从九品　银三十一两五钱，米十五石七斗五升；

未入流者　俸禄同从九品者。

（二）恩俸

文职京官，不关大小，正俸银外，又给恩俸[①]，额同正俸。其发展有一过程。

雍正三年，以汉官携带家口者多，食用多有不敷，虑其有内顾之忧，赏给在京大小汉官恩俸，其数与正俸同。[②]

雍正六年，吏户兵刑工五部堂官，俸银俸米加倍给予，罚俸案件，皇帝分外所给之俸，不必计算。例如雍正六年二月庚戌谕云：

> 吏户兵刑工五部堂官，今皆各殚厥职，赞襄政治，共相黾勉，矢勤矢慎，端方自持，剔除情弊，杜绝请托，甚属可嘉，朕深许之。夫大臣果能廉洁自守，其用度必稍不敷。朕因国家政事，资借大臣之力，而使之分心家计，朕心不忍。五部大臣内，除差往外省署事之人外，俸银俸米，着加倍给与，其署理之大臣，亦照此赏给。若遇罚俸案件，将朕分外

① 恩俸专给在京文员；部院大小经制文员的恩俸，都包括俸银和禄米；不是所有在京文员都享受俸银和禄米的双倍赏给，如内务府总管卿等只享受俸银的双倍赏给。（艾永明：《清朝文官制度》，商务印书馆2003年版，第135页。）

② 张金鉴：《中国文官制度史》，中国台湾华冈出版有限公司1977年版，第154页。

所给之俸，不必入议。①

乾隆元年，以在京文员俸入不足以供其日用之需，特旨恩给双俸，遇有罚俸案件，对加增之俸不罚。乾隆二年，改为大小京员遇罚俸案件，正俸、恩俸都得入议。例如乾隆二年四月谕云：

> 特恩加赐双俸，并令遇有罚俸处分，免罚加赐之恩俸，此格外之旷典也。上年朕将在京文员俸银，概加一倍，大小均沾，虽名恩俸，其实即正俸也。若遇处分时，亦照从前部堂之例，不罚加增之俸，是在京文员，竟无罚俸之事，何以示惩，且与武员事不画一，未免偏枯，势不可行。嗣后大小京员，遇有罚俸案件，将本身应得俸银，按年按月计算，不必分晰扣除。②

二、差等

罚俸，是官员处分的第一级，以年月为差，分为七等，即有罚俸一月、二月、三月、六月、九月、一年、二年之别。③ 兹分别举例说明如下。

一月。顺治九年五月，“定隐匿查解逃人功罪例，如系旁人举首，或系本主认获，该管州县官，每逃人一名，罚俸一月。……知府则以所属州县论，如辖十州县内，有隐匿逃人至十名者，罚俸一月”④。

---

① 《世宗宪皇帝实录（一）》卷六六，雍正六年二月，第1016页。

② 《高宗纯皇帝实录（一）》卷四〇，乾隆二年四月上，第726页。

③ 《钦定大清会典》卷一一，第113页。

④ 《世祖章皇帝实录》卷六五，顺治九年五月，第508—509页。

二月。顺治九年五月，“定隐匿查解逃人功罪例，如系旁人举首，或系本主认获，该管州县官，每逃人……二名，罚俸两月”[①]。康熙二十七年三月，“上曰：吴学经等，凌辱职官，殊为可恶，其家主平日不行严束，以致奴仆殴辱职官，亦应究拟。其后奴仆有如此者，其家主作何处分，着一并定例议奏。寻议，监生吴世英、旗人孙登高，平日不行严束家奴，应照例将吴世英，于出仕之日，罚俸两个月”[②]。

三月。乾隆二十四年五月，“刑部议覆，署湖北巡抚庄有恭奏称，徒配人犯，及自内部外省解回管束者，原解地方，业将年貌开载，中途仍有顶替情事，询系贿差顶替，将佥差之员，照失察衙役犯赃例，分别议处。……混行接解之地方官，照疏忽例，罚俸三月，应如所奏。从之”[③]。乾隆四十二年七月，“吏部议准，大学士阿桂奏称，各省州县佐杂，不得调署别缺，及辗转更署。如必须将实缺州县调署者，将因何调署缘由，并委调若干员，按季造册咨报。上季之册，下季到部，如有迟延，将该督、抚、藩司，照例议处。逾限不及一月者，罚俸三月。……从之”[④]。

六月。顺治十一年八月，“诸王大臣议，大学士王永吉为兵部尚书时，鞫问窝逃吕煌行贿一案，审结稽迟，又不题参知州诬解窝主，且欲坐逃主以吓诈之罪，应革去大学士，降二级调用，仍夺俸六月。得旨：王永吉破格超擢，简任机密，当竭忠为国，以图报称。昨诸王大臣会议吕煌一案，诘问情由，辄张威忿怒，全无小心敬慎之意，岂非欲效陈名夏故态耶，负恩殊甚，宜加重

① 《世祖章皇帝实录》卷六五，顺治九年五月，第508—509页。

② 《圣祖仁皇帝实录（二）》卷一三四，康熙二十七年三月，第449页。

③ 《高宗纯皇帝实录（八）》卷五八六，乾隆二十四年五月上，第498—499页。

④ 《高宗纯皇帝实录（十三）》，卷一〇三六，乾隆四十二年七月上，第883页。

处，姑从宽革去大学士……罚俸六个月”[①]。乾隆元年六月，“吏部议，礼部侍郎兼知贡举励宗万，于夫役越墙，不行查参，及御史参奏，系吏部查取职名，复将伊失察之处，推诿外场，咨部查议，尤属不合，应降二级留任。其御史都隆额等，参奏礼部折内，不加详察，以过甚之词，形之章奏，亦属不合，应罚俸六个月。从之”[②]。

九月。嘉庆二十二年十一月癸卯，“谕内阁：督抚违例保题，系属公罪，其应得处分，本可准其抵销，惟前曾降旨，通谕不准以参罚过多之员奏请升用。今方受畴等以参罚六十余案之黄克昌，奏请升署大兴县知县，实属故违谕旨。方受畴、章煦、汪如渊，着各实罚俸九个月”[③]。道光九年七月，“吏部奏，遵议办事谬妄管理街道事务江南道御史安明，应照溺职例革职。掌福建道御史沈巍皆，并左都御史那清安，均照例罚俸。得旨：安明着照部议革职；沈巍皆与安明意见不合，阻止不从，不赴都察院公署陈明，辄赴那清安等私宅诉说，不胜御史之任，着以六部员外郎用，仍罚俸九个月”[④]。光绪八年四月，“谕内阁：前据张树声奏调翰林院侍讲张佩纶，帮办北洋水师事宜，当以该督擅行奏调，未允所请。兹据翰林院侍讲学士陈宝琛奏，张树声擅调近臣，实属冒昧，请照例议处等语。张树声着交部议处。寻议，罚俸九个月”[⑤]。

一年。顺治九年五月戊戌，“吏部议覆，都察院劾奏工部侍郎刘昌，奉差祭告，虽未定限，事竣，应即还朝，乃竟回家迟

① 《世祖章皇帝实录》卷八五，顺治十一年八月，第673页。

② 《高宗纯皇帝实录（一）》卷二〇，乾隆元年六月上，第491页。

③ 《仁宗睿皇帝实录（五）》卷三三六，嘉庆二十二年十一月，第429页。

④ 《宣宗成皇帝实录（三）》卷一五八，道光九年七月，第432页。

⑤ 《德宗景皇帝实录（三）》卷一四五，光绪八年四月，第55页。

延，应罚俸一年。得旨：刘昌着罚俸一年”[①]。康熙五十二年二月，“刑部等衙门会议，顺天乡试中式第一名查为仁之父查日昌，请人为伊子代笔，贿买书办，传递文章。事发后，又脱逃被获，应斩监候。查为仁中式情弊，虽由伊父主使，而通同作弊，又相随脱逃，希图漏网。其书役龚大业，收受贿赂，传递文章，俱应绞监候。代查为仁作文之举人邵坡，应革去举人，杖徒。失察之监察御史常泰、李弘文，应罚俸一年。从之”[②]。道光十九年二月庚午，“谕内阁：户部右侍郎联顺，于陈奏折件，率交内奏事呈递，系属违制。又于拣选治仪正时，因差未到，辄因恩长不行面禀，遽加呵斥，并牵涉责惩伊子。作为哈密帮办大臣，照例驰驿前往，换回文翰，整仪尉恩长因被联顺呵斥，辄即具呈告退，亦属负气。部议……恩长，着罚俸一年”[③]。

二年。嘉庆元年七月丙寅，“谕内阁：佛住家人，私代商人夹带玉器，是以将伊等解任质讯。今讯明佛住实不知情，着加恩将伊所袭世职，仍留本身，前往哈密，协同僧保住办事，仍罚俸二年，以示惩戒”[④]。光绪二十四年三月戊申，“谕军机大臣等，内务府司员，例应逐日在内当差。近来竟有传差不到之员，其巧滑懒惰已可概见。造办处郎中庄山，着罚俸二年。员外郎常志多凌，均着降为主事，罚俸二年。……文照着降为主事，广嵩着降为主事，罚俸二年。兼行员外郎继铭、文炘、常贵，均着降为主事，罚俸二年。恩铨着降为主事，罚俸二年。……以示惩儆”[⑤]。

---

① 《世祖章皇帝实录》卷六五，顺治九年五月，第509页。

② 《圣祖仁皇帝实录（三）》卷二五三，康熙五十二年二月，第507页。

③ 《宣宗成皇帝实录（五）》卷三一九，道光十九年二月，第983—984页。

④ 《仁宗睿皇帝实录（一）》卷七，嘉庆元年七月，第137页。

⑤ 《德宗景皇帝实录（六）》卷四一六，光绪二十四年三月，第454页。

备考

清代会典中，并没有规定罚俸三年、四年，然而实际运作中确时有出现，今录此备考。

罚俸三年

乾隆四十年二月乙酉，“谕：庶吉士黄寿龄……因该员尚未散馆授职，无任可留，令再学习三年，方准散馆，固属咎所应得。第念四库全书处，未定章程以前，纂修等将书携归校办者，谅不止一人，黄寿龄第因遗失，遂干吏议耳，其情尚稍可原。黄寿龄，着从宽，准其同壬辰科庶吉士，一体散馆。其议处之案，改为罚俸三年”①。

罚俸三、四年

嘉庆三年三月戊辰，“谕内阁：此次考试翰詹各官，按其文字优劣，分为四等。……庶子亮保，侍讲延弼，本应降补，姑念满洲进士出身人员较少，从宽仍留本任，各着罚俸三年。其考列四等之达椿，在上书房行走有年，万承风文理尚属清顺，只系誊写题目次序违式，俱着从宽降为检讨，仍罚俸四年”②。

以上是关于罚俸各个差等的例证，在具体实行罚俸时，仍有许多问题需要注意，今分述如下。

1. 官员升降罚俸之方法

清初，罚俸之法，有升任之官，原任有事应行罚俸，不照原任，即照升任罚俸者；或被降之官，原任有事应行罚俸，不照所降之级，仍照原任追银者；一升一降，即为互异，法制不画一，不便于遵守。这一问题到康熙九年始解决，例如康熙九年三月云：

---

① 《高宗纯皇帝实录（十三）》卷九七六，乾隆四十年二月上，第 31 页。

② 《仁宗睿皇帝实录（一）》卷二八，嘉庆三年三月，第 334 页。

> 嗣后原任有事应罚俸者，升任官员，于新任罚俸；降调官员，如已补任者，照所降之级罚俸，其未补任之员，并裁缺、给假、丁忧等官，免交该部追银，于补官日罚俸。从之。[①]

2. 罚俸处分影响官员铨选

（1）罚俸与会推

会推是清代一种由廷臣公推补授官员的方法，亦称朝推。清初沿袭明制，高级官员，如京官大学士至京堂，外官总督、巡抚、布政使、按察使，均有廷臣会推。[②] 但是，身带罚俸处分的官员，无资格参与会推，后因为许多官缺，如严格按照规定，合例之人少，难以选择，于是有罚俸之员亦可参与会推，例如康熙二十二年十二月甲寅谕云：

> 吏部题，旧例，按察使员缺，由布政使司参政升任。如无参政，方以按察使司副使升任。今会推时，参政副使内，合例之人少，难以选择。嗣后按察使员缺，将参政、副使、参议、佥事四项道员，不论历俸已满未满，有无罚俸，一体会推。从之。[③]

（2）罚俸与奏补

上文中的会推在实行一段时间后停止[④]，改由吏部开列应补

---

① 《圣祖仁皇帝实录（一）》卷三二，康熙九年三月，第437页。

② 李鹏年、刘子扬、陈锵仪编著《清代六部成语词典》，天津人民出版社1990年版，第5页。

③ 《圣祖仁皇帝实录（二）》卷一一三，康熙二十二年十二月，第170页。

④ 李鹏年、刘子扬、陈锵仪编著《清代六部成语词典》，天津人民出版社1990年版，第5页。

之员，具题或专折奏请，请旨而授。[①] 但是对于奏补罚俸案件过多的官员，皇帝一般不同意。例如嘉庆二十年二月癸未，谕内阁：

> 汪志伊等奏，请升署永春直隶州知州一折。闽县知县言尚焜，现据该督等以才优守洁干练勤能注考请升，但阅该员参罚单内，现有……罚俸之案，共计一百九十余件，该员如果干练勤能，何至处分如此之多。该督等滥行保奏，着传旨申饬，先行交部议处。所有永春直隶州知州一缺，着另行拣员奏补，不准渎陈。[②]

但是，各省督抚遇有升调缺出，往往将罚俸处分过多者，仍旧奏请，经吏部驳回后，仍复渎奏，冀邀恩准。为解决这一情况，嘉庆二十三年议定以罚俸五十件为准，五十之内允许奏补，五十之外，不准奏补，例如嘉庆二十三年十一月谕云：

> 吏部议驳御史尹佩棻条奏六部衙门封发公文每日派司员一人专管，及州县等官，不即完缴罚俸银两，酌予处分二款，所驳俱是，着照部议毋庸更张。惟近来各直省督抚遇有升调缺出，往往将罚俸处分过多者，违例奏请，经部议驳，仍复渎奏，冀邀恩准。嗣后各督抚奏请升调人员，如罚俸案件在五十案以内者，仍准专折奏请，其罚俸在五十案以外者，概不准奏请升调，若违例渎请，吏部径行议驳，仍将该督抚参处。[③]

① 《钦定大清会典》卷八，第91页。

② 《仁宗睿皇帝实录（五）》卷三〇三，嘉庆二十年二月，第27—28页。

③ 《仁宗睿皇帝实录（五）》卷三四九，嘉庆二十三年十一月上，第610页。

3. 罚俸银两之用途

州县罚俸银两，如一官一年而有罚十年之俸者，除一年扣俸外，其九年系由该员解缴藩库，谓之浮俸；此项银两，既解之后，作为动用，各省不同。清人有人认为，罚俸银既非国家之正款，又属州县之己资，应请拨出以为州县招解人犯一切之费。[①]

① 具体参考盛康编《皇朝经世文续编》之《请拨州县罚俸银两为解案经费疏(陈坛)》："窃惟百姓之命，系于州县，州县之害百姓者莫如惰，百姓之望州县者莫如廉。顾朝廷警州县之惰，必先清其致惰之源；责州县之廉，必先予以可廉之路。如搁案不办，性耽安逸，督抚随时甄刻之可也；操行清洁，官声素好，督抚随时保举之可也。若州县虽欲不惰，而实有不能不搁之案；虽欲为廉，而实有不能自操之行者，则莫如招解人犯之赔贴经费也。州县审理命盗及一切杂案，自获犯拟罪后，徒流以上，皆须招解府省，往返囚笼扛夫之费，长解差役饭食之费，省监囚粮之费，贴监差役雇送差役饭食之费，半年不转，则一犯有数犯之费，再次审驳，则一案有数案之费。故州县每办一案，多则需四五百金，少亦一二百金，若逆伦重案，亲身解省，则需七八百金，以州县廉俸计之，每年所入，不敷办五六案之费矣。此州县之所以于命案则欲百姓私和，而盗案则欲百姓改窃，于逆伦重案亦或敢置之不问也。夫讳盗讳命，大干吏议，使不赔钱而可以办案，虽庸吏亦何肯害己以损人，使欲办案而无钱贴赔，虽循吏恐不免蒿目而束手。故欲苏民命，则莫如清案源；欲清案源，则莫如筹州县招解之费，而使之不难于办案。然国家经费有常，势不能添此意外之款，而州县摊捐已重，更不能增此浮出之需。惟查州县罚俸银两，如一官一年而有罚十年之俸者，除一年扣俸外，其九年系由该员解缴藩库，谓之浮俸；此项银两，既解之后，作为动用，各省不同。惟既非国家之正款，又属州县之己资，应请拨出以为州县招解人犯一切之费。以州县之所出，用之州县，则罚之扣之，而州县之心无不服。警其惰而使之可不惰，责其廉而使之可以廉，则劾之保之，而州县之口无所藉矣。此项银两，既系解存藩库，即由藩司支发。各州县解案到省，府监囚粮及贴监雇送饭食之费，每年若干，即由管监之经历司狱办理核算，赴藩库支领，不经各该上司之手，以免克扣之弊；其囚笼扛夫解役饭食之费，每年每州县若干，按道途远近，核定数目，即由该州县书役办理核算，加该州县印给，赴藩库亲身请领，不经该州县之手，以免克扣侵吞，仍派差役贴赔之弊。或谓此项浮俸银两，州县肯缴者无几，恐藩库不敷支发，不知现在吏部定有再升再调必须全缴罚俸银两章程，该州县如遇升调，势亦不能不缴，且既定为各州县解案之费，如抗不完缴，即于养廉内坐扣，亦不为苛，相应请旨饬下，各督抚按照各省情形，妥议章程，奏明办理，此亦国计民生之一端也。臣愚昧之见，是否有当，伏乞圣鉴训示遵行。"（[清]盛康编《皇朝经世文续编》卷一〇二，光绪二十三年武进盛氏思补楼刊版，第5—6页。）

但是，具体如何使用，目前所收史料有限，难以辨析，故特此提出，以待后论。

第二节　降　级

降级，是清代文官处分种类的一种，即降低官员的品级。[①]

一、品级

凡一定之官职，必属一定之品级，是为原则。故官职不升，则品级不得进也。清代，官职分为两大种：曰等内官；曰等外官。等内官，即入品级中之官职，而其品级自一品至九品，并有正从之别，合为十八品级。等外官无有等差，总称未入流官，其不列于九品。[②] 兹将文职官及属未入流之品级，开列于下[③]：

一曰正一品。太师，太傅，太保，大学士。

二曰从一品。少师，少傅，少保，太子太师，太子太傅，太子太保，协办大学士，尚书，都察院左都御史，都察院右都御史。

三曰正二品。太子少师，太子少傅，太子少保，总督，侍郎。

四曰从二品。巡抚，内阁学士，翰林院掌院学士，布政使。

五曰正三品。都察院左副都御史，都察院右副都御史，宗人

① 李鹏年、刘子扬、陈锵仪编著《清代六部成语词典》，天津人民出版社 1990 年版，第 33 页。

② 织田万：《清国行政法》，中国政法大学出版社 2003 年版，第 318 页。

③ 《钦定大清会典》卷七，第 77—78 页。

府府丞，通政使，大理寺卿，詹事府詹事，太常寺卿，按察使。

六曰从三品。光禄寺卿，太仆寺卿，盐运使。

七曰正四品。通政司副使，大理寺少卿，詹事府少詹事，太常寺少卿，鸿胪寺卿，太仆寺少卿，府丞，道员。

八曰从四品。翰林院侍读学士，翰林院侍讲学士，国子监祭酒，内阁侍读学士，知府，土知府，盐运司运同。

九曰正五品。左右春坊庶子，通政司参议，光禄寺少卿，给事中，宗人府理事官，郎中，顺天府治中，钦天监监正，太医院使，同知，土同知，直隶州知州。

十曰从五品。翰林院侍读，翰林院侍讲，司经局洗马，鸿胪寺少卿，御史，宗人府副理事官，员外郎，知州，土知州，运副，提举。

十有一曰正六品。内阁侍读，左右春坊中允，国子监司业，堂主事，主事都察院都事，经历，大理寺左右寺丞，宗人府经历，太常寺满洲寺丞，钦天监监副，太医院院判，京府通判，京县知县，兵马司指挥，钦天监汉春夏中秋冬五官正，太常寺汉寺丞，神乐署署正，通判，土通判，僧录司左右善世，道录司左右正一。

十有二曰从六品。左右春坊赞善，翰林院修撰，光禄寺署正，钦天监满洲蒙古五官正，汉军秋官正，和声署署正，布政司经历，理问，运判，直隶州州同，州同，土州同，僧录司左右阐教，道录司左右演法。

十有三曰正七品。翰林院编修，大理寺左右评事，太常寺博士，国子监监丞，内阁典籍，通政司经历，知事，太常寺典簿，部寺司库，京县县丞，兵马司副指挥，太常寺满洲读祝官，赞礼郎，鸿胪寺满洲鸣赞，顺天府满洲教授，训导，知县，按察司经历，教授。

十有四曰从七品。翰林院检讨，銮仪卫经历，中书科中书，内阁中书，办事中书，詹事府主簿，光禄寺署丞，典簿，国子监博士，国子监助教，京府经历，钦天监官灵台郎，祠祭署奉祀，和声署署丞，布政司都事，盐运司经历，直隶州州判，州判，土州判。

十有五曰正八品。司务，五经博士，国子监学正，国子监学录，钦天监主簿，太医院御医，太常寺协律郎，布政司库大使，盐运使库大使，盐道库大使，盐课司大使，盐引批验所大使，按察司知事，府经历，县丞，土县丞，四氏学学录，州学正，教谕，僧录司左右讲经，道录司左右至灵。

十有六曰从八品。翰林院典簿，国子监典簿，鸿胪寺主簿，钦天监挈壶正，祠祭署祀丞，神乐署署正，布政司照磨，盐运司知事，训导，僧录司左右觉义，道录司左右至义。

十有七曰正九品。礼部四译会同馆大使，钦天监监候，钦天监司书，太常寺汉赞礼郎，按察司照磨，府知事，同知知事，通判知事，县主簿。

十有八曰从九品。翰林院待诏，满洲孔目，礼部会同四译馆序班，国子监典籍，鸿胪寺汉鸣赞、序班，刑部司狱，钦天监司丞、博士，太医院吏目，太常寺司乐，工部司匠，府厅照磨，州吏目，道库大使，宣课司大使，府税课司大使，司府厅司狱，司府厅仓大使，巡检，土巡检。

未入流其级则附于从九品。翰林院汉孔目，部院库使，礼部铸印局大使，兵马司吏目，崇文门副使，典史，土典史，关大使，府检校，长官司吏目，茶引批验所大使，盐茶大使，厅州库大使，税课分司大使，州县税课司大使，驿丞，土驿丞，河泊所所官，道县仓大使，府僧纲，道纪，正卫正科，州僧正，道正，典卫典科，县僧会，道会，训卫训科。

凡官不系以正从者，则以其品级为差。如翰林院庶吉士，照七品官食俸；天文生，照九品官食俸；部院七品小京官，七品、八品、九品笔帖式，曲阜三品以下执事官，皆不系以正从。

今据以上所叙，一定之官职，属一定之品级，可见职务与官级不相离也。唯笔帖式，则同一职务而有自七品至九品之差，乃谓之例外可也。虽然，所有一切官职未必有本来实职，或加衔于实职上，以示优遇。即如正一品相当之太师、太傅、太保及从一品相当之少师、少傅、少保等，为加衔或者追赠内阁各部院大臣计耳，固非有实职。又有本来实职之官职，而于待遇上，加衔于他实职。例如总督有尚书加衔、有侍郎加衔是也。①

二、差别

降级有降级留任与降级调用之别。前者，即就其现任之级递降，照所降之级食俸，仍留任②，内分为降一级留任、降二级留任和降三级留任三等；后者，即视现任之级实降离任，以级之差，内分为降一级调用、降二级调用、降三级调用、降四级调用和降五级调用五等。兹分述如下。

（一）留任

1. 一级

康熙四十年八月，“吏部等衙门议覆，奉差广东审事礼部左侍郎凯音布等疏言，广东督抚平日不严约束文武官弁，以致骚扰

① 织田万：《清国行政法》，中国政法大学出版社 2003 年版，第 321 页。

② 官员因过虽受降级或革职处分，但因过小仍可留在本任继续任职办事，称为留任。（李鹏年、刘子扬、陈锵仪编著《清代六部成语词典》，天津人民出版社 1990 年版，第 34 页。）

黎岐，殊属不合。应将……提督殷化行降一级留任。……依议”[1]。

乾隆三十三年十一月己丑，“吏部议覆江苏巡抚彰宝疏报宝山县军犯郭三携带妻子在配脱逃一案。查该犯应发新疆，改遣内地，与寻常军流有间，该管官若照常例议处，究于事理未协。请将……兼辖之宝山县知县，降一级留任……并请嗣后如遇此等案件，地方官照此办理。再查新疆改发内地遣犯，单身脱逃……请将专管官照佥解重犯脱逃例，初参降一级留任。一年缉拿。限满不获，照所降级调用。兼辖官初……不获，降一级留任。……从之”[2]。

乾隆四十二年十二月，“吏部奏，署江西布政使赣南道周克开、按察使冯廷丞，阅看王锡侯字贯一书，不能检出悖逆重情，竟同声附和，有乖大义。……其失察妄着书籍之大学士管两江总督高晋，照例降级留任。得旨：……高晋着降一级留任”[3]。

2. 二级

乾隆十三年十二月，“吏部议奏，大学士张廷玉等，票拟错误。请将……大学士来保、协办大学士吏部尚书陈大受，均降一级留任。……得旨。……来保、陈大受，俱着降二级留任”[4]。

乾隆二十二年十月，“吏部议湖南巡抚蒋炳，党庇杨灏，拟入缓决一案。朦混照覆各官，应分别降革。得旨：……吉庆、范时绶、伍龄安、归宣光、介福、金德瑛、李元亮、李清芳、程景

---

① 《圣祖仁皇帝实录（三）》卷二〇五，康熙四十年八月，第89页。

② 《高宗纯皇帝实录（十）》卷八二二，乾隆三十三年十一月上，第1159页。

③ 《高宗纯皇帝实录（十三）》卷一〇四七，乾隆四十二年十二月下，第1025页。

④ 《高宗纯皇帝实录（五）》卷三三〇，乾隆十三年十二月上，第490页。

伊、三和、钱维城、德通、姚成烈、朱嵇，俱着降二级留任”①。

乾隆五十六年五月，“……等奏，询明失察偷窃库银之该管各员，请分别议处。得旨：此案守库护军等，胆敢纠约多人，偷窃内库银两；该管护军统领等，平日怠玩，并未查出，实非寻常忽失察者可比。……绵恩、景熠、德勒格楞贵、喀木齐布、富锐台斐英阿、阿尔萨朗，均着各降二级留任”②。

3. 三级

顺治十七年二月，“吏部议奏，浙江总督赵国祚，冒称恢复盘石，希图叙功，应降三级留任。得旨：赵国祚，着降三级留任，应得何衔，尔部议奏。以后类此降级留任官，即议定职衔具奏”③。

康熙四十三年九月戊午，“都察院遵旨察议刑部审讯光棍金眼王五、吴谦等打死三人一案，既已迟延，又不审出实情，又为解脱，应将尚书安布禄等，降级调用。得旨：刑部前审此事，明系隐蔽，尚书安布禄，降三级留任”④。

嘉庆十四年十二月，“谕内阁，吏部等衙门奏，议处失察假印冒领库款案内户工二部及管理三库各堂官二折。部院各衙门大臣，位崇责重，于经管事务，分应尽心综核。今蔡泳受王书常等，私雕假印冒库款一案，舞弊至十四次之多。设于初起时，各该管大员等，有一二人精明详察，烛破其奸，立时查拿惩办，则罹法者必不至如此之惟其中情节较重者，亦不能不降黜数员，以儆疲玩。所有户部各堂官内，禄康前已降为协办大学士尚书……

---

① 《高宗纯皇帝实录（七）》卷五四八，乾隆二十二年十月上，第 980 页。

② 《高宗纯皇帝实录（十八）》卷一三七八，乾隆五十六年五月上，第 497 页。

③ 《世祖章皇帝实录》卷一三二，顺治十七年二月，第 1023 页。

④ 《圣祖仁皇帝实录（三）》卷二一七，康熙四十三年九月，第 195 页。

着……降三级留任”[①]。

道光十二年十月丙午，“谕内阁，吏兵两部奏，议处山东失察尹老须案内从犯之各地方官，分别降调降留罚俸。各该员于萧滋等随同习教，未能先事觉察，固有应得之咎。惟尹老须于乾隆六十年，在该县学习离卦教，煽惑多人，党羽多籍隶本省，直隶地方官毫无闻见，以致蔓延，其咎较重，是以前经降旨，概予降革示惩。至山东从犯萧滋、孙老书、刘述现、阎老志、曲塘等，起于近年，不过惑于祸福，随同习教。尚无谋为不轨情事；若使尹老须早经破案，该犯等或不至为其所愚。山东失察各官，与直隶一律惩处，转不足以昭平允。所有失察习教从犯孙老书等之历任署任临清州知州张光熙……等十一员；失察从犯刘述现等之历任署任夏津县知县陈廷镇……等十八员；失察从犯萧滋等之历任署任清平县知县伍灵阿……等十三员；失察从犯阎老志等之历任署任冠县知县汪星桥……等十五员；失察从犯曲塘之历任署任高唐州知州汪星桥、孙良炳……等十五员……俱着……降三级留任”[②]。

备考

降四级留任，例如：

咸丰十年九月，“户部左侍郎左翼总兵文祥奏，夷匪窜扰园庭请分别治罪得旨。陈良才等四员，均着革职留任，并摘去顶带。饬令严拿土匪。如再不知愧奋，即行严参。文祥，着革职留任，麟魁、庆英，均着降四级留任”[③]。

---

① 《仁宗睿皇帝实录（三）》卷二二三，嘉庆十四年十二月下，第1008页。

② 《宣宗成皇帝实录（四）》卷二二三，道光十二年十月上，第327页。

③ 《文宗显皇帝实录（五）》卷三三〇，咸丰十年九月上，第906页。

（二）调用

1．一级

康熙四十五年十二月甲辰，“刑部会同吏部等衙门，覆奏侍郎常绶等审奏广东海寇一案。……议……承审按察使，今升河南布政使许嗣兴等，分别降级调用。……得旨：……许嗣兴着降一级调用”①。

雍正十三年十二月，“吏部奏仓上人老格，偷窃金托盘一案。其内务府总管王大臣等，应分别降级罚俸。但事在恩赦以前，均应免议。得旨：丁皂保、盛安，俱着降一级调用”②。

道光十六年三月乙未，“谕内阁：本日据吏部题，请将失察传习道教之直隶前署献县知县欧声振，前任献县知县候选知州张翔，均照例议以降一级调用。该员等任内俱无级纪抵销，均应于补官日降级调用。朕详阅案由，张翔前在献县任内，拿获首逆冯克善，着有微劳；其失察尹老须倡立邪教及王贤等传习道教，仅止二案，张翔着该部带领引见，再降谕旨。至欧声振，前在直隶州县任内，两次那移库银，委审案件，未能究出实情，且失察赵思名等习教敛钱、李士功等茹素诵经，非止一案，屡经获咎。今复因前署献县任内，失察民人王贤等传习道教，部议降一级调用，实属咎所应得。欧声振着即照所降之级调用”③。

2．二级

康熙五十年十月至十二月，“礼部题，康熙五十年，湖广乡试，少中举人十名，应将提调布政使张圣猷，监临巡抚刘殿衡，正考官大理寺少卿张德桂，副考官翰林院检讨马汝为，各降级调

① 《圣祖仁皇帝实录（三）》卷二二七，康熙四十五年十二月，第280页。
② 《高宗纯皇帝实录（一）》卷九，雍正十三年十二月下，第321页。
③ 《宣宗成皇帝实录（五）》卷二八〇，道光十六年三月，第317页。

用。得旨：……张德桂、马汝为，俱着降二级调用”[①]。

光绪九年六月，“谕：前因云南报销一案，司员书吏收受津贴银两，情节较重，降旨将失察之户部堂官及工部堂司各官、云南督抚，交部分别议处。兹据吏部等衙门奏遵议处分一折，该堂司等或滥保劣员，或失于觉察，均有应得之咎。户部尚书景廉、前户部左侍郎王文韶、调任吏部左侍郎前署户部左侍郎奎润、及前任户部尚书董恂、将已革员外郎福趾京察保列一等，均着照部议降二级调用，不准抵销。景廉仍在军机大臣总理各国事务衙门大臣上行走”[②]。

光绪十年三月，“……列圣之伟烈贻谋，将来皇帝亲政，又安能诸臻上理。若竟照弹章一一宣示既不能复议亲贵，亦不能曲全耆旧，是岂朝廷宽大之政所忍为哉。言念及此，良用恻然。恭亲王奕䜣、大学士宝鋆入直最久，责备宜严，姑念一系多病，一系年老，兹特录其前劳，全其末路。奕䜣着加恩仍留世袭罔替亲王，赏食亲王全俸，开去一切差使，并撤去恩加双俸，家居养疾。宝鋆着原品休致。协办大学士吏部尚书李鸿藻，内廷当差有年，只为囿于才识，遂致办事竭蹶；兵部尚书景廉，只能循分供职。经济非其所长，均着开去一切差使，降二级调用”[③]。

3. 三级

顺治十五年十二月，“吏部议覆御史冯班疏言。山东巡抚耿焞，纵所属营弁，肆虐地方，捏报开垦屯地、及地亩钱粮……得旨：耿焞着……降三级调用”[④]。

顺治十六年九月，“九卿科道会议刑部尚书白允谦、侍郎杜

① 《圣祖仁皇帝实录（三）》卷二四八，康熙五十年十二月，第462页。
② 《德宗景皇帝实录（三）》卷一六五，光绪九年六月下，第318页。
③ 《德宗景皇帝实录（三）》卷一七九，光绪十年三月上，第500页。
④ 《世祖章皇帝实录》卷一二二，顺治十五年十二月，第946页。

立德、锺鼎、都察院左都御史魏裔介、左副都御史袁懋功、掌河南道御史于嗣登、大理寺卿朱国治、少卿张琫、寺丞王元曦、寺正裴希度等职司理刑不能执法，乃将王秉衡一案。……白允谦，由内阁、特简司寇，遇事委靡，随众唯诺，毫无执持，负朕委任之意，着降三级调用”①。

康熙三十三年三月甲寅，“谕大学士等：进士选取庶吉士，教习读书，所以造育人才、备他日之用司教习者，理宜严加督课，使之勤勉向学。今考试庶吉士，观其所学甚劣，较曩时庶吉士，迥然不及，此皆傅继祖等，教习怠弛、不专心致志之所致也。傅继祖等，交吏部严察具奏。寻议，覆傅继祖、张英、教习不严……得旨：傅继祖降三级调用”②。

康熙四十三年九月戊午，“都察院遵旨察议刑部审讯光棍金眼王五、吴谦等打死三人一案，既已迟延，又不审出实情，又为解脱。应将……尚书王士正、侍郎陈论，俱降三级调用。……依议”③。

乾隆十一年十月，“吏部议原任湖广总督鄂弥达疏参湖北驿盐道曹绳柱勒借亏空一案。奉旨将滥行保荐之上司，照例察议。应将……湖北布政使安图……降调。……得旨：安图，着降三级调用”④。

嘉庆十六年九月乙未，“谕内阁：前据御史刘奕煜奏，吏部铨选兵部主事员缺错误一折，当交吏部明白回奏。吏部各堂官覆奏，均自认错误未经更正。旋据兵部候补主事程同文等具呈申诉，由都察院奏闻。朕核其情节，即觉吏部办理未协，特派勒保

① 《世祖章皇帝实录》卷一二八，顺治十六年九月，第994页。

② 《圣祖仁皇帝实录（二）》卷一六二，康熙三十三年三月，第776页。

③ 《圣祖仁皇帝实录（三）》卷二一七，康熙四十三年九月，第195页。

④ 《高宗纯皇帝实录（四）》卷二〇七七，乾隆十一年十月下，第625页。

等四人秉公查核。勒保等初次覆奏，即意存偏袒吏部。并将吏部司员及郑敏行辩诉呈词，一并进呈。同日又据邹炳泰将司员回护坚执并办理实在缘由，具折陈奏。朕复明降谕旨，令勒保等再行详查。续据勒保等援引旧案并签注则例，具折覆奏。朕详加披阅核其粘签贴说及所引案据，均于定例不符，因改派庆桂、刘镮之覆查。兹据庆桂等奏称，各衙门弊窦之滋，在于舍例言案。此次吏部扣选五缺，第一次徐名绂系捐复人员，只准于本衙门留题之缺先补，岂能再占吏部应选之缺。吏部不行扣选，率准留补，与例不符，系属错误；李銮宣放道遗缺，定例截缺后奉旨补放者，即算一班，下月不必还缺，吏部仍将哀应惇补选，以还上月之缺，与例不符亦属错误；吏部于此二案显有成例，竟不遵行，转将从前未经入例旧案牵连援引，请旨将吏部堂司官交都察院分别议处，并将勒保等交部察议等语，所奏甚为明晰。本日并据副都御史诚安、给事中乔远煐各将吏部参奏，吏部综理铨政，必应谨遵定例，严杜牵混，以绝弊端。乃此次吏部任听司员，将久应注销之尘案，牵引枝梧，而各堂官亦不详察，转惑于其说，固执回护。……郑敏行，承办错误，又肆言诋毁堂官，着照都察院所议降三级调用”①。

嘉庆二十三年十一月，“……天坛望灯杆木中有虫蛀处所，形迹显露一望可见。该奉祀官王显俊自应遵照定例于两月前呈报，乃具报迟延，非寻常疏忽可比。……王显俊着降三级调用”②。

4. 四级

顺治十六年五月，“吏部等衙门遵旨会议阁臣票拟疏忽。

① 《仁宗睿皇帝实录（四）》卷二四八，嘉庆十六年九月，第349—350页。
② 《仁宗睿皇帝实录（五）》卷三五〇，嘉庆二十三年十一月下，第623页。

……大学士李霨应降四级调用。从之”①。

康熙五年十二月庚申，“吏部兵部议覆，大学士管户部尚书事苏纳海，系专差圈换地土之大臣，乃不分遣章京等，速行办理，故称屯地难于丈量，镶黄旗章京不肯受地，正白旗包衣佐领下人，不肯指出地界，俱不即指名题奏。又因督抚等题疏请停圈换，观望迟误，不尽心于奉旨责成之事。……总督朱昌祚、巡抚王登联，将奉旨已定之事，不钦遵办理，妄行纷更具题……郎中鄂莫惠等，俱降四级调用”②。

道光四年闰七月辛丑，“谕内阁，本日吏部将侯际清赎罪案内，前任刑部堂司各官，分别严议议处。那彦宝等，于道光元年五月内具奏时，并未查出红供，又于司员书吏得赃，毫无觉察。……那彦宝，着于职任内降四级用。盛京刑部侍郎海龄、江苏巡抚韩文绮，着降四级调用”③。

道光十年九月丁丑，“谕内阁：蒋攸铦前于私枭黄玉林投首，率行奏请免罪。迨屡次降旨询问，并不据实陈明，嗣因其故智复萌，讯明罪状，既与陶澍联衔奏请改发新疆，复恐其到配潜回，请交陶澍将该犯即行处绞，单衔密奏。……福森，身任盐政，于私枭投首，并不慎重详查，辄行奏请免罪；署运使王凤生，明知私枭充斥，不即实力查拿，转出示招致投首，详请具奏办理，均属谬妄之至。……惟该二员在任未久，福森、王凤生，俱着……降四级调用”④。

道光二十二年十二月，“谕内阁，吏部等衙门奏，遵旨议处内务府失察斑璋冒销案内历任堂司各官。开单呈览……降调郎中

① 《世祖章皇帝实录》卷一二六，顺治十六年五月，第977页。
② 《圣祖仁皇帝实录（一）》卷二〇，康熙五年十二月，第285—286页。
③ 《宣宗成皇帝实录（二）》卷七一，道光四年闰七月，第130—131页。
④ 《宣宗成皇帝实录（三）》卷一七五，道光十年九月下，第725页。

德寿，着降四级调用”①。

同治元年八月，“谕内阁：前因御史胡寿椿奏山西臬司瑞昌等贪劣各款，当经谕令爱仁、王茂荫，从严查办。兹据爱仁、王茂荫，逐加研诘，定拟具奏。此案暂革山西按察使瑞昌，虽讯无婪实迹，惟当防务吃紧之际，兑换多金，致招物议，实属不知检束，着开复原官，仍交部严加议处。……寻吏部议，瑞昌照不应重私罪例加等降四级调用，不准抵销……从之”②。

5. 五级

顺治十二年三月，“初户部右侍郎赵开心，以饥民流离可悯，请暂宽逃人之禁，以靖扰累，以救民命。奉旨，逃人甚多，缉获甚少，何策而令不累民，又能速获逃人，着令回奏。至是，开心疏奏，严逃人者，一定之法；救流民者，权宜之计。闻近畿流民载道，地方有司，惧逃人法严，不敢容留，势必听其转徙；若将逃人解督捕衙门，暂宽其隐匿之罪，以免株连，则有司乐于缉逃，即流民亦乐于举发，而逃人无不获矣。得旨，逃人之多，因有窝逃之人，故立法不得不严；若隐匿者，自当治罪，何谓株连？赵开心……赦宥擢用，不思实心为国，辄沽誉市恩，殊失大臣之谊，着降五级调用”③。

康熙二十七年十月，“皇上面问成其范，又饰称天寒弓劲。成其范……着降五级调用”④。

康熙三十八年二月，“理藩院题，翁牛特贝勒厄尔德布鄂齐尔、公奇塔特等，隐匿盗马贼犯，应照例正法。左都御史哈雅尔

① 《宣宗成皇帝实录（六）》卷三八七，道光二十二年十二月下，第954页。

② 《穆宗毅皇帝实录（一）》卷三七，同治元年八月中，第1005—1006页。

③ 《世祖章皇帝实录》卷九〇，顺治十二年三月，第705页。

④ 《圣祖仁皇帝实录（二）》卷一三七，康熙二十七年十月，第495页。

图，察审不实。……得旨……哈雅尔图，降五级调用”[①]。

康熙四十八年九月，“吏部遵旨察议，安徽巡抚刘光美，于地方灾伤，隐匿不报……得旨：刘光美，着降五级调用”[②]。

乾隆五年七月，“吏部议湖广总督班第参奏、湖北巡抚崔纪违例纵私各案。查崔纪，滥准崔乃镛擅动存公银两，被参后，复代赔亏缺，种种徇庇，应降二级调用；又委按察司经历，署理州县印务，应罚俸一年。又密谕各府，令民间暂食私盐，尤为骫法溺职……得旨：崔纪袒护崔乃镛一案，着照部议降三级调用；至令民间暂食私盐一案，虽悖谬实甚，但事尚未行……此案着……再降五级调用”[③]。

道光二十五年四月丙辰，“谕内阁：前因兵部堂官违例派署掌印，又于司员索诈，书吏吸烟，并不据实奏办，当交部分别严加议处。兹据吏部都察院会议具奏，前任兵部尚书裕诚、兵部尚书许乃普、左侍郎道庆、朱嶟派委候补主事署掌印钥三年之久，不行改派；又于伊琳索诈，书吏吸烟，并不据实奏明。……应……降五级调用”[④]。

备考

虽然制度上明确规定了降级差等，但是也不能排除有例外的可能，在降级的使用上，出现过“降六级调用、降八级调用”的现象，例如：

1. 降六级调用

顺治十二年十二月，“内大臣巴图鲁公鳌拜等，遵旨会同六科都给事中议奏，开送顾仁，及准考取中之刑部右侍郎王尔禄，

① 《圣祖仁皇帝实录（二）》卷一九二，康熙三十八年二月，第1033—1034页。

② 《圣祖仁皇帝实录（三）》卷二三九，康熙四十八年九月，第381页。

③ 《高宗纯皇帝实录（二）》卷一二二，乾隆五年七月上，第795—796页。

④ 《宣宗成皇帝实录（七）》卷四一六，道光二十五年四月，第222页。

应降六级调用。……疏入得旨，王尔禄着降五级调用”[①]。

2. 降八级调用

顺治十二年十月，“上以鼎孳偏执沽名，且回奏支饰，大负擢任，下部议罪。部议龚鼎孳应革职。得旨：降八级调用”[②]。

不过，这毕竟是法外之规，拿整个《清实录》作为蓝本来考察，数量也微乎其微；更加上顺治年间，正值清国开国之始，许多制度还未健全，这种例外，颇可原谅。

正如上一节罚俸差等情况一样，制度的设计，除基本的级别外，还需要相关的配套设施与之匹配；同时，不同的种类有其固有的特质。降级处分显然要比罚俸严厉，其对官员的仕途影响也较大。

关于降级各个差等，在具体实行降级时，仍有许多问题需要注意，兹分述如下。

一是降级官员补缺，不论出身。向来，降级候补官员，或有人无缺，或遇缺出，品级同，而降补之人，出身资格不同，碍难遽补，应俟人缺相当补用。顺治十六年十月，颁旨：官员初授，应照出身资格；既经降处，着遇缺即补，不必仍论出身资格。[③]应该注意的是，降级调用之官，原无专定员缺，唯照所降对品之缺，或三项，或四项，与专行应补官，一同掣签；如一缺不得，更掣一缺，以对品而掣数缺之签，则降官且得缺多，而专行应补之官，反不得缺，以致壅滞。康熙三年七月后，降补各员，在内，自太常寺卿以下至九品官止，在外，自布政使以下至九品官止，掣签时，查对品几缺，俱封签入筒；科道官于此内掣一缺，将所掣出之缺，令与初授官、候补官同掣签；得缺则补，不得

① 《世祖章皇帝实录》卷九六，顺治十二年十二月，第752页。

② 《世祖章皇帝实录》卷九四，顺治十二年十月，第742页。

③ 《世祖章皇帝实录》卷一二九，顺治十六年十月，第1003页。

缺，则下次仍将前掣定之项签补。[①]

二是官员蒙冤降级，多得补用。官场复杂，历来如此，处分有时正可为政治打压的工具。有时并不因为实犯错误，遭遇降级者，大有人在。例如，原任礼部尚书祁彻白、工部尚书叶成额、兵部左侍郎石图、兵部右侍郎图尔特、刑部左侍郎觉罗勒德洪、工部右侍郎杭爱、都察院左都御史觉罗硕博会、太仆寺卿觉和托、太常寺卿觉罗班敦等，呈称职等为鳌拜所嫉，于康熙六年考察内，无故解任降级，不许于部院衙门用。后于康熙八年七月，吏部遵旨会同议政王贝勒大臣议得，伊等所受降级处分实为冤枉。但此时，觉罗硕博会，既经年老告退，遂准复降级，停其补用；祁彻白，以目疾，原品解任，病痊补用；石图，以足疾，降级，准复降级，病痊补用；叶成额，复所降三级，但所告状内，未开明授工部尚书处，不合，应仍降一级，准复二级，照品补用；图尔特、觉罗勒德洪、杭爱、觉和托、觉罗班敦，俱复还原降级，遇缺即补。不管怎样，这些降级蒙冤降级之员，多得补用。[②]

三是使用降级官员，无任偏见。夫治国家者，以人才为要。对于降级官员，并不会因为曾经受过降级的处分，在补授时就会受到歧视。对于皇帝亲简之官，如丁忧服满起补与降级及一概丁忧者，校年补授，条奏录用，凡合宜者，即为准行，其间有私与否，皇帝并不过问。[③] 事实上，对于降级留任的官员，在有员缺时候补时，肯定是要有限制的，除非受到皇帝的加恩，一般不准于开列，例如：乾隆四十年闰十月，“谕：昨阅吏部开列翰林院侍读学士、詹事府右庶子员缺两本，侍读纪昀俱未与应升之列。

① 《圣祖仁皇帝实录（一）》卷一二，康熙三年七月，第 191—192 页。
② 《圣祖仁皇帝实录（一）》卷三〇，康熙八年七月，第 410 页。
③ 《圣祖仁皇帝实录（二）》卷一九一，康熙三十七年十二月，第 1027 页。

吏部因其有降级留任处分是以扣除固属照例办理。但念纪昀于四库全书总纂事务，实属尽心出力。嗣后遇有该员应升缺出，着加恩准其一体开列”[①]。

四是微员无级可降，定例留任。前文已讲到，官员分九品十八级，许多微员常遇降级处分后无级可降的尴尬。但实际情况是，文武微员，其过愆本不至革职，因无级可降而遽行革职，似属太过；况远省微员，罢斥回籍，路费艰难，更觉可悯。其微员罪止降调，无级可降者，作何酌量，仍留原任。定以年限开复之处，如何解决？雍正七年，吏兵两部议得，文职，从九品未入流；武职，七品等官，实系无级可降之员。旧例，应降级留任者，则议革职留任，今改为降级留任；应降级调用者，则议革职，今改为革职留任，以示矜惜微员之意，俟三年无过，准其开复。其各部院衙门笔帖式，并旗员六品七品八品官，俱照此定议。[②] 但是，若照此例，则有级可降者，已至调用，转不如无级可降者，得以仍留原任，立法未为允协。雍正八年，吏部会同兵部又议得，嗣后，从九品未入流等官无级可降，遇应行降调之案，在三级以内者，如到任已历数月，着该督抚将居官，如何之处，声明到部，居官好者，议以革职留任，三年无过开复，平常者，议以革职；或甫经到任，尚未定其贤否，亦着该督抚声明到部，议以暂行留任，俟试看一年，能黾勉效力，准其三年开复，平常者，照例参革。至各部院笔帖式，例应降调者，亦令各该管官，声明送部，照例定议。[③]

五是降级人员，带罪完成任务。完成工作任务，是官员们的本职工作。但是，许多官员由于种种原因，希图借降级甩掉包

① 《高宗纯皇帝实录（十三）》卷九九四，乾隆四十年闰十月上，第 287 页。

② 《世宗宪皇帝实录（二）》卷七八，雍正七年二月，第 13—14 页。

③ 《世宗宪皇帝实录（二）》卷九一，雍正八年二月，第 222—223 页。

袱，以避事。如果果遂其愿，那么处分制度的建立，不但没有起到惩戒的作用，反而成为了摆脱责任的借口。当然，清代的官员们早已注意到了这个问题，并寻求了解决之道。例如：乾隆三十八年八月，“吏部议覆，户部奏称经征正杂钱粮，如系奉旨分年带征之案，应将原参降职降级之员，带罪征收，减等完结，仍以钦奉恩旨之日，另行起限催征。如限内完解，不足所分之数，将经催各官，照例分别参处。应如所请。从之”①。

第三节 革职

革职，清代官员处分的一种，即撤掉所任官职。革职之等在降三级调用之上，是官员处分的最高一等。② 一般，“革职或有直接命之，或有降级调用后，于官等无复可降之时命之。降级调用之结果，乃为革职者。例如从八品之官降三级，正九品之官降二级，从九品之官降一级。当调用之时，无复可降之级，故命革职也。而未入流官，则与从九品者，同其处办。又笔帖式之五官等亦同”③。

革职者，免现任官职之处分，有革职留任、革职离任、革职永不叙用三种。兹分述如下。

---

① 《高宗纯皇帝实录（十二）》卷九四一，乾隆三十八年八月下，第711页。

② 李鹏年、刘子扬、陈锵仪编著《清代六部成语词典》，天津人民出版社1990年版，第32页。

③ 织田万：《清国行政法》，中国政法大学出版社2003年版，第423页。

一、留任

革职留任，专对公罪行之[①]，即虽免官职，留任所执事务，以观后效，其在降三级留任之上，与降一级调用同等。[②] 袁枚《随园随笔》："今大臣革去顶戴，仍令在官办事。按《晋书·陶侃传》：侃刺荆州，讨杜曾，战败免官，王敦表以侃白衣领职，再讨杜弢，成功复还原官，是今之革职留任矣。"[③] 兹举例说明之：

顺治十七年正月，"先是江南总督郎廷佐、漕运总督亢得时、江宁巡抚张中元，以失纠按臣王秉衡劣迹，各疏回奏，部议候秉衡事结再议。至是吏部议得……廷佐瞻徇不奏，应降三级调用。但廷佐已缘事革职留任，无级可降。……得旨：廷佐本当依议处分，姑从宽免，仍着留任"[④]。

康熙四十一年十二月，"吏部议江南江西总督阿山承审安徽布政使张四教亏空帑银一案，止据张四教巧供，已将俸工扣补，疏请免追。应将阿山照徇庇例革职。得旨：阿山，从宽革职留任"[⑤]。

康熙五十一年十月，"吏部等衙门遵旨再议，解任江南江西总督噶礼、江苏巡抚张伯行，俱系封疆大臣，不思和衷协恭，互相讦参，殊玷大臣之职，应将噶礼、张伯行，俱革职。但地方必

① 织田万：《清国行政法》，中国政法大学出版社2003年版，第423页。

② 《钦定大清会典》卷一一，第113页。

③ ［清］袁枚：《随园随笔》九，转引自左言东、陈嘉炎《古代官制纵横谈》，新华出版社1989年版，第165页。

④ 《世祖章皇帝实录》卷一三一，顺治十七年正月，第1012页。

⑤ 《圣祖仁皇帝实录（三）》卷二一〇，康熙四十一年十二月，第135页。

得清正之员，方不贻累百姓。张伯行应否革职留任，伏候圣裁。得旨：……张伯行，着革职留任”①。

乾隆十三年四月，“谕：高斌、顾琮因承审常安一案，不能按款穷究，请部严加议处一折。此案交审之初，朕即降旨，督臣参劾巡抚，非寻常属员可比，若常安婪赃属实，自有应得罪名；如虚，则当治喀尔吉善诬捏之罪，必应彻底严究，以判曲直。乃高斌等初审，以常安婪赃纳贿七款皆虚，惟失察家人勒索，议以革职。其意谓罪至革职，事已两平，可以颟顸了局，如谚所谓和事老人者。经朕严切批示，谕令高斌回浙，再行研审，高斌回奏，谓将题本内看语摘叙简略，未经声明等语。朕看其始终有饰非护短情形，因命大学士讷亲前往。而高斌等于讷亲未到浙之先，即仓忙审出常安婪收银两，更察出原参款外，婪取差役赃银。此明系闻讷亲往浙之信，为此先发掩饰之计，以见伊等能秉公审出实情也，而殊不知从前之依违迁就，及回奏之掩过饰非，更属显然矣。高斌、顾琮承审此案，若谓其有意瞻徇常安，朕可保其实无是心，而身为大臣，于特交查审重案，乃不知秉公办事，模棱两可，尚以为识大体而沽名，则实有负委任，咎无可辞。此案朕前后所降谕旨，着一并交部，将高斌、顾琮，严察议奏。寻议，大学士高斌、升任浙江巡抚顾琮，均照例革职。得旨：高斌、顾琮，俱着革职，从宽留任”②。

乾隆二十三年二月，“署广西巡抚鄂宝等参奏，养利州知州丁鹤起、吏目易昌腾，疏防重犯越狱，虽限内全获，仍请一并革职。得旨：重犯越狱，地方官固有应得处分。其限内全获者，自应分别议处。今鄂宝题参养利州知州丁鹤起、吏目易昌腾，藐视

① 《圣祖仁皇帝实录（三）》卷二五一，康熙五十一年十月，第490页。

② 《高宗纯皇帝实录（五）》卷三一三，乾隆十三年四月下，第125—126页。

监狱，请旨一并革职。该州逃犯，已于数日内全行拿获。在职司监狱之吏目，任意疏纵，固律无可宽。至该州牧，虽防范不严，而既经全获，被议自有轻重，若一并议以革职，又何以处缉拿不力，迟延未获者耶？该抚办理，未为允协。此案该知州丁鹤起，着革职留任”[①]。

乾隆三十四年十一月己丑，“吏部议奏，云南驿盐道法明等，失察驿站马匹疲瘦，应照例降调。得旨：吏部议处滇省永平等县驿马疲缺，致送兵稽迟，着失察道府法明等，均降二级调用，不准抵销一本，虽属该管官咎所应得，但此案在专派承办之州县官，以军行要务，并不实心经理，漠视公事，议以革职，罪所难辞。至该道府等，均系上司董率不严，究与专派人员有间，且经管军需事务尚多，一时失察，情稍可原。所有道员法明、博明，知府贺长庚、张应田，均着从宽，改为革职留任”[②]。

乾隆四十七年九月，“谕：据朱椿参奏，部选广西南宁府同知程德炯，于上年十二月内，在安徽本籍，呈报患病调理，迄今九月有余，未据，咨报病痊赴任，明系规避远缺，借病迁延，请旨革职等语。程德炯，系部选人员，理合依限赴任，乃托词患病，至九月有余，显系有心规避。……至朱椿，前于回民海富润一案，办理错谬。因降旨交部察议，经部议以降二级调用，不准抵销，实所应得。已将此本折留，本拟降旨依部议行，今于程德炯规避远缺之处，即能据实参奏，尚属留心，所有部议朱椿降调一本，着加恩改为革职留任，该部知道”[③]。

乾隆五十四年六月，“吏部议，于洒带李天培木植及江广漕船迟误之处，并不据实奏之漕运总督毓奇等，分别革职降调。其

① 《高宗纯皇帝实录（八）》卷五五六，乾隆二十三年二月上，第35—36页。
② 《高宗纯皇帝实录（十一）》卷八四六，乾隆三十四年十一月上，第335页。
③ 《高宗纯皇帝实录（十五）》卷一一六四，乾隆四十七年九月上，第594页。

查明据实参奏之巡漕御史和琳，照例加级。得旨：毓奇，身为漕运总督；项家达，特派巡视南漕，稽查漕运，是其专责。乃于江广各船开行迟误，并不豫行檄催，迨至节节脱帮，仍思曲为回护，不将该管粮道等，迟开捏报各情弊，据实严参。且湖广通帮，因代李天培洒带桅木，以致无功。其不实心经理可知。毓奇、项家达，均着照部议革职；其漕运总督员缺，着管干珍补授，即速赴运河一带，接印任事。至毕沅、惠龄，任听粮道捏报开帮，又不将李天培私带多木之处参奏，本应照部议降调。但念毕沅向来尚属能事，惠龄在外任未久，姑着从宽，改为革职留任”①。

嘉庆七年三月，“谕内阁：原任武清县知县朱杰，闻其平日居官声名尚好，办理放赈事宜，亦能认真出力。嗣因修舟念拨船贻误，经仓场侍郎达庆等参奏，曾降旨革职。前于召见熊枚时，据称朱杰办赈妥协，曾经保奏。及在差次面询陈大文，亦称该参员官声素好。本日又据奏称行抵工次，有武清县民百余人远来具禀，请将朱令免其离任。前此革职之案，着加恩改为革职留任”②。

嘉庆十年三月己酉，“谕内阁：倭什布，本系弃瑕录用之人。自擢任两广总督以来，经朕节次谕令于地方事务，实力整顿，务期奸匪敛，革职留任，以观后效”③。

嘉庆十五年四月，“谕内阁：吏部奏，请将任意增修五台庙宇之素纳革职一折。朕来年巡幸五台，为地方祈福，屡经申谕，毋许徒滋縻费，其应修庙宇，指出十处，特令修葺，以备驻跸时

① 《高宗纯皇帝实录（十七）》卷一三三二，乾隆五十四年六月上，第1034—1035页。

② 《仁宗睿皇帝实录（二）》卷九六，嘉庆七年三月下，第276—277页。

③ 《仁宗睿皇帝实录（二）》卷一四一，嘉庆十年三月，第931页。

亲诣拈香。乃素纳竟欲增修至三十处之多，岂朕在彼数日，只以拜庙为事耶。若云豫备遣官行礼，亦不过洒埽洁净，何必徒事观美。此皆为承办之员，豫作浮冒开销地步。素纳被其怂恿，本应镌职，姑念尚未动工，着从宽改为革职留任”[①]。

以上案例，为革职留任处分的基本反映，但革职留任官员是否还有其他权利、义务及与革职留任相配套的制度情况，均不甚明了，现分述如下，并举例说明之。

1. 革职留任官员仍有具奏权

具奏权，是臣子身份的象征。清代官员上书皇帝主要有题本和奏折，但并不是每个官员都可以拥有这项通天的权利。革职留任官员，是否还有这个权利？经考察，还是有的，但主要是身负重任的督抚才可以。兹举例说明之：

咸丰三年十二月，“革职留任山东巡抚张亮基奏，贼由安徽北窜，徐州最为吃重，请饬提督和春仍回驻守。得旨：现在徐州情形稍缓，已赴安河，断不能往返奔驰”[②]。

咸丰三年十二月，“革职留任闽浙总督慧成，奏报移营进剿瓜州贼匪情形。得旨：贼情诡谲，声东击西，是其惯技，汝等总应严防北窜为要。朕非不顾苏常，第时势亦有缓急，德安，在东坝等处甚属得力，岂容飞越”[③]。

---

① 《仁宗睿皇帝实录（四）》卷二二八，嘉庆十五年四月，第55—56页。

② 《文宗显皇帝实录（二）》卷一一五，咸丰三年十二月中，第808页。

③ 《文宗显皇帝实录（二）》卷一一五，咸丰三年十二月中，第822页。

2. 革职留任与摘取顶带[①]

（1）先革职留任，后摘下顶带

咸丰四年六月，“谕内阁：前因许乃钊，剿办上海贼匪，迟延贻误，曾经降旨革职留任，嗣复摘去顶带，以示薄惩，冀其奋勇图功，稍赎罪戾。兹据奏称剿匪情形，仍是空言粉饰，毫无把握。逆匪窜踞上海县城，已逾半载。该抚督办攻剿，劳师縻饷日久无功，殊堪痛恨。许乃钊，着即革任交向荣差遣委用，以观后效”[②]。

（2）革职留任同时摘下顶带

咸丰十年九月，“户部左侍郎左翼总兵文祥奏，夷匪窜扰园庭，请分别治罪。得旨：陈良才等四员，均着革职留任，并摘去顶带。饬令严拿土匪，如再不知愧奋，即行严参”[③]。

同治七年七月，“谕内阁：苏廷魁奏，上南河黄水漫口，请将文武各员惩处，并自请治罪一折。本年六月间，上南河厅溜势，提至荥泽十堡，坐湾淘刷，水势抬高，漫堤过水。虽经该道厅盘做裹头，正河未至夺溜旁趋，而口门已刷宽九十余丈。在工各员，疏于防护，实属咎无可辞。除上南同知邹梁办理不善业经随堤落水身故外，该署河督请将厅员等分别革职议处，尚觉过轻。……苏廷魁督办河防，是其专责，未能先事豫防，亦难辞

① 顶带，或称顶戴，即官帽上的顶珠，是清代区别官阶的重要标志。顶珠必须按品级戴用，不得僭越。如果革职、降职，就是革去他原应戴的顶珠。顶珠的规定，皇帝为珍珠，一品为红宝石，二品为珊瑚，三品为蓝宝石，四品为青金石，五品为水晶，六品为砗磲，七品为素金，八品为阴文缕花金，九品为阳文缕花金，未入流者无顶珠。（孔德明：《中国古代服饰用具职官》，北京广播学院出版社 1996 年版，第 152 页。）

② 《文宗显皇帝实录（三）》卷一三三，咸丰四年六月中，第 358 页。

③ 《文宗显皇帝实录（五）》卷三三〇，咸丰十年九月上，第 906 页。

咎，着摘去顶带，革职留任”[①]。

（3）革职留任并拔去花翎[②]

同治四年五月己酉，“谕内阁：吏部等衙门奏，遵旨严议督剿不力各大员处分一折。上年逆匪窜扰湖北，湖广总督官文以钦差大臣出省督军兵力甚厚，乃日久毫无成效，任令该逆窜回东豫等省。前任河南巡抚张之万身任封圻，吏部左侍郎毛昶熙督办团练，于发捻窜扰本境，徒恃有僧格林沁追逐之师，未能督率兵团协力截杀，以致贼匪乘虚远窜，贻害邻疆，均属咎无可辞本，应均照部议各降三级调用，不准抵销。惟念该督抚等于境内贼匪远窜他省，系因该逆马队飘忽致疏防范，尚非有心贻误。官文着加恩改为革职留任，拔去双眼花翎”[③]。

当然，有惩就有赏，开复后可以赏还双眼花翎。例如：

同治七年七月，“谕：据李鸿章驰奏，剿办捻匪，全股荡平，皇帝览奏之余，实深嘉悦。……署直隶总督大学士官文，前在湖广总督任内，暨本年捻匪窜直时，均因会剿不力，叠经降旨惩处。此次捻股悉平，着加恩开复太子太保衔暨剿捻不力革职留任处分，并赏还双眼花翎，以示锡爵酬庸用彰庆赏至意”[④]。

---

① 《穆宗毅皇帝实录（六）》卷二三八，同治七年七月中，第290页。

② 翎只，亦赏给文武官有武功者之物。五品以上，谓之花翎，有三种类：曰三眼（眼，即孔雀尾毛上的彩色圆斑）花翎；曰双眼花翎；曰单眼花翎。三眼花翎，则为特赏，荣誉最大。六品以下，谓之蓝翎。此等均着官帽上，以为标章。（一）三眼花翎谓孔雀毛有三眼者。非皇族及有大军功者不得受之。（二）双眼花翎谓孔雀毛有二眼者。文武大官，有军功者，皆受之。（三）单眼花翎，又称花翎。文武官，有军功者，亦皆受之。然数十年来，捐金受之者多矣。（四）蓝翎不用孔雀毛，而用青黑色之鸟毛，颇似鸦毛，俗言老鸹翎。文武官六品以下，有军功者，领侍卫处侍卫有戴蓝翎者，称曰蓝翎侍卫。非以军功受之，盖因其职务戴之耳。（织田万：《清国行政法》，中国政法大学出版社2003年版，第101页。）

③ 《穆宗毅皇帝实录（四）》卷一三九，同治四年五月中，第286页

④ 《穆宗毅皇帝实录（六）》卷二三七，同治七年七月上，第283页。

3. 革职留任后革任（革职离任）、解任

（1）革职留任后革任

革职留任，虽免官职，尚期四年，留任所执事务。又向来革职留任官员，从前无复职之例，但年久奉职无愆，亦无示以鼓励。雍正四年十月定例，如四年无过，该督抚等题明，乃复其职，不然则决为革职离任。[①] 革职离任，对私罪行之。[②] 官员因调动、被参、降革、休致、丁忧、告病等，按需离开现任职位，称离任。何项人员需即离任、何项人员需批准后方能离任，均有定制。例如督抚在任丁忧者，不得遽行送印，须听候谕旨到，方准离任；凡有革职、休致、降补以及丁忧、告病人员，可一面具题，一面委员收取印信署事，即令革任；督抚提请调简人员，不必等候部复，即可离任；调繁人员，统俟部复议准，方离原任。[③] 兹举例说明之：

康熙五十八年六月，“吏部议，浙江正考官编修索泰系工部左侍郎常泰保举，令索泰，因科场作弊拟斩，应将工部左侍郎革职留任常泰革任。从之”[④]。

康熙五十八年十二月庚子，“刑部等衙门议覆，差往盛京审事内阁学士长寿等疏言，盛京户部理事官保德、题参员外郎麻尔赛，领银四万七千两，止买米九千石入仓，余剩银两，并不买米是实……盛京户部侍郎革职留任董国礼，不行参奏，甚属溺职，照例革任，应如所拟。从之”[⑤]。

---

① 《世宗宪皇帝实录（一）》卷四九，雍正四年十月，第 747 页。

② 织田万：《清国行政法》，中国政法大学出版社 2003 年版，第 423 页。

③ 李鹏年、刘子扬、陈锵仪编著《清代六部成语词典》，天津人民出版社 1990 年版，第 33 页。

④ 《圣祖仁皇帝实录（三）》卷二八四，康熙五十八年六月，第 775 页。

⑤ 《圣祖仁皇帝实录（三）》卷二八六，康熙五十八年十二月，第 789 页。

咸丰六年十一月壬申，“谕内阁：胡林翼奏，甄别府县各员，请旨分别惩办一折。近来盗风日炽，各地方文武官员，堵剿奸匪，征解钱粮，岂容以阘茸不职之员，滥竽充数。如该署抚所劾各员，贻误地方，殊堪痛恨。湖北襄阳府知府革职留任海顺，因循畏缩，官声平常，着即革任。……署襄阳同知升用知府王恒堂、千总黄世佑、未入流乔恩保，分防樊城汛地，先期逃窜，官声平庸。署襄阳县事拣发知州伊勒哈图，于地方匪徒起事，漫无觉察。以上四员，业经革职留任，均着革任”①。

（2）革职留任后解任

解任，即官员因故交卸篆务，离任或临时离职。清制，裁缺、请假、丁忧、终养等官员，请准后，均须交卸印篆，委员接替或署理，然后方能离任。凡督抚解任，接到吏部文书方准离任，巡抚事务由总督署理，总督事务令巡抚署理。如总督之省及总督兼管之省巡抚解任，将敕书、印篆交布政使护理。外官布政使以下道、府、厅、州、县官，具题解任，州同以下咨部解任，详报到日，督抚令其离任，委员接印署事。俟病痊、假满、服事毕回署复职，皆咨部引见，以原缺补用。②

起先，汉军外官革职解任，不回旗者颇多。皆因无处分督抚，及地方官之例，遂尔瞻徇。康熙元年八月定例，嗣后直隶各省革职解任官员，任内钱粮未清，及缘事未结者，仍候议结起行外，其钱粮已清，缘事已结者，急催回旗，仍将起程日期报部。该旗亦将到京缘由咨部，其有仍留原处，或于别处居住者，该督抚，及地方官，交部议处。其在途逗留者，将该地方官，照迟延

① 《文宗显皇帝实录（四）》卷二一二，咸丰六年十一月中，第345页。

② 李鹏年、刘子扬、陈锵仪编著《清代六部成语词典》，天津人民出版社1990年版，第32页。

例议处，又议迟延不速归旗者，交刑部从重治罪。[①] 例如：

顺治十七年正月，“先是江南总督郎廷佐、漕运总督亢得时、江宁巡抚张中元，以失纠按臣王秉衡劣迹，各疏回奏，部议候秉衡事结再议。至是吏部议，得时、中元，俱已物故，廷佐瞻徇不奏，应降三级调用，但廷佐已缘事革职留任，无级可降，应令解任。得旨：廷佐本当依议处分。姑从宽免，仍着留任”[②]。

4. 暂行革职留任

对于初任官，未定其能不能之时，暂处革职留任。期一年间，实地查验，后视其成绩佳者，更期三年，俟其无过，乃复原职。[③] 兹举例说明之：

乾隆五十一年闰七月，“谕军机大臣等：据刘峨奏，据大名、元城，二县续禀，会同营员，督率兵役，拿获王国柱、王八二名，同前获之许三等五名，严加究问。据称，向随八卦会，会首系山东单县人刘洪，现在单县监禁。头目系广平县段文经、元城县徐克展，伊等均入其会。于十四日齐集许三家内，伙同杀官抢库劫狱，再救单县刘洪等语。该犯等以邪教余孽，竟敢伙同杀官抢库劫狱，实属罪大恶极。据供欲救单县刘洪，此时或竟潜往彼处，滋事不法，亦未可定。着传谕明兴，迅速前往单县，监提刘洪，究问党与何人。伊弟二洪，现逃往何处，一面遴委员弁，分投缉拿究讯，一面即将刘洪带至省城，严行监禁，以便讯究。至刘现在自已驰抵大名，务将此案逸犯，迅速严拿务获，尽法惩治，毋使一名漏网，以致复留余孽。其大名、元城，两县知县，能督率兵役，拿获要犯，尚属能事。且大名县吴之珩，曾经受

① 《圣祖仁皇帝实录（一）》卷七，康熙元年八月，第120页。

② 《世祖章皇帝实录》卷一三一，顺治十七年正月，第1012页。

③ 织田万：《清国行政法》，中国政法大学出版社2003年版，第423页。

伤，着加恩均各暂行革职留任”[①]。

咸丰六年二月，“谕：蒋霨远、孝顺奏，思州石阡剿匪情形，请将失事员弁暂行革职，分别核办等语。贵州铜仁匪徒，窜入思州府，及青溪玉屏两县境内，虽经该府等派出文武，激励绅团，杀贼无数，即将三城收复，而防范不严，实难辞咎。思州府知府张瀚中、署玉屏县兼管青溪县事保升知县吴曾保，均着暂行革职留任。仍着该抚等，将收复日期，及该员弁有无逃避，仓库监狱有无损失各情，迅速查明办理。至石阡府地方失守，已将两月，该处官弁，并不力图克复，尤属延玩。署石阡府事坐补都匀府知府黄培杰、署石阡营都司黎平营守备陈定元，均着先行革职，暂留署任，责令戴罪自效，傥再不知愧奋，即行从严参办”[②]。

光绪四年五月丙寅，“谕内阁：李鸿章奏，印委各员办赈不善，请分别惩处等语。直隶吴桥县知县吴积鋆，于去秋该境灾分，查勘未能平允。今春散赈，又多草率，着暂行革职留任。如再不知愧奋，即着严参治罪”[③]。

光绪三十年正月己亥，“谕内阁：徐会沣、沈瑜庆奏，分别举劾属员一折。……署三河县知县何承谟，缉捕废弛，地方受累，着暂行革职留任，勒限获犯”[④]。

5. 革职留任者钱粮未清，勒限严追

雍正五年十一月，户部议覆，两广总督孔毓珣参奏，广东东莞场大使胡文焕等，缺少盐额，请革职留任，勒限追赔，应如所请。限六个月补足，限满不完，题明革任。

凡官员任内，因钱粮未清，议以革职留任者，原属国家宽

① 《高宗纯皇帝实录（十六）》卷一二六一，乾隆五十一年闰七月下，第968页。
② 《文宗显皇帝实录（四）》卷一九〇，咸丰六年二月上，第34—35页。
③ 《德宗景皇帝实录（二）》卷七四，光绪四年五月下，第137页。
④ 《德宗景皇帝实录（八）》卷五二六，光绪三十年正月，第10页。

典。盖欲其于留任后，作速完结亏欠之项，不使其逍遥事外，得以脱然无累。孔毓珣于盐政，不得不如此办理。然使限满不完，仍议以革任，则怠惰劣员，究竟得以逍遥事外，徒贻接管官之参罚而已。督抚等奏请革职留任追项之员，若不准其留任，则地方大吏，唯恐欠项无着，必有因循瞻顾，不即题参之弊。但既准其留任，应如何勒限严追，及至限满不完，于革任后，应如何治罪惩戒，并如何留于原地方严追完项之处，仍需议定。①

6. 补授、赴新任，仍带革职留任

对于官员，若事发皆处革职离任，又显过重。若该员于任内，办理地方事务，尚为得力；且现有承办要工，未便遽易生手。所以许多官员，得以留原任。但以应行降调之员，遽准留任，恐启夤缘趋避之渐。故，官员于补授、赴新任时，常着仍带革职留任处分。兹举例说明之：

乾隆五十二年二月丙午，“谕曰：明兴于本省越狱要犯及直隶大名滋事首犯段文经等，不能认真缉获，昨已降旨，令其来京候旨。鹍念明兴获咎，因办理地方事务，不能振作有为，尚无大过。所有刑部右侍郎员缺，着加恩即令明兴补授，仍带革职留任”②。

同年，“调任湖广总督仍办台湾军务常青奏，贼匪于十二月三十、正月初一等日，分路攻逼郡城。经镇道等督率弁兵义勇，协力剿杀，毙贼甚多。又台湾府知府，现饬福州府同知杨绍裘署理。……近来，常青屡次奏报，甚有主见，筹办一切，颇合机宜。此时李侍尧，自已抵泉州。常青交印后，即速渡台湾，督同黄仕简等，剿捕贼匪，务将贼首林爽文、王芬及此外有名头目，

① 《世宗宪皇帝实录（一）》卷六三，雍正五年十一月，第973页。

② 《高宗纯皇帝实录（十七）》卷一二七四，乾隆五十二年二月上，第48页。

擒拿解京，尽法惩治，不可任其逸入内山。原任山东按察使杨廷桦，曾任台湾道，且在闽省年久，于该处情形，自所熟习。其获咎因监犯越狱，究非私罪可比，前已有旨，交与李侍尧……差遣委用。现值用人之际，即着杨廷桦补授台湾府知府，仍带革职留任，并传谕常青，俟李侍尧到后，即令杨廷桦渡台湾接印任事”①。

乾隆五十五年正月，“吏部议，工部侍郎德成，于驳减河南考城县城工，单衔具奏。照例降级调用，无级可降，应革职。得旨：此案德成独出己见，单衔具奏实属任性乖张，其咎较重。着降为三品顶带，署理工部侍郎，仍带革职留任”②。

乾隆五十七年十月辛卯，“谕：昨因陆有仁于所属盗杀重案，并不确查究办，率行据详核转，已降旨照部议革任，本属咎所应得。第念陆有仁，由刑部司员出身，于刑名事件，尚能谙习；且人亦明白，其才尚不至终于废弃。所有直隶布政使，业将郑制锦补授，其所遗甘肃按察使员缺，即加恩着陆有仁补授，仍带革职留任。……该员益当自知感奋。于所属刑名重案，悉心详核，毋再任听属员草率蒙混，致干咎戾”③。

嘉庆十四年七月，“谕内阁：吏部奏议处直隶总督温承惠、布政使方受畴、失察属员侵赈请旨革职一折。朕体恤民艰，恫瘝在抱。遇有水旱偏灾，一经该督抚奏发帑金，从无丝毫靳惜，又岂肯逆料有不肖州县从中侵蚀赈银，稍弛救灾恤民之念。地方大吏，身膺牧民重任，目击穷黎困苦，更宜各发天良，实力拯救，认真查察。乃上年直隶省办理赈务，竟有宝坻县已革知县单幅昌侵蚀赈银二万余两之案。计该县共领赈银四万余两，而侵蚀之数

---

① 《高宗纯皇帝实录（十七）》卷一二七四，乾隆五十二年二月上，第46页。

② 《高宗纯皇帝实录（十八）》卷一三四七，乾隆五十五年正月下，第24页。

③ 《高宗纯皇帝实录（十八）》卷一四一五，乾隆五十七年十月下，第1039页。

至于过半，则该邑待赈贫民，不能仰邀抚恤者，不知凡几。一县如此，其余各州县亦殊不可信。以灾黎活命之源，饱其私橐，贪官墨吏，视为固然。即该上司有派往查赈之员，亦不过彼此分肥，通同具报，闲遇有存心公正者，必致受其挤陷，甚至近日有山阳县查赈委员李毓昌被毒身死之事。可见各省大吏，于查赈一事，并未实心确核，遂致属员罔知顾忌，恣所欲为。所有直隶宝坻县一案，该总督藩司于该县单幅昌侵蚀赈银及该管同知归恩燕委员顾淮任意分肥，毫无觉察，而方受畴并有失察书吏家人需索使费门包等情，其咎均重，本应照部议革职。姑念温承惠、方受畴，平素办事尚为勤慎，且一时简用乏员，姑着从宽，温承惠降为二品顶带，方受畴降为三品顶带，仍均带革职留任，以观后效”[①]。

当然，也有例外，可加恩免带革职留任。乾隆五十四年四月庚寅，“谕曰：阿肃、达椿，身系满洲，在尚书房行走，亦怠惰七日不到，予以革职，固属咎有应得。但业经责惩，且留在书房效力，着加恩达椿补授翰林院侍读学士，阿肃补授光禄寺少卿，不必带革职留任。伊二人当益加感奋，倍矢勤慎，以赎前愆”[②]。

二、离任

革职离任（革职、革任），专对私罪行之。[③] 盖因私革职者，实革者为多。因公革职者，或处革职留任，或“酌量降旨，令其交代后，该上司出具考语，送部引见，多有复用者。复用后若再因公议处，情节重于前案者，一律议处，不得引见；若情节轻于

① 《仁宗睿皇帝实录（三）》卷二一五，嘉庆十四年七月上，第882—883页。

② 《高宗纯皇帝实录（十七）》卷一三二六，乾隆五十四年四月上，第948页。

③ 织田万：《清国行政法》，中国政法大学出版社2003年版，第423页。

前案者，引见定夺”①。又文献中涉及革职事项，除特别说明“革职留任”或“革职永不叙用”外，遽称“革职”者，实为“革职离任”也，例如：

康熙三十九年八月，“会议范承勋等疏言：堵塞六坝，工宜速竣，庶周桥南等处，得以帮筑，应如所奏，行令河道总督，严饬河员，将六坝务于九月内，尽行堵塞工完，以便分修官，帮筑周桥南。至棠梨树等处，如堵塞迟延，指名题参，将该管官员革职。若六坝堵塞之后，分修官帮筑迟延，尚书范承勋等，题参到日，将分修各官，亦即行革职。其督催不力之大臣官员，交吏部一并议处。又称侵帑官蠹，法宜严究，嗣后此等误工侵帑人员，如系分管微员，照例惩处，其见任河员，及在工效力旗员，即指名题参革职。从之”②。

康熙四十三年二月壬午，“吏部议覆，江南江西总督阿山，疏参江西巡抚张志栋，于大计前，托臣荐举参劾官员，照彼稿具题。又袁州府知府马斌，居官平常，张志栋竟行列荐。南昌县知县王廷对，亏空银四万余两，张志栋不行参奏。九江府知府朱俨清廉素着，彭泽县知县吴士宏，品行素优，张志栋俱抑而不荐。其布政使李兴祖、按察使刘廷玑及道府等员，俱附和巡抚等语，应将该抚及附和司道府等官，俱行革职。从之”③。

雍正二年十一月，“谕内阁、九卿、詹事、科、道等：历年户部库帑亏空数百万两。朕在藩邸，知之甚悉。此乃国家经费所关，甚为重大。故朕特令怡亲王，管理清查。朕思康熙年间之亏空，此时不能清楚，倘雍正年间，又有亏空，将来亦复不便稽查，积弊相因，何以经国用而垂法纪乎。后经怡亲王查出实在亏

① 艾永明：《清朝文官制度》，商务印书馆2003年版，第182页。

② 《圣祖仁皇帝实录（三）》卷二〇〇，康熙三十九年八月，第40页。

③ 《圣祖仁皇帝实录（三）》卷二一五，康熙四十三年二月，第181页。

空二百五十余万两，深以追补为难，请以户部所有杂费，逐年代完，约计十年，可以清楚，此怡亲王欲善为归结之意。朕思历年经手，俱有堂司官员，当时任意侵渔，此时置之不问，令其脱然事外，国法安在？谕令交与户部尚书孙渣齐办理。孙渣齐职司户部，以致亏空如此之多，朕曲加宽宥，并未革职，只令伊查明经手官员，量力派令完补。乃孙渣齐，徇情庇护私人，又有曾瞎子一案，揆厥情罪，实不容逭。朕又念先帝旧臣，不忍正法，将孙渣齐革职，其各员名下应追银两，照所派数目，作速追完，其余一百余万两，照怡亲王所请，在户部逐年弥补。若各员应行追完之项，将来仍不全完，则按律治罪，朕亦不能再宽矣。至于怡亲王，欲上补国课，下全众员，多方筹画，办理此事，甚属可嘉。而无知嫉妒小人，反谓王过于苛刻，不但昧于天理，即人情公好之一念何在乎，特谕尔等知之”①。

雍正三年三月癸亥，“谕大学士等：甘肃巡抚胡期恒，朕素不识其人。因西海初经平定，必得熟悉边方情形者，畀以巡抚之职。朕询问年羹尧，伊即荐胡期恒，谓可胜任。前年羹尧曾荐王景灏，求令陛见。及王景灏来京，朕观其才具，实属可用。是以此番荐举胡期恒，朕亦不疑，即用为甘肃巡抚。后见揭参金南瑛等七人，朕察其情节，甚不允协。且年羹尧于王景灏，则请令陛见于胡期恒，则不请令陛见。是殆欲借王景灏一人，使朕信其言之不诬，遂可荐举胡期恒之类，以肆其蒙蔽也。今胡期恒来京，所奏之言，皆属荒唐悖谬，观其人，甚属卑鄙，岂特不称巡抚，即道府之职，亦属有玷，着革职。甘肃巡抚员缺，着将军岳钟琪兼理”②。

① 《世宗宪皇帝实录（一）》卷二六，雍正二年十一月，第404—405页。

② 《世宗宪皇帝实录（一）》卷三〇，雍正三年三月，第461—462页。

嘉庆十二年二月，“谕内阁：据景安奏县书私雕假印，诓收花户钱粮契税，现在查办情形，并将捏词具禀，及漫无觉察之知县，请旨革审一折。此案武陵县粮书萧嗣陇等，胆敢私刻假印，在于粮串、税契任意盖用，诓骗多银，并将武陵县起解地丁正项钱粮，侵用至二千两之多，用藩司假印捏造批回，胆大不法，莫此为甚。现据萧嗣陇供认不讳，案情已无不实。但该犯等私刻假印，系在嘉庆九年冬间，事越两载，用必多，其诓骗钱粮税契银两，尚恐不止此数，即州县解司银两，其侵蚀者亦未必止此一次，且恐此外另有串通作弊之人，案关重大，不可不彻底根究。着该抚亲率两司，严行审讯，据实定拟，以成信谳。武陵县知县周绍莲，虽系亲自访拿破案，但于现充书吏捏称革书，又将革书捏称民人，意存掩饰，其桃源县知县蔡孔易，于境内县民私雕假印，毫无觉察，均有应得之咎。周绍莲、蔡孔易，俱着革职”[①]。

嘉庆二十年十月，“谕内阁：那彦成奏，平泉州知州兴廉承办秋巡差务，于跸路经临时借称缉匪回州，实属取巧，请降补知县等语。现在直隶地方官，皆有缉匪之责，如本境内访有逸犯踪迹，驰回本任缉获，尚可声言不能兼顾。今兴廉并未报有获犯，乃于跸路经临时，借词擅回本任，明系规避差使，仅令降补，尚属宽纵，兴廉着即革职”[②]。

道光四年十月，“谕：孙玉庭奏，参疏庸不职之知州，纵匪扰累之吏目，请分别休革一折。署安徽和州事寿州知州龚式谷，于李麻子等迭次抢诈，为害地方，不能先事查拿，及经武举王妙会，协同村众，获犯送官，转谓其夸大邀功，已属意存轻纵。且于家丁私毁缴官镌字之刀，漫无觉察。此等昏庸不职之劣员，甚

① 《仁宗睿皇帝实录（三）》卷一七五，嘉庆十二年二月下，第296—297页。
② 《仁宗睿皇帝实录（五）》卷三一一，嘉庆二十年十月，第125页。

属可恶。和州吏目张曰任，缉捕是其专责，乃率准异籍匪徒，朦充丐头，又不时加约束，致令频年盘踞，扰害闾阎，殊属徇纵。龚式谷、张曰任，俱着革职”①。

道光二十年十月，“谕内阁：前据御史许乃安奏苏州一带，居民迁徙丹阳县有创议加赋，激成殴官劫狱等情当降旨饬令裕谦加意抚绥居民，并着查明地方官如有创议加赋酿成事端即严参治罪。兹据该署督查明，只有浙江居民迁至苏州者，并无由苏州避往他处者。至丹阳县吴章行，与该县粮差滋闹，系四月间事。吴瑞纠众夺犯，拒捕殴官，系七月间事。其为并非创议加赋，以致激变，似属可信等语。此案情节重大，前经降旨饬令提省研讯，并将首从各犯，拿获审办。着仍遵前旨严拿肇衅之吴章行，聚众之吴瑞到案彻底根究，务期水落石出，毋稍宽纵。寻奏，丹阳县知县吕湘，征收钱粮，因银贵加钱，吴章行指为浮收创议抗霸，继知银贵，旋即完纳；另因诬良为窃，被控获案。其族兄吴瑞纠众塞署，吴万幅等殴伤吕湘，夺回吴章行，讯明后，恭请王命将吴万幅斩决枭示，余定拟如例。知县吕湘、把总戴永福，弹压无方，均请革职。下部议，从之”②。

同治八年十月，“谕内阁：英桂、卞宝第奏，请将庸劣不职之厅县分别革职降补一折。福建海澄县知县朱心培，性情贪鄙，办事颟顸；延平府上洋通判姚荣纪，嗜好太重，声名平常；署彰化县知县通判卢爨，操守不谨，嗜好甚深，均着即行革职”③。

宣统三年七月癸丑，“谕内阁：庞鸿书奏特恤人言，署绥阳

① 《宣宗成皇帝实录（二）》卷七四，道光四年十月，第 189 页。

② 《宣宗成皇帝实录（六）》卷三四〇，道光二十年十月，第 166—167 页。

③ 《穆宗毅皇帝实录（六）》卷二六八，同治八年十月上，第 721—722 页。

县训导试用训导，冯之俊行止卑污，被控有案，均着即行革职"[1]。

官员履行职任，倘怠玩从事，有忝职守，通盘败露，法纪所在，虽欲宽之而无可宽，但仅予革职，不足示惩。故有些官员经革职后，还会因情况不同，同时辅以别种惩罚，以为不职者戒。常见者，如革职，令回原籍，令效力赎罪等，不一而足，兹分述如下，并举例说明之。

1. 革职，令回原籍

被革职的官员均应回籍，不得拖延，以免夤缘生事。若革职又应于原籍追赃治罪者，按远近程限扣定到籍日期，押解回籍。回籍后，督抚将到籍日期报部查核。[2] 兹举例说明之。

雍正二年四月，"九卿等遵旨询问御史田嘉谷、杨缵绪，会议焦宏勋一案，不画题，又不另议缘由具奏。得旨：焦宏勋一案，田嘉谷、杨缵绪，意见不合，即当两议，或将不画题缘由，缮折奏闻。不然，即应同三法司画题具奏。言官尚许风闻言事，乃在与议之列，既不两议，又不奏明缘由，又不画题，耽延命案，是属何心。因朕问及耽延之故，始知由伊等不画题所致。伊等既故为隐瞒，设朕不问及，不知伊等之不曾画题，竟照法司所议完结，伊等必以为人命案件，三法司大臣官员，不能详审定案，是以我等不曾画题，借此邀名干誉，无所不至。古人慎重民命，每戮一人，必谋之左右，谋之大夫，更谋之国人。今纵不能谋之国人，如何与议官员内，尚尔议论不能佥同。况朕自即位以来，屡经面谕大臣官员，务宜矢公矢慎，同寅协恭，不可少有偏私拘执意见。如有于心不合之处，不妨奏闻，朕自有定夺，朕深

① 《德宗景皇帝实录（九）（附）宣统政纪》卷三八，宣统三年七月上，第679页。

② 艾永明：《清朝文官制度》，商务印书馆2003年版，第182页。

望尔等之直言陈奏，尔等自应仰体朕心，直陈所见。今观田嘉谷、杨缵绪之所为，是专务虚声，自树党援，非愚昧无知，即其心叵测，事虽微小，亦不可不防微杜渐，此风断不可长。田嘉谷、杨缵绪，着革职回籍，今尚在三年之内，故但令革职回籍。如三年后，大小臣工，犹有各执己见，邀誉盗名者，朕必治以重罪”①。

乾隆十一年五月，“皇考天恩，弃瑕录用。至于大员，乾隆元年，朕简用为侍郎，又因徇私滥举，经部议革职供确凿，应将励宗万照例，闲居数年，朕仍念其为大臣之后，复加恩用至今职，冀其改悔前愆，黾勉效力。今览大学士等，审讯沈文杰行贿作弊一案。内称励宗万赃私未受，形迹显然，而听许之处，革职，杖一百，徒三年等语。朕细阅此案情节，现在实未得财，而知励宗万平日之为人，将来事后酬谢，伊断无不收受之理。朕此谕旨，令励宗万扪心自问，不切中其隐微乎。但朕思伊之所以敢于逾越规矩，不守官箴者，固励宗万之罪，而其间亦尚有故。盖因朕前参纂修秘殿珠林一书，张照、梁诗正荐励宗万等，在懋勤殿行走编辑，朕或召见，讲论书籍，励宗万遂恃此虚张声势，纵放自恣，朕不曾早加诫饬，以致罹于罪愆。今励宗万纵容伊弟门客，招摇生事，受托行私，已犯革职之条，着革职……令回原籍，闭户读书”②。

乾隆十六年十二月，“谕曰：陈邦彦奏，所欠阿尔赛案内寄顿银两，不能完项一折。陈邦彦所欠，系雍正年间之案，若在当时，自必早已完纳，因朕办理亏空等案，从宽者多，是以延缓至今耳。然此项乃开欠，与本身侵贪，实属有间，尚属可免。但陈

① 《世宗宪皇帝实录（一）》卷一八，雍正二年四月，第303—304页。

② 《高宗纯皇帝实录（四）》卷二六六，乾隆十一年五月上，第454—455页。

邦彦以废弃之员，受朕重加录用深恩，官至侍郎，从前尚欠捐输银两一项，已格外加恩宽免，且伊系世宦大族，若实心措办，亦非不能完缴。今复行陈奏，其希恩之意，恳乞无厌，甚属无耻，且衰惫昏庸，毫无实力供职之处，有何裨于政务，着革职，令其回籍，所欠银两，从宽免其交纳”①。

2. 革职，令效力赎罪

雍正五年正月，“署理湖广总督福敏等奏言，湖广苗猺地方，不产硝磺，而各案每以枪炮伤人，明系奸民贩卖，转入峒寨。臣等正行严禁，乃查旧案，参革藩司张圣弼任内，滥给硝磺牌照甚多，以致汉口经纪，公然贩卖，至今尚有存贮；前抚臣郑任钥，在藩司任内，亦有伊戚林西周贩卖，虽经详明督抚而违禁射利，殊玷官箴，理合奏闻。得旨：郑任钥在学政任内，颇有清名，为巡抚时，闻于应得之项，亦不收受。今观福敏等所奏，以硝磺违禁之物，且湖广地方，苗猺杂处，例禁更严，而郑任钥身为封疆大臣，纵其私人犯禁取利，是郑任钥之为人，于人所共知之处，则强制不取，以沽清廉之名，而于人所不知之处，则暗中巧取，以遂其营私之实，不知清廉之官，当如是否耶，彼意在于名实兼收，而不知其终归败露。又如湖广社仓一项，杨宗仁殚心经理劝导百姓，勉力公捐，以裕积贮，而郑任钥身为巡抚，徇庇属员，听其侵渔，置之不问，以致民间辛苦蓄积之物，皆化为乌有。但知取悦于属员，不顾民生之缓急，尚得谓之爱养斯民者乎。郑任钥，着革职，在湖广修理江岸工程处，效力赎罪”②。

乾隆十五年十一月，“谕：前因岳浚在巡抚任内，并不实心任事，且瞻徇属员，于侵帑婪赃各案，漫无觉察，已降旨革职

① 《高宗纯皇帝实录（六）》卷四〇四，乾隆十六年十二月上，第310页。

② 《世宗宪皇帝实录（一）》卷五二，雍正五年正月，第788页。

……并令派修城工，效力赎罪。伊父岳钟琪，亦深自引咎，奏请将岳浚交部治罪，本无可宽。但念岳钟琪一闻西藏之信，亲自带兵，迅速前赴，急公宣力，甚属可嘉。伊年老远行，未必不为伊子之事，心切忧悬。着加恩将岳浚应行治罪之处宽免，并免其修理城工，遇有京堂缺，仍欲量加擢用，以为老臣戮力封疆，奉公体国者之劝，将此传谕岳钟琪知之”[①]。

乾隆二十二年十二月，“谕：据张师载参奏，署东昌府通判种经，办理煞坝戽水，草率迟缓，并不勇往，诣旨革职等语。朕为东省灾黎，频受水患，不惜帑金，广为疏浚。在工各员，苟有人心，宜知奋勉急公，以襄兹役。乃该员承办要工，尚如此怠玩从事，仅予革职，不足示惩。种经着革职留工，自备资斧效力赎罪”[②]。

乾隆三十一年七月，“谕：据常钧奏，沅陵县知县王元位，于被灾轻重情形，并未确查抚恤，辰州府知府诸重光，亦未亲往查办，扶同该县欺蒙饰混，请一并革职等语。知府知县，所以为民也，而为民之事，莫要于灾伤赈恤，凡知府请训，无不以是为谆谆。今诸重光竟若罔闻，牧民之谓何，常钧奏甚是。诸重光、王元位，俱着革职，但仅令其罢官回籍，转得置身事外，不足以示儆戒，并着仍留该处差遣，办理灾赈事务，效力赎罪。至此等办灾不力，玩视民瘼之员，李因培即应据实参奏，何以俟至新抚常钧始行查办，该司道等亦所司何事。李因培昨已降旨交部议处，沈世枫业已降调，所有布政使赫升额、辰沅道、富泰，并着传旨申饬”[③]。

① 《高宗纯皇帝实录（五）》卷三七七，乾隆十五年十一月下，第1184页。

② 《高宗纯皇帝实录（七）》卷五五二，乾隆二十二年十二月上，第1052—1053页。

③ 《高宗纯皇帝实录（十）》卷七六五，乾隆三十一年七月下，第407—408页。

乾隆三十四年四月，“谕：顷阅吏部议覆，明德题永昌府知府赵佩患病，请令回籍调理一疏。明德所办甚属非是，永昌正当办理军务之时，赵佩身为知府大员，不思竭力办公，乃以患病告归，希图一时规避日后仍得以知府补用，其心实不可问。现已降旨，将赵佩革职，不准回籍，仍留云南，自备资斧，承办运粮等事，效力赎罪。并将明德，及扶同出结之知府图桑阿，交部议处矣。明德自去年以来，深入外吏恶习，良心丧尽，办理诸事，全不知事理轻重。阿里衮、阿桂，同在永昌，赵佩告病时，岂竟全不与闻，何以听其率行题请，不为阻止。岂伊等皆同一肺肝乖张至此乎，着传谕阿里衮、阿桂，即行据实，明白回奏”[①]。

文献中，还有一些未以“效力赎罪”语段出现，仅以“效力”出现，盖实为效力赎罪之简略也，兹举例说明之：

乾隆十四年八月，“谕曰：河南巡抚鄂容安，参奏开归道沈青崖，于官兵过豫之时，委赴台站，毫无奋勉，且乖张多事，至地方公事，及所管河务，漫不经心。今夏归陈所属州县，雨水过多，委令查勘，并不亲行。种种溺职，请旨革职等语。鄂容安据实参奏，甚为公当，沈青崖前于陕西粮道任内，曾犯重辟，复经加恩擢用，稍有人心，理应感激报效，乃漠视地方，隳废职守，一至于此，仅拟革职，不足蔽辜。沈青崖着革职，发往军台效力，以为不职者戒”[②]。

乾隆十六年七月，“谕曰：御史范廷楷，参奏浙江巡抚永贵，徇庇知府金洪铨一折，所奏属是。金洪铨玩赈误公，非寻常阘冗之员可比，该抚仅请休致，实属瞻徇。是以朕见喀尔吉善之奏，即将该知府革职，留省效力，而传谕切责永贵者，不啻至再至三

① 《高宗纯皇帝实录（十一）》卷八三三，乾隆三十四年四月下，第109页。

② 《高宗纯皇帝实录（五）》卷三四七，乾隆十四年八月下，第791页。

矣。且永贵办理未协之处，不独金洪铨一事，其筹划灾赈诸务，种种张皇竭蹶。第以封疆重任，一时难得其人，且浙省现多被灾之处，骤易生手，反于办理赈恤之事无益。若循例议以降罚，使该抚因此与该督各存意见，转无补于救灾济民。是以姑从宽贷，惟于其果能实力妥协办赈与否，以定永贵之去留耳。范廷楷岂能见及此，因有是奏，故明示朕意”①。

3. 革职，令“行走”

行走者，谓既奉一定官职处理事务于他官厅者，如奉职于南书房、上书房、懋勤殿、军机处、奉事处、批本处等，皆谓之行走。不设专官，皆由他官摄行之。②

乾隆八年正月，“谕：仲永檀漏谕，上年江南淮、徐、凤、颍等府，遭值水灾，朕宵旰焦劳，无一时释于怀抱，特遣大臣，会同督抚，百计经理，不惜千万帑金。期登斯民于泄密奏一案，由于仲永檀趋附鄂容安，而鄂容安因向伊询问，原属多事，理应惩治。但鄂容安从前在阿哥书房行走尚好，且伊父大学士鄂尔泰，年老有疾，鄂容安从宽免发台站，仍在阿哥书房行走。嗣后当闭户读书，不预外事，倘因现经革职，在书房行走，不似从前尽心，朕必重治其罪，大学士鄂尔泰，当严切教训之”③。

又乾隆七年七月，“旨革职者，此本朝之大经大法，至若前代人臣之陋习，拜疏即行。沽一已勇退之名，而忘君臣上下之义，此岂可为训乎。赵国麟，着革职，在咸安宫效力行走。该部知道”④。

① 《高宗纯皇帝实录（六）》卷三九五，乾隆十六年七月下，第193页。

② 织田万：《清国行政法》，中国政法大学出版社2003年版，第322页。

③ 《高宗纯皇帝实录（三）》卷一八二，乾隆八年正月上，第354页。

④ 《高宗纯皇帝实录（三）》卷一七〇，乾隆七年七月上，第160页。

4. 革职，令留该地方

雍正十一年八月，“谕内阁：直隶河渠水利，关系国计民生，朕悉心经理，开浚河道，修筑堤工，务令宣泄有资，闾阎获福。又特设正副总河，董率其事，以专责成。因王朝恩久历外任，且受朕深恩，是以用为总河，畀以畿辅河工之重寄。乃闻王朝恩自到任以来，性好安逸，不耐烦劳，仅于运河一路，坐船勘验工程，其它各处，从未亲历，以致紧要之处，堤岸残缺，水道壅淤，平时漫无觉察。今夏雨水虽多，旋即晴霁，并非久阴积涝可比，而蓟运还乡等河，及河间天津之运道，并顺德、广平、大名之百泉、滏阳、漳河等处，决口漫溢，伤害田庐。又如沧州砖河，月堤溃决，并不奏闻，希图隐讳。似此有忝职守，深负朕恩，着革职，仍留该地方，所有今年应赔工程银两，悉于王朝恩名下，追出还项”①。

5. 革职，令候旨

乾隆十一年十月，“今陈豫朋于进退之际，少不如愿，即欲解组以鸣高，事君之道，固如是乎。陈豫朋着革职，留京候旨。向例四品以下官员，吏部入于汇题内开缺。嗣后告休人员内，有与陈豫朋相类者，着吏部具折请旨。如徇情入于汇题，查出必加以处分，余仍着照例汇题。朕君临天下，向之所学，且不必论，即以岁月计之，十年于此矣。大小臣工，居心行事，已无不洞悉其情伪，古帝王垂旒黈纩，不以察察为明。朕平日之包荒，不可胜数。但如陈豫朋之所为，若不明白晓谕，则竟无以明事君之义矣，诸臣工其共凛之”②。

① 《世宗宪皇帝实录（二）》卷一三四，雍正十一年八月，第728页。

② 《高宗纯皇帝实录（四）》卷二七七，乾隆十一年十月下，第622—623页。

6. 革职，家居待罪

乾隆十二年十二月己卯，“谕大学士庆复：自皇考时，屡经擢用，历任尚书。朕即位之初，用为大将军，复简畀封疆，历用至大学士。上年瞻对用兵，以总督统领军务，乃奏称班滚围困焚毙，告捷竣事。朕览奏折，称班滚烧毙，因念全无确据，应迅速查访，其种种疑窦，详晰批示。始据庆复奏，班滚烧毙，彼亦怀疑，遵旨密行查访等语。今据张广泗查明，班滚现在如郎，尚复肆行滋事。当时捏报焚毙之处，检阅卷宗，有庆复驳回李质粹原咨，李质粹遂添入火光中望见悬缢贼番之言，庆复即据以入告，并前后办理未妥各情节，因以张广泗原折，传示庆复，伊乃具折请革职，交部从重治罪。朕自张广泗奏到，数日来为之反复思维，念其扬历中外，欲施恩宥，以全世戚旧臣之体，而法度者朝廷之法度，有功则赏，有罪则罚，朕不敢私焉，且国家能保千百年无兵革之事乎。若统兵之人，皆如此欺罔，其所关系，尚可问乎。夫世戚旧臣，皆与国共休戚之人也，庆复思及此，亦将不能自恕。且以台辅大臣，受国家厚恩，何以于此等军机重务，通同欺罔，一至于此。若谓一时误信，或因用军既久，边外番地，不得不如此了事，此等情形，不宜题达宣示，亦应密行陈奏，乃始终并未据实奏明。今既通盘败露，法纪所在，朕虽欲宽之而无可宽，庆复着革职，家居待罪”①。

7. 革职，令办理原任事

隆九年正月，“谕：本日钦天监值班，朕召见该堂官，询问星象，据奏不能深悉，及问危宿分野，亦皆不能对。在星学甚微，观占殊难，若辈犹不足怪，至于各宿分野，书籍详载，乃人所共知，而亦漫不经心，则其平日之旷废官守，已可概见。监正

① 《高宗纯皇帝实录（四）》卷三〇五，乾隆十二年十二月下，第989—990页。

雅琦，监副法林、湛露，俱着交部严察议奏。原任监正进爱，因其妄行条奏时务，是以治罪，但彼人虽胡涂，于职分内事，向曾问彼，尚能留意，着带革职，仍办理监正事”①。

8. 革职，令父收管

乾隆八年九月，“谕：据硕色奏称，伊子光禄寺署正穆克德，因民人争滩地一事，寄字与伊家奴，妄冀照应，请革职发审等语。朕思硕色因伊子干豫外事，据实参奏，甚属可嘉。此事尚在未行，硕色既能参奏，自必严束其子，不致滋事。穆克德，着革职，交与伊父收管。其余人等，亦着硕色自行办理，就近外结，硕色着交部议叙”②。

9. 革职，令守祖墓

乾隆二十年四月，“谕：据尹继善奏，伊子户部员外郎庆云，行止不端，性情暴戾，教导不悛，肆行抵触，并将在京家人，毒殴骨折数人，种种不孝，难以枚举等语。庆云着照尹继善所请，革职发往锦州，看守伊祖坟墓，并交与该副都统严行约束。此荫生系朕特恩赏给，今尹继善既自行觉察，据实奏请革处，并无徇隐，仍着加恩令于诸子中，择其可以承荫者，奏闻请旨”③。

三、永不叙用

革职永不叙用，为处分中最重者，方其事情极重时行之。凡官以计参革职及犯贪等罪者，永不叙用。即依大计被革职者，及犯盗罪、收贿罪等者，皆在永不叙用之列。④

---

① 《高宗纯皇帝实录（三）》卷二〇九，乾隆九年正月下，第689页。

② 《高宗纯皇帝实录（三）》卷二〇一，乾隆八年九月下，第588页。

③ 《高宗纯皇帝实录（七）》卷四八七，乾隆二十年四月下，第104—105页。

④ 织田万：《清国行政法》，中国政法大学出版社2003年版，第423页。

盖获革职永不叙用者，大多玩视地方，声名狼藉；居心险躁，贪纵不职；钻营取巧，惟利是图；贪鄙虐民，轻浮不谨；胡涂任性，性情荒谬。[①] 凡此种种皆有玷官箴，扰累闾阎。故清廷定例，多以严惩。例如，八法处分，贪酷者，革职提问，如事在赦前，免罪，永不叙用[②]；又州县官不将民生苦情详报上司，使民无处可诉，其事发觉，将州县官革职，永不叙用[③]；又承审命盗各官，如有误定重罪，草菅人命，被接任官审出实情者，将草菅人命官，革职，永不叙用[④]。兹举例说明之。

1. 违制，革职永不叙用

顺治二年十月，“圣裁得旨，剃发严旨，违者无赦。孔闻謤，疏求蓄发，已犯不赦之条，姑念圣裔，免死。况孔子圣之时，似此违制，有玷伊祖时中之道，着革职永不叙用”[⑤]。

2. 溺职，革职永不叙用

康熙四十五年正月，“吏部遵谕议覆顺天乡试正考官户部右侍郎汪霦、副考官赞善姚士藟，取士不公，应均照溺职例，革职永不叙用。从之”[⑥]。同治元年六月，“谕：前因骆秉章奏，参藩司副将贪鄙不职，当经降旨将祥奎革职，张定川革职拿问，交骆秉章按照所各节，严行查办。兹据该督查明，按律定拟具奏，此案已革布政使祥奎，于筹备军饷，率行饬属按亩捐输，加派追呼，以致刁民聚众抗捐，实属办理不善，业经革职，着永不叙

① 《穆宗毅皇帝实录（一）》卷二五，同治元年四月中，第664页。

② ［清］昆冈等修，刘启端等纂《钦定大清会典事例》卷八〇，载《续修四库全书》第799册，史部·政书类，上海古籍出版社1995—2002年版（下同），第348页。

③ 《钦定大清会典事例》卷一一〇，载《续修四库全书》第799册，第731页。

④ 《钦定大清会典事例》卷一二三，载《续修四库全书》第800册，第160页。

⑤ 《世祖章皇帝实录》卷二一，顺治二年十月，第186页。

⑥ 《圣祖仁皇帝实录（三）》卷二二四，康熙四十五年正月，第251页。

用，以为溺职者戒”[①]。

3. 扰累闾阎，革职永不叙用

嘉庆四年六月己酉，“谕内阁：朕前闻江苏有匿名首告胡观澜一事，谕令费淳查奏。兹据查明江阴县有广福寺年久倾圮，县民高柏林系盐政征瑞长随，禀知征瑞捐银五千两，交知府胡观澜兴修。胡观澜因公费不敷，复令该县杨世绶在城乡劝募，出差催缴，民怨沸腾，因令该员等先后告病解任，今请将胡观澜、杨世绶革职永不叙用等语。胡观澜系知府大员，不知体恤民情，勒派出资修寺，扰累闾阎，且迎合盐政长随，为之派捐催缴，尤为卑鄙无耻。胡观澜，即着照该督所奏，与杨世绶一并革职，永不叙用”[②]。

4. 规避，革职永不叙用

嘉庆二十年正月，“谕内阁：初彭龄奏，茅豫自上年入冬后，忽染耳聋病证请回籍调理等语。茅豫前在山西河东道任内，因参奏陈桂生虚妄降用京职，上年随初彭龄出差，嗣初彭龄署江苏巡抚，奏留伊在署办事，当经降旨将茅豫留于江苏以知府候补。此次初彭龄参奏陈桂生失实，必系茅豫挟隙从中怂恿。现在初彭龄差竣回京，茅豫系江省候补人员，即因病乞假，亦应由该督抚验明题奏，乃禀请初彭龄为之具奏，显系规避，茅豫着革职永不叙用”[③]。

5. 刑讯致毙，革职永不叙用

道光九年七月，“谕内阁：朕亲政之初，曾降旨查办文武各废员，交该部带领引见，内有步军统领衙门，因刑讯张锜致毙，革职永不叙用之增柱、庆源、定住三员，当经分别用为笔帖式，

① 《穆宗毅皇帝实录（一）》卷三一，同治元年六月中，第829页。

② 《仁宗睿皇帝实录（一）》卷四七，嘉庆四年六月下，第578页。

③ 《仁宗睿皇帝实录（五）》卷三〇二，嘉庆二十年正月，第13页。

俱不准回原衙门行走。彼时皇考仁宗睿皇帝实录，尚未纂辑成书，该革员等缘事案由，朕无从深悉，而开列单内，亦未将其案情详细声叙，是以量予恩施。昨恭阅实录，内载嘉庆二十三年四月，钦奉谕旨，张锜实因刑伤溃烂身死，承审之员，锻炼多日，迄无确供，见人已垂毙，遂怂恿英和，奏交刑部，欲令张锜毙于刑部狱中，以卸其责，实属任意妄为。郎中增柱、员外郎庆源、主事定住，俱着照议革职，永不叙用，钦此。仰见我皇考平情执法，至公至当，必应恪遵。此时增柱等获咎案由，朕既已阅悉，核其情节甚重，岂可稍事姑容，滥膺官职。现任工部笔帖式增柱、兵部主事庆源、礼部笔帖式定住，俱着仍遵圣谕，即行革职，永不叙用”①。

6. 官声平常，革职永不叙用

咸丰元年四月，“谕：李星沅、周天爵奏，查参总兵道府、并特参废弛之知府一折。……署桂林府知府镇安府知府糜良泽，声名平常，不协舆论，着革职永不叙用”②。

7. 州县城窜陷，革职永不叙用

咸丰十一年八月辛未，“以湖北黄州、德安、随、蕲、安陆、黄梅、广济、黄安、黄陂、云梦，各府州县城被贼窜陷。……署知州赵笃庆、李泰源，革职永不叙用”③。

8. 媚巧滑者，革职永不叙用

咸丰十一年十月，“皇考梓宫有回京之信，该侍郎又以京城情形可虑，遍告于人，希冀阻止，其为意存迎合载垣等众所共知。以上二人，均系一二品大员，声名如此狼藉，品行如此卑污，若任其滥厕卿贰，何以表率僚属。陈孚恩、黄宗汉，均着革

① 《宣宗成皇帝实录（三）》卷一五八，道光九年七月，第425—426页。

② 《文宗显皇帝实录（一）》卷三一，咸丰元年四月上，第438页。

③ 《穆宗毅皇帝实录（一）》卷二，咸丰十一年八月上，第105—106页。

职永不叙用，媚巧滑者戒”①。

9. 夤缘干进，革职永不叙用

同治元年六月壬申，“谕内阁：前因李续宜奏参，安徽候补知府袁怀忠夤缘干进，卑鄙无耻，请革职永不叙用，当以该员曾经郑元善留豫助剿，谕令该抚查奏。兹据郑元善奏称，该员带勇日久，习染油滑，并非骁健之材等语。袁怀忠虽经打仗受有微伤，惟既经李续宜参奏，查明属实，即应革惩以儆官邪。袁怀忠着即革职永不叙用”②。

10. 肆意妄为，革职永不叙用

同治二年五月，“谕：沈葆桢奏，特参玩视地方之知县，请革职永不叙用一折。江西龙泉县知县狄已礽，于该县所辖之大小五井山等处土匪约期滋事，该员并不亲往查拿，设法解散，已属玩视地方，并于国制期内，在署演剧，辄以胥役酬神，未便禁止为词，迨经该府知府揭参，委员前往摘印，该员竟敢带印晋省，置地方公事于不顾，尤属肆意妄为。狄已礽即着革职，永不叙用”③。

以上案例，较为详细地说明了革职永不叙用之适用情形，唯获革职永不叙用之处分者，多为贪酷之人，其中侵吞银两、革职永不叙用不足示惩，其他处分改为革职永不叙用、革职永不叙用以别职改补、注销革职永不叙用等如何处理，自有他说，兹分述如下，并举例说明之。

1. 革职永不叙用，着落追赔

同治二年六月，“谕：前因耆龄、徐宗干奏，遵查章琮等被参贪劣各款，案据分明，犹复恃符狡展，当经降旨，将道员刘翊

① 《穆宗毅皇帝实录（一）》卷六，咸丰十一年十月上，第162页。

② 《穆宗毅皇帝实录（一）》卷三二，同治元年六月下，第853页。

③ 《穆宗毅皇帝实录（二）》卷六七，同治二年五月中，第350—351页。

宸等先行革职，归案讯办，并令将该员等侵吞捐项银两，着落追赔。兹据徐宗干奏，审明捐务舞弊各员按律拟结，并将各员应缴银两，已完未完数目，开单呈览一折。此案已革道员章琮，及革员朱仁、来堉等，擅动公项，显系朋分私用，业经革职，并着永不叙用。……知县曹学伟，情托局员李鼐蒙抵报销，李鼐复浮销经费，着一并革职，永不叙用。李鼐业将赔款缴完，着先行提禁，曹学伟仍着监追。已革同知胡斌，伙同滥支税银，业经革职，并着永不叙用，仍押令赔交银两。……已革知府陈谦恩，虽无侵那情事，而收支款项，并不随时清厘，以致重利借贷，经费亦形支绌，业经革职，并着永不叙用，其应缴欠款，仍着监追。以上革职永不叙用各员，其应行赔缴之项，一俟清完，即行具奏。其仅有赔项，并无参款牵涉者，着即于赔款清完后，递解回籍，不准在省逗留”①。

同治三年十月，“谕：前因吏部将降调山东知县捐复原官之方振业，带领引见，当经降旨，准其捐复知县原官，照例用。兹据阎敬铭奏称，方振业在山东官声本属平常，前在泰安县任内，为前藩司清盛之父办理泰山公馆，趋承供应，迎合上司，部议降调后，以亏那银两另案奏参革追，虽于解清后即奏请开复原参处分，其降调处分，仍须核办，山东吏治，亟当整顿，请仍不准该员捐复知县原官等语。属员逢迎上司，久为官场恶习，该员声名平常，专以迎合为事，似此卑鄙阘茸之员，若令仍厕仕途，必至群相效尤，何以挽积习而裕库款，方振业着革职永不叙用，以示惩儆。该员尚有删减军需，着赔银一万五千余两，着阎敬铭仍行按限勒令完缴，毋任宕延”②。

---

① 《穆宗毅皇帝实录（二）》卷六九，同治二年六月上，第 400—401 页。

② 《穆宗毅皇帝实录（三）》卷一一九，同治三年十月下，第 626 页。

2. 革职永不叙用不足示惩，令赎罪或充当差役

嘉庆二十五年三月，“谕：昨据曹振镛等奏，审讯改教知县傅师瞿之子傅镛，所控方受畴家人石七供词，当交军机大臣传旨，令方受畴明白回奏。本日据该督覆奏……已革知府沈华旭，本系永不叙用之人，该督即应早行饬令回籍，乃任其逗遛省垣，延至书院教课，并与商榷刑名，干与公事，其咎在是，方受畴着交部议处。寻议上，得旨：此案已革知府沈华旭，以革职永不叙用之人……着加枷号两个月，满日发往乌噜木齐，不许干与公事，永远不准释回，以为钻营奔竞者戒”①。

同治二年十月乙丑，“谕内阁：恩麟奏参规避边防要务、擅离职守、抗不回任之同知，请旨从严惩处一折。保升知府甘肃循化同知陈秉彝，于本年二月闲，无故擅自晋省，经该护督以循化防堵紧要，饬令即日赴任，辄敢藉词道梗，屡在省外途次，潜行逗遛，延宕两月之久，显系漠视边防，意存规避，居心巧诈，可恶已极，若不从严惩办，无以肃吏治而儆效尤。恩麟仅请将该员革职永不叙用，不足蔽辜，陈秉彝着即行革职永不叙用，并从重发往军台效力赎罪，以为规避取巧者戒”②。

同治六年九月，“谕：前据严树森奏，查明贵州道员邓尔巽被参各款，当降旨将该员革职永不叙用，并从重发往新疆。兹据御史卢士杰奏称，该革员罪重法轻，请明正典刑等语，邓尔巽历任贵州道府任内，勒捐激变，复弃城避贼，肆酷虐民，劣迹甚多。严树森前次仅据访查入奏，并未提案研讯，请将该员发往军台，朝廷以所定罪名，不足示惩，特降旨从重发往新疆。兹据该御史所奏，尚觉情重法轻，着曾璧光即将此案人证提集，详加研

① 《仁宗睿皇帝实录（五）》卷三六八，嘉庆二十五年三月，第864页。

② 《穆宗毅皇帝实录（二）》卷八二，同治二年十月中，第691—692页。

鞫，按照所参核实定拟，毋稍轻纵。寻奏，遵查邓尔巽于黔西失陷时，因众寡不敌，身受重伤，旋即督团收复，并无激变民团，弃城避贼情事，请仍遵前旨发往新疆效力赎罪。从之”[①]。

同治十年二月，“谕：曾璧光奏，审明劣员丁忧，捏报出继，隐匿亲丧，请革职治罪一折。贵州补用同知谢邦鉴，上年在黔闻讣丁亲母仝氏忧，该员并不据实呈明，辄敢希图短丧，捏报丁本生母童氏忧，将亲母仝氏捏作嗣母，呈报尚存，并将亲父新美捏作嗣父，其所称本生父新成，及病故现报丁忧之本生母童氏并无其人，实属丧心作伪，藐法忘亲，情节甚为可恶，谢邦鉴着革职永不叙用，从重发往黑龙江充当苦差，遇赦不准援减，以昭炯戒”[②]。

3. 原处分不足蔽辜，着改为革职永不叙用

（1）革职不足蔽辜

同治元年五月，“谕：常清等奏参私向安集延借用钱文之都司，请旨革职一折。伊犁镇属右营都司侯兴，以现任职官，私与安集延交接，已属不知检束，乃借用钱文，逾期不还，致被呈控，尤属任性妄为，有玷官箴，仅予革职，不足蔽辜。侯兴，着改为革职永不叙用”[③]。

同治二年六月，“谕：前因解任福建布政使裕铎，被参狎妓荒燕各款，供证确凿，犹敢饰词强辩，曾经降旨，将裕铎等先行革职，交耆龄、徐宗干，提集全案人证，严审定拟。兹据徐宗干奏，讯明裕铎被参各款，并知县私提人犯教供，分别定拟各等语。裕铎以监司大员，饮燕劣绅姚镜图之家，倡优杂处，实属不

① 《穆宗毅皇帝实录（五）》卷二一一，同治六年九月上，第 740—741 页。

② 《穆宗毅皇帝实录（七）》卷三〇五，同治十年二月中，第 51—52 页。

③ 《穆宗毅皇帝实录（一）》卷二九，同治元年五月下，第 785 页。

自检束，有玷官箴，仅予革职，不足蔽辜，着革职永不叙用”[①]。

（2）勒令休致不足蔽辜

同治六年九月甲子，“谕内阁：前据吏部奏，前任江西南昌府同知庆麟，以参劾不明等词，在该部呈递，当经降旨令曾国藩、刘坤一详查覆奏。兹据刘坤一奏称，庆麟前在江西通判同知任内，大计卓异，军务保举，均系该抚未到任以前之事，上年九月，庆麟以俸满并案给咨送部引见，其时该抚已先期出省阅伍，照例由藩司代填考语，该抚旋因庆麟于地方公事，皆属茫然，督办钱局，一任炉匠人等舞弊，不知整顿，物议沸腾，据实参劾等语，是刘坤一于庆麟并无保劾两歧之处。庆麟在省请咨，岂不知抚臣出省，系由藩司代行，辄敢借词呈诉，希图牵混，居心尤属狡诈。刘坤一原参该员才具疏庸，不知振作，尚未尽其劣迹也。庆麟前已有旨勒令休致，不足蔽辜，着即行革职永不叙用，以为巧诈干进者戒”[②]。

4. 革职永不叙用，可以别职改补

（1）以都司改补

同治二年十二月，“谕议政王军机大臣等：官文、严树森奏，访查原保知府，身家不清，据实检举一折。据称湖北补用知府周有全，曾充前署嘉鱼县已故知县钱炳熙长随，蒙混投入军营，效力多年，叠着战绩，历经官文，胡林翼、李续宜、唐训方、严树森保奏，洊升今职，彼时未及详其家世，今访询得实，请将周有全拔去花翎，革职永不叙用等语。朝廷名器，不可滥膺，周有全既系身家不清，经官文等访查确实，自应照例办理。惟各路军营带队人员，流品不一，若斯之类，恐复不少。周有全既以战功卓

---

① 《穆宗毅皇帝实录（二）》卷六九，同治二年六月上，第401页。

② 《穆宗毅皇帝实录（五）》卷二一一，同治六年九月上，第751页。

著，保升今职，若遽将其罢斥，在该员固无足惜，特恐各路军营，其有出身卑贱，未经查出者，因之心怀疑惧，贻误事机，亦不可不先为筹及。着该督等查明周有全，现在管带炮船，于兴郧一带，防剿究竟是否得力，如或改膺武职，有无窒碍之处，着即酌核奏明，再降谕旨，将此谕令知之。寻奏，遵查周有全管带水师，颇着战功，防剿亦甚得力，未便以出身卑贱，没其微长，拟请以都司改补。从之”①。

（2）以教职改补

同治十一年八月，“谕：英翰奏，特参庸劣不职各员，请旨分别降革一折。……试用从九品阮恩甲，任性妄为，声名狼藉，着革职永不叙用。阜阳县知县王国均，不谙吏治，难膺民社。该员文理尚优，着以教职改补，以肃官方”②。

5. 情节较重，不准注销③永不叙用

同治四年八月，“谕：福建已革署福州府知府陈谦恩，前于被参案内革职永不叙用，并着监追欠款。兹据左宗棠等奏称，该革员赔项业已清完，恳请勒令回籍，并注销永不叙用处分等语。陈谦恩应赔之款，现已缴清，着即勒令回籍，惟原参情节较重，所请注销永不叙用之处，着不准行”④。

---

① 《穆宗毅皇帝实录（二）》卷八七，同治二年十二月上，第827—828页。

② 《穆宗毅皇帝实录（七）》卷三三九，同治十一年八月下，第469页。

③ 注销文卷是考核各项案件已未依限办结；稽核人事，注销吏部、顺天府文卷，由吏科执掌。（张德泽：《清代国家机关考略》，学苑出版社2001年版，第116页。）

④ 《穆宗毅皇帝实录（四）》卷一五二，同治四年八月下，第563—564页。

第四节　其　他

除以上三种处分外，清代还有几种惩罚方式，虽然没有作为正式的处分种类，但是在实际中，确有处分的功能，现分述如下。

一、罚银

罚银，即对违法失职的官员，罚没一定数目的银两，以示惩戒。清代前期有直接以罚银的惩罚方式，也有以一定标准确定罚银数目的惩罚方式，例如罚“土黑勒威勒”和“照前程议罚”。清代中后期，养廉银制度得以建立，于是罚养廉银也成为一种罚银方式。

（一）直接罚银

直接罚银的方式，是清开国时期常见的财产惩戒，其在具体执行上，努尔哈赤和皇太极时期有所不同。在努尔哈赤时，可以“削功”的方式取代罚银，凡战争中负伤的功臣，可依伤的轻重确定功次，分别免罚银的罪，一般根据罪的情节，削去某一等罪银若干两。至皇太极时，罚银不再可以抵销，罚银的数量视罪的轻重由皇帝或法司酌定。① 罚银在具体使用时，有两种方式：

---

① 张晋藩总主编《中国法制通史》第八卷（清），法律出版社 1999 年版，第 60 页。

1. 独立使用

例如：顺治十六年五月癸亥，“先是科臣杨雍建、胡尔恺、粘本盛，各疏劾铨政弊窦，下宗人府都察院会议。至是议吏部司务陈卣，诬揭选司升补情弊，该部既经察出，不行参奏。又小京职缺出擅分单用双月，不行请旨，推升运同时，不先查同知王觉民有无事故，掣签后，方行扣升，及未经说堂，收用书办等事。尚书觉罗科尔昆，应……罚银一百两。……侍郎觉罗硕博会应……罚银七十两。杨茂勋，应……罚银七十两。禅代，应……罚银五十两。……郎中穆成格、员外金世德均……分别罚银。……郎中宜垒、金光祖、吴驽春均应罚银五十两。员外达都、赵之彪，均应罚银三十两。……议上。从之”[①]。

2. 与罚俸合并使用

例如：顺治十五年八月丁丑，“吏部等衙门会议，处分建造乾清宫疏忽怠玩各官。尚书孙塔，应革恩诏所得一拖沙喇哈番，罚银百两，原任尚书罚俸一年。……得旨：孙塔等，本当俱依议处分，姑从宽免”[②]。

（二）按标准罚银

1. 罚“土黑勒威勒”

“土黑勒威勒”源于满语，意为“照例定罪”。[③]罚“土黑勒威勒”是一种按人犯世职品级罚银的惩罚方式，每一世职 15 两，

① 《世祖章皇帝实录》卷一二六，顺治十六年五月，第 974—975 页。

② 《世祖章皇帝实录》卷一二〇，顺治十五年八月，第 930 页。

③ 张晋潘总主编《中国法制通史》第八卷（清），法律出版社 1999 年版，第 61 页。又备考，有人认为土黑勒威勒，是按“个”而论。在《文献丛编》第二辑中，有一份“吏部处分过之满洲官员事件文册”，记载了顺治十一年、十二年官员的处分情况，共 64 件，85%的过失被处以罚“土黑勒威勒”。或者一个，或者两个不等。（孟姝芳：《清代乾隆朝官员处分研究》，中国人民大学博士论文未刊稿，第 103 页。）

世职愈高，惩罚愈重，在清代入关前颇为流行。① 其仅限于轻微案件，其中有官员之违法失职事项，如属下人违法、隐匿壮丁等，也有轻微的应受刑事惩罚的事项，如奸淫、赌博等。② “这反映了早期满族社会特有的经济、政治关系和本民族的传统。”③

又罚“土黑勒威勒”时，因违法者的世职清楚，应罚银两明确，吏部议处时，通常并不明言罚银的具体数目，而说“罚以应得之罪”，例如，顺治十七年四月谕云：

> ……大享殿公议，是以稽迟，章下吏部。至是，吏部议，工部堂司官，均难辞迟延之咎，汉官应各罚俸三月，满官各罚以应得之罪。从之。④

罚俸、罚银、罚以应得之罪等同时存在，必然不利于法律的统一和操作。康熙年间，开始寻求解决之道，例如，康熙十年五月丙子谕云：

> 宗人府、吏部、兵部：嗣后王以下，及文武各官处分罚银，及问以应得之罪，应否酌量其情罪，改为罚俸，着确议以闻。⑤

---

① 天聪八年（1634）规定：牛录章京，15两；甲喇章京，30两；梅勒章京，45两；昂邦章京，60两；公，75两；超品公，90两。[张晋藩总主编《中国法制通史》第八卷（清），法律出版社1999年版，第62页。]

② 那思陆：《清代中央司法审判制度》，北京大学出版社2004年版，第39页。

③ 张晋藩总主编《中国法制通史》第八卷（清），法律出版社1999年版，第62页。

④ 《世祖章皇帝实录》卷一三四，顺治十七年四月，第1041页。

⑤ 《圣祖仁皇帝实录（一）》卷三六，康熙十年五月，第484页。

针对此谕，同年六月，宗人府等衙门遵旨议覆：嗣后王以下，及文武官有应得之罪处分者，各量其罪之轻重，改罚银为罚俸，自一月递增至一年。① 从此以后，文献中难再见“罚银”和“罚以应得之罪”的提法。

2. 照前程议罚

照前程议罚，即以银两之多寡而论罪。②

前程与满官世职相连③，与汉官无涉。且官员犯事，照前程议罚银两，会典并无记载，清以前亦少见。犯事有大小，定罪有轻重，但犯些轻微过误者，照前程议罚；或官箴有玷者，亦照前程议罚；或职大职小同犯一事者，俱照前程议罚，并非良法。④清入关后并多见，兹举一例说明之：

顺治九年六月辛酉，“先是户部启心郎布丹以不给河间驻防兵饷，为章京硕尔对所讼，革职籍家产一半，布丹疏辩，命刑部再议，以布丹罪轻，前拟太过，议削一个前程，罚银一百两，其先籍家产，仍应给还。议上，得旨：布丹着还世职并已籍家产，其罚锾，着一并宽宥”⑤。

---

① 《圣祖仁皇帝实录（一）》卷三六，康熙十年六月，第 484 页。

② 孟姝芳：《清代乾隆朝官员行政处分研究》，中国人民大学博士论文未刊稿，第 104 页。

③ 顺治十一年四月至五月，“工科副理事官祁通格等奏言，汉官文武殊科，满官则文武互用。汉官官有常职，满官则官无定员。汉官职掌相同者，品级无异，满洲则授官定品，兼论前程。汉官大臣兼加官阶，满洲止有本等职衔。汉官有九品正从，满洲止于七品，并无正从。汉官论俸升迁，满洲或骤跻崇阶，或数年不转。汉官犯罪，重者革职，轻者降罚，满洲止有革罚，而无降处。如此异制，殊非满汉一体之意，乞敕部议覆，以励官常。下所司议”（《世祖章皇帝实录》卷八三，顺治十一年五月，第 657 页）。

④ 潘喆、孙方明、李鸿彬编《清入关前史料选辑·天聪朝臣工奏议》，中国人民大学出版社 1989 年版，第 2 页。

⑤ 《世祖章皇帝实录》卷六五，顺治九年六月，第 511—512 页。

（三）罚养廉银

养廉银，即清代政府官员正式俸禄之外的薪俸收入。定名“养廉”，意在藉此杜绝或减少政府官员贪污受贿的不廉行为。清代的“养廉银”制度有三个特点：一是大幅度提高了地方官员的收入。例如，两江总督全年的“养廉银”为1.8万两，这是原有俸禄银的116倍。二是官员“养廉银”数量各地不统一。官员职务相同，但是所在地区不同，其“养廉银”数量有可能不同。①

养廉银制度在雍正时得以完备，而罚养廉银则滥觞于乾隆时期。② 由于乾隆时，官员（特别是地方督抚大员）有过，受到降调、革职时，若非侵贪执法，多得加恩从宽留任，“但以其素餐尸位，亦不可不予以薄惩，故令罚出养廉银充公，以赎其虚糜禀禄之罪”③。例如：

乾隆五十七年九月，“吏部议奏，浙江巡抚福崧，请将西塘海防同知袁秉直，升署杭州府知府，实属违例滥奏，应将该抚革任。得旨：此案福崧以未经实授之同知，遽请升署例应请旨补放之首府，且该员有罚俸十七案，折内亦未声明，违例滥行奏请，其过甚大，本应照部议革任，但未便以此一事，遽行更换抚。福崧姑从宽免其革任，仍注册，着罚养廉一年，以为徇情违例滥奏者戒”④。

因内外官员原有罚俸处分，廉与俸事同一例，所以各督抚有

---

① 陈桦：《清代财政与经济发展》，载郭成康等《康乾盛世历史报告》，中国言实出版社2002年版，第126页。

② 孟姝芳：《清代乾隆朝官员行政处分研究》，中国人民大学博士论文未刊稿，第103页。

③ 中国第一历史档案馆编《乾隆朝上谕档》第16册，档案出版社1986—1991年版，第44页。

④ 《高宗纯皇帝实录（十八）》卷一四一三，乾隆五十七年九月下，第1010页。

咎，需要革职应行议罚者，一般自请停支养廉，不必另行议罚。但是，督抚等办理地方事件皆有需用之处，其每年养廉若全行停给，办公未免拮据。鉴于此，乾隆朝规定，应罚养廉者，可以分年停支一半，仍准其支用一半，俾资用度。[①]

养廉银可以说是处分之外的处分，其可以单独使用，可以代替处分，还可以与之合并使用，同时，罚养廉银也可以像处分一样开复解除。相关问题，已有人做过论述[②]，兹不赘述。

二、削级

清制，凡官员因考核成绩优良或有各种功绩时，着交吏部，按照等级、次第而给予奖励，称为议叙，分加级和纪录两种。同时，官员受到的处分如果是罚俸或降级，可以部议或饬行，用官员自己的加级或纪录，按照一定标准予以抵销。[③] 但是，官员如果不实心供职，也会受到削去加级的惩罚。削级虽然不是正式的处分种类，但是考察其惩罚的理由和实际中的运用，与降级处分具有相同的功能，故列此备查，同时举一例说明之：

康熙九年九月十一月，“吏部都察院，遵旨会勘御史李之芳参劾大学士魏裔介一疏。魏裔介兄魏裔鲁，任山东运使敕书内，增写府字。虽系大学士李霨御史任内送荫为解，殊非大臣之体，应削去所加之级，罚俸一年。……得旨：魏裔介免其削级罚俸，嗣后益宜勤慎供职，以副朕宽宥之意”[④]。

---

① 《高宗纯皇帝实录（十九）》卷一四二九，乾隆五十八年五月下，第111页。

② 孟姝芳：《清代乾隆朝官员行政处分研究》，中国人民大学博士论文未刊稿，第106—117页。

③ 相关内容参考本文第四章中的《议叙》《议抵》。

④ 《圣祖仁皇帝实录（一）》卷三四，康熙九年十一月 ，第465—466页。

三、削职

本书绪论中曾论到，天命五年（1620）三月，努尔哈赤仿明制创设满洲世职制，共分备御、游击、参将、副将、总兵官五等；其中总、副、参、游又各分三品。此后，遂以“世职”作为官品的标志。世职，主要通过军功和率属归附两个途径获得，以表示大臣和官员的品级，与实任官职不尽吻合，在入关后亦仍然存在。

世职在清入关以前，之所以“荣耀”，与其物质利益和法定权利有关。当时，财力有限，无法实行俸禄制度，而是按世职高低分配战争抢掠来的牲畜、人丁、财物。此外，国家组织的围猎采集所得也按世职依次分给。再有，凡有世职者，还可以享受优免壮丁的官粮和差役。[①]

这里讲的削职主要是指削世职。例如：

天聪五年七月，“谕曰：朝廷黜陟，以昭劝惩，而人才亦宜矜惜。向日官员获罪，不论应赎与否概行削职，似觉未当。嗣后自总兵官以下，备御以上功绩茂著者，或宜超升或宜叙升，量功迁擢，若犯罪应坐者或宜削职或宜降级，亦量罪处分”[②]。

又顺治十一年十月乙丑，“议政王、大臣，会议从敬谨亲王征湖南败绩诸臣罪。议上，得旨：贝勒吞齐、巴思汉、贝子扎喀纳、穆尔佑，革去贝勒贝子，尽彻其所属人员。固山额真公宗室韩岱，削职籍其家，降为庶人”[③]。

---

① 张晋藩总主编《中国法制通史》第八卷（清），法律出版社 1999 年版，第 15—16 页。

② 《太宗文皇帝实录》卷九，天聪五年七月，第 125 页。

③ 《世祖章皇帝实录》卷八六，顺治十一年十月，第 680 页。

世职可以承袭，基本顺序是：先子，后兄弟，最后是侄子。总之，必须是亡故功臣的宗亲。但是，若官员因罪革斥，其承袭则有不同，例如康熙三十四年六月谕大学士等云：

> 兹后世职，若以罪革斥，其子勿准承袭，令同父昆弟袭之；无同父昆弟者，则宜削其职，其下吏部，定例以闻。寻吏部遵旨议覆，凡获罪革职者，不准其子孙承袭，应与其亲兄弟，及亲兄弟之子孙承袭；如无亲兄弟，及亲兄弟之子孙，将其职销去。从之。①

备考

削职除表示削去世职之外，也可表示削去所加职衔。另外，有时削职还可能等同于革职。当然，如果是革去世职，自然指削去世职。

1. 削职衔，免革职

雍正三年七月，“都察院疏参，吏部尚书隆科多，议处年羹尧，曲护徇庇，不将伊公爵议革；隆科多，应革职。得旨：隆科多，着削去太保职衔，从宽免革职”②。

2. 削职等同于革职

雍正七年四月，“福建总督高其倬，遵旨题覆，原任台湾府凤山县知县萧震，向因命案迟延，经前抚臣题参革职。查萧震，居官勤力，人亦朴直，但因伊父母年俱八十，时时思忆，精神渐减，以致办理不及从前，请革职留任。得旨：凡官员等，有父母

---

① 《圣祖仁皇帝实录（二）》卷一六七，康熙三十四年六月，第816页。

② 《世宗宪皇帝实录（一）》卷三四，雍正三年七月，第516页。

年高，而补授路远地方者，经朕闻知，皆曲体其情，改用近地，使之便于迎养，或得音问时通。萧震既有八旬之父母，该督抚从前应据实陈奏，俾得遂其私情，专心办理公事，方为大臣爱养人材之道。乃隐不奏闻，致罹削职，甚为屈抑。萧震着回籍省亲后，来京赴部引见，朕再降谕旨”①。

四、勒休

勒休是勒令休致的简称。古代官员因年老有疾而辞官退职，称致仕，亦称休致。清制，凡官员年老有病告休者，则准致仕。自陈衰老，准予休致者，称“自请休致”；年老不克胜任休致者，准予“原品休致”；凡年老有疾告退者，不在处分之列，其年老有疾，恋职不去而被议者，则“勒令休致”，罢其职存其衔。②

由是，休致的原因是由于人的自然衰老，体力不支，精力不济，而不能继续供职，客观上不得不离开职位，与滥用职权处分无关。但是“勒令休致”的原因，除年老有疾外，还有恋职的主观原因，且要被议，带有惩罚性，具有处分的特征，例如嘉庆三年十月谕内阁云：

> 景安参奏，安襄郧道胡齐仑，在任声名狼藉，办理军需事务种种虚捏，任意侵欺，与候补府经历朱谟，狼狈为奸。又候补道员刘锡嘏，平日官声操守亦甚平常等语。胡齐仑身任监司现在军需事务，款项繁多，岂容狡诈劣员，侵欺冒滥。胡齐仑、朱谟，俱着革职拿问，交该督秉公彻底查究，

① 《世宗宪皇帝实录（二）》卷八〇，雍正七年四月，第46页。

② 李鹏年、刘子扬、陈锵仪编著《清代六部成语词典》，天津人民出版社1990年版，第36—37页。《钦定大清会典》卷一一，第114页。

勿任狡展，即行从复位拟具奏；刘锡嘏，着勒令休致，速饬回籍，不许在楚逗遛，以示惩创。[①]

但是，勒令休致之员，与缘事革职者又有很大不同。[②] 勒令休致之员只是罢其职，仍存其衔；而革职之员，则既罢职，又去衔。因此，若休致官员，因故被议处，应讲调者，按级降去顶带；应革职者，革去职衔。不过，应议罚俸、降革留任则免议。[③]

要之，当官员年老衰迈，办事每多迟误，不能继续供职，且无别项劣迹时，则勒令休致；若虽年老有疾，有别项劣迹则要议定处分。例如同治六年九月甲子谕内阁云：

前据吏部奏，前任江西南昌府同知庆麟，以参劾不明等词，在该部呈递，当经降旨令曾国藩、刘坤一详查覆奏。兹据刘坤一……据实参劾等语，是刘坤一于庆麟并无保劾两歧之处。……刘坤一原参该员才具疏庸，不知振作，尚未尽其劣迹也。庆麟前已有旨勒令休致，不足蔽辜，着即行革职永不叙用，以为巧诈干进者戒。[④]

总体而论，勒令休致已具有处分的性质，但是由于其与处分又有差别，从法律形式上讲，还未归入处分的种类。

---

① 《仁宗睿皇帝实录（一）》卷三五，嘉庆三年十月，第393页。

② 《宣宗成皇帝实录（一）》卷三四，道光二年四月下，第617页。

③ 李鹏年、刘子扬、陈锵仪编著《清代六部成语词典》，天津人民出版社1990年版，第37页。

④ 《穆宗毅皇帝实录（五）》卷二一一，同治六年九月上，第751页。

第三章　清代文官处分的方式

清代文官处分运作，并不是某个官员或机构任意行之，而是由特定的机关，遵循特定的方式，有条不紊地展开。本章内容重点讨论处分的开始方式、管辖机关和处分的确定（议处）。

第一节　开　始

道光十五年十月谕云："朕综理庶政，一秉大公，从不设以成见，遇有应行处分事件，或特旨施行，或交部核议，总期情理悉协，众论允符。若事经数月，于奏定准行事件，纷纷渎请，妄议改更，无此政体，且赏罚为朝廷大权，岂容臣下妄行干预。"①

---

① 《宣宗成皇帝实录（五）》卷二七三，道光十五年十月下，第215—216页。道光十五年十月，"孝慎皇后梓宫典礼，嵩曜等系工部派充总办事宜司员，载铨于事毕后，在梁格庄行营，查询沿途差务，率指嵩曜为家里人，嵩曜当以哈明白登覆，差旋后复向敬敏等呈请代奏。当降旨令载铨明白回奏，并派大学士、军机大臣，传集嵩曜等讯明具奏，随据将传讯各供词呈览，与载铨所奏情节相符。朕因载铨措词过当，并嵩曜负气具呈，恐开属员讦告之渐，复降旨将载铨交宗人府，嵩曜交部议处。旋经宗人府将载铨照例议罚职任俸一年，吏部将嵩曜照例议罚俸九个月。朕酌核情节，均属允协，业经降旨准行。此案载铨以堂官查询司员差务，系为慎重公事起见，本无不合，使非载铨措词过当，嵩曜敢于负气具呈，朕必将载铨处分宽免，重治嵩曜讦告长官之罪。公是公非，权衡至当，本无畸轻畸重于其间，兹事隔两月之久，御史汤鹏率行奏称载铨处分过轻，请再交宗人府量加议处，并请将嵩曜处分宽免等语。……汤鹏此奏，率意渎陈，实属不知事体轻重，不胜御史之任，着仍回原衙门行走"。

织田万在《清国行政法》中言道："惩戒之开始，有三种类，有特旨、参奏、陈请是也。特旨者，君主特命惩戒方式之开始也。参奏者，都察院及各地方长官奏请惩戒方式之开始。盖官吏者，属君主机关，君主既有其任免权，终极之惩戒权存于君主，亦固当然耳。何怪惩戒方式之开始出于特旨哉？都察院亦有监督行政之权，得弹劾官吏，既如前述。故又有参奏惩戒之权。又为地方之官之总督巡抚，对其部下官吏，乃为本属长官也。对其他官吏，则有御史之资格，其权限同于都察院。又陈请者，谓官吏有应受惩戒之行为者，自请其惩戒，即陈请检举也。检举者，固为减轻惩戒处分所设之一方法。官吏偶因过误反违职务者，及改其过之时，乃准由此方法，轻减惩戒处分。若不改过及行私者，不准。"①

艾永明在《清朝文官制度》中说："法律要求督、抚等上司准确地参劾属员。清朝的处分一般多由参劾引起，参劾的准确与否对处分具有重要的作用。"②

由是观之，处分之开始，自有定制，非随意而行。唯道光帝上谕所言是事实反映，织田万所分类者，于本文意旨最近，艾永明所撰文，实为不全面。今据会典及实录等资料考察，为便于详细说明，本文综论各家之言，将处分开始方式分为特旨、参奏、陈请三种，兹分述如下。

一、特旨

特旨者，皇帝特命处分方式之开始。欲明确"特旨"之意，

---

① 织田万：《清国行政法》，中国政法大学出版社 2003 年版，第 423—424 页。

② 艾永明：《清朝文官制度》，商务印书馆 2003 年版，第 206 页。

需先明“旨”之意。盖“谕”与“旨”之关系甚近，“谕与旨，固皆为皇帝意旨，唯其间不无区别。《嘉庆续修会典》称：皇帝以自己意思特赐官厅者曰谕，其或因所奏请而即以宣示中外者亦为谕。若不如此，唯宣示向所奏请之官厅，称曰旨。其方式，则谕必写‘内阁奉上谕’五字，旨必写‘奉旨’二字。各载所奉之年月日，拟写述上，敕裁后发布之”[①]。

至是，由特旨开始之处分，即皇帝就处分事件而特别（特地、特意）降旨[②]，要求相关部院进行处理。特旨作出后，或直接施行（直接施行者，皇帝径决也，不必经部议，详细内容在本章第三节中的《决定》中论述，兹从略），或交部核议（交部核议后，所遵循程序，与参劾、陈请引起的处分处理相同，为免重复，兹从略），自有规程。

对于特旨处分案件，相关部院自不敢怠玩，但当初吏兵二部核议处分案件，每以咨查级纪为托词，迁延时日。

嘉庆十一年十一月定议，“吏兵等衙门，遇有特旨交议之件，该堂官等只须将该员应得降级罚俸处分，查核例案，定议具奏，并于折内声明系奉特旨交议之件，无庸查取加级纪录议抵。俟奏上时，朕核其情节轻重，量予区分。其加恩准抵者，于奉旨后，再将该员有无加级纪录详核汇题。该堂官等不得仍以咨查为词，

① 织田万：《清国行政法》，中国政法大学出版社 2003 年版，第 153 页。

② 关于此处“特旨”之“特”字作形容词还是副词用，自有区别。特者，古意大概有七种，或公的，或三岁、四岁之兽，或一头（牲口），或单独，或配偶，或杰出的、优秀的，或作为副词（有三种意思，曰特别、特地、特意，曰仅、只、不过，曰徒然、白白地）。（陈复华主编《古代汉语词典》，商务印书馆 1998 年版，第 1531 页。）又清代文献中多“特旨”连用，不宜明意，唯见嘉庆二十五年上谕云：“直省京控案件特降旨交该督抚审讯，其派交之督抚即与钦差无异，自当遵旨亲提审断。”（《钦定台规》卷十四《辩诉》，转引自张友渔、高潮主编《中华律令集成·清卷》，吉林人民出版社 1991 年版，第 525 页。）据此，本书将“特旨”初步理解为皇帝就处分事件而特别（特地、特意）降旨，要求相关部院进行处理。

藉端迟滞，傥复任意延搁，必将该堂官惩处不贷”[1]。

即使如此，仍不免办理迟逾，具奏之事，怠玩之处也不在少。嘉庆十三年十月又议，“嗣后遇有特旨交议之件，该部只须将该员应得降级罚俸处分，查核例案，除例不应抵外，若系公罪，仍将应否准抵之处，声明请旨，候朕核其案情，量予区分。其加恩准抵者，于奉旨后，再将该员有无级纪，行查各该衙门。亦着速行咨覆，毋得任意延缓”[2]。

嗣后，对于特旨交议，明确了具体的议奏时间。嘉庆二十二年三月上谕规定，特旨交议事件，应于五日之内议上；十一月重申，并准吏部请，对于自请及参劾议处事件著于二十日内议奏。[3]至是，议奏处分有了时间上的具体限制，立法更具操作性。

又特旨尚有特旨严议问题，关于严议，后文详叙，此不赘述。

为明情由，兹举例说明之：

乾隆三十三年十月丁卯，“谕：前因山西学政吕光亨，失察逆犯张廷瑞一事交吏部检查办过议处成案。该司员等但查出冯钤曾奉特旨从宽革职留任一案，而于吴华孙、李宗文等实降之案，并未查送。朕知其中必有瞻徇情事，令军机大臣再行诘讯，则系姚左垣于所管广东甲内，自行检出此案。马道周又自以值日行文，径行封送，而于各案等差，俱置之不问，因交都察院按例议处。该衙门辄以姚左垣等，与吕光亨并无同乡年谊，仅将姚左垣照推诿例，议以降一级抵销，马道周照不行详查例，罚俸一年。

---

① 《仁宗睿皇帝实录（三）》，卷一七〇，嘉庆十一年十一月上，第215页。又“加级纪录议抵”后文有述，兹不论。

② 《仁宗睿皇帝实录（三）》，卷二〇二，嘉庆十三年十月，第692页。

③ ［清］文孚等：《钦定六部处分则例》，光绪十三年重修，光绪十八年上海图书集成印书局印，第27—28页。

夫有同年乡谊者，必应徇庇，而无同年乡谊者，自不徇庇，有是理乎。姚左垣等，虽与吕光亨并无同乡年谊，而所检之案，有意避重就轻，其为徇庇，更无疑义，若非朕屡经指出，该部或竟从轻议结。姚左垣等，有不向吕光亨市恩结纳者乎。是伊等查案时，彼此特相喻于不言之表，以为巧于高下其手耳，倘不照例议处，将复何以示儆。自来官官相护之习，为害于官方政体者甚大，不可不力防其渐。朕于臣工功罪轻重，一切惟其自取，从不豫设成见。此案已将拟议失当之都察院堂官，交部严加议处，姚左垣等，均照改议降调，仍将前后缘由，通谕中外知之"①。

道光元年七月，"谢天樛，前于嘉庆二十三年钦奉特旨革职，留于东省缉拿六逆。自留缉以来，于祝现等六逆，并未缉获一名，其所获者，亦不过寻常命盗案犯，何得妄行呈诉。惟该抚钱臻，前此接据该革员具禀，因何日久不行批示。着琦善将该革员具禀情节，及钱臻不即批示缘由，查明据实具奏，将此谕令知之"②。

道光元年七月，"特旨革职，留于东省缉拿祝现等六逆，迄今未获一名，其所获寻常命盗案犯，皆系会同地方官协拿，无功足录。乃不知愧奋，始而在巡抚衙门具禀，希图奏请开复，继则遣人赴都察院呈诉，妄思邀恩录用，实属谬妄。本应按律治罪，姑念伊前在指挥任内，曾有缉获逆犯微劳，业经革职，即留缉亦属无用，着即押令回籍，若再不知安分，定当严惩不贷"③。

道光十九年七月，"景陵茶膳饽饽房，先后失火，事阅八年之久，如将纵火要犯访获究办，一经审实，应即拟斩。景纶等即

---

① 《高宗纯皇帝实录（十）》卷八二〇，乾隆三十三年十月上，第1134—1135页。

② 《宣宗成皇帝实录（一）》卷二一，道光元年七月，第379页。

③ 《宣宗成皇帝实录（一）》卷二一，道光元年七月，第391页。

访有形迹可疑之人，宜如何细心研究，务得确据，乃辄挟其成见，有意邀功。率令承审司员任意熬审，刑逼诱供，该司员等复敢迎合上司，有心锻炼，若非刑部据实平反，岂不酿成冤狱。景纶、有麟，均着照宗人府所议，革去公爵。容照联名具奏，厥罪惟钧，着一并斥革，所遗之爵，着该衙门照例办理。工部郎中候补理事官宗室敉功，兵部郎中国隆阿，礼部员外郎华封，内务府郎中博启通额，承审要案，迎合见好，几致陷人重辟，非寻常承审不实可比，部议降调，实属轻纵。敉功、国隆阿、华封、博启通额，均着即行革职。遵化州知州袁正林，随同覆讯，亦有应得之咎，惟先因案无凭据，碍难悬揣究追，备文申详，与敉功等尚属有间，着加恩改为革职留任。吏兵二部堂官，于特旨严议之案，并不将全案情节及误入罪名，详细核议，率以尚未成招一语，巧为开脱，实属胡涂不晓事体，着交各衙门照例议处”①。

二、参奏

参奏，即参劾具奏。清代官员对于很多问题都需要向皇帝具奏，涉及官员处分问题时，需要参劾具奏。作者曾经撰文《清代参劾制度》，认为参劾是一种独立的制度，在清代监察案件提起中起着不可替代的作用。因为参奏是具奏的一种，欲了解参奏，以参劾为切入即可。

① 《宣宗成皇帝实录（五）》卷三二四，道光十九年七月，第1081页。

参劾，即负监察职任的官员[①]，通过自行察访，或者受事于吏民告诉和告发，对犯有违法失职的官员进行纠举。清代，“六部官员对于其他官员之犯罪均有参劾之权，通常由吏部、礼部参劾后移送刑部审理。崇德元年，都察院设立以后，参劾权更成为督察院监察百官之重要权力。参劾权具有准司法权之性质，参劾案成立以后，如涉及犯罪，须移送刑部审理”[②]。

① 清入关以后，仿行明制，斟酌损益，建立了别具一格的行政监察制度。国家设立都御史、科道、按察使、总督及巡抚等官员［清入关后，建都察院，以左都御史、左副都御史为正副长官，同时，都察院按地方省区划分为十五道，后增至二十二道，各道置掌印监察御史，满汉各一员，监察御史人数各道不一，此外，还有各行业的专业御史，如巡盐御史、巡漕御史等，是专业部门的监察长官；清代的六科给事中，为独立监察机关。雍正元年（1723）以六科给事中与都察院职能重合，独行纷争为由，使之改隶都察院，二元监察体制合而为一，自此科道合一。清代地方上仍设按察使，正三品，权位次于布政使，除整饬风纪，掌刑名案件外，还兼按劾官吏和乡试的监察职责。清代的总督、巡抚皆兼宪衔，总督例兼都察院右都御史衔，巡抚例兼都察院右副都御史衔，除完成地方军政职任外，还兼有监察职责，除此之外，清还有因专门事务而设的总督，如漕运总督等。（李孔怀：《中国古代行政制度史》，复旦大学出版社 2006 年版，第 165—173 页。）］，负责监察，“以建白为专责”，“以达下情而祛壅蔽”［《圣祖仁皇帝实录（二）》卷一八〇，康熙三十六年二月，第 924 页］，目的是使言官“奉法秉公、实心尽职”，如此“则闾阎疾苦，咸得上闻；官吏贪邪，皆可厘剔”［《圣祖仁皇帝实录（二）》卷一八〇，康熙三十六年二月，第 924 页］。应该说，严密的监察体系，对于康雍乾盛世的发生，起了举足轻重的作用，也为清王朝维持二百多年的统治奠定了基础。有清一代，监察官员行使职权，极其频繁，也较有功效。［据对清代监察官员行使职权的统计，仅奏劾一项，有史正式载其疏者即达 687 篇，其中有关吏治 87 篇，军事治安 81 篇，财政 72 篇，风化 35 篇，军荒仓库 33 篇，行政规章 20 篇，礼仪 28 篇，水利交通 24 篇，司法 21 篇，外交民族事务 19 篇，行政机构 12 篇，公共工程 12 篇，皇帝 11 篇。被纠弹官阶，太后 1 人，亲王 3 人，正一品 18 人，从一品 48 人，正二品 36 人，从二品 46 人，正三品 19 人，从三品 6 人，正四品 5 人，从四品 3 人，正五品 6 人，从五品 7 人，正六品 1 人，正七品 19 人，未入流 5 人。奏疏被采纳数平均为 65%，被驳斥数平均为 21%；弹劾官员自正一品至未入流共 219 人，生效弹劾数为 68.1%，无效弹劾占 31.9%。（郭宝平：《中国传统行政制度通论》，中国广播电视出版社 2000 年版，第 269 页。）］对于众多监察案件的处理，并不是杂乱无章，而是遵循严格的法律程序。

② 那思陆：《清代中央司法审判制度》，北京大学出版社 2004 年版，第 34 页。

康熙曾言“广开言路，为图治第一要务”[①]，故鼓励负有监察职任的官员，积极参劾。康熙三十六年二月，“谕吏部都察院……凡事关国计民生及吏治臧否，但有确见即应指陈其所言，可行与否，裁酌自在朝廷，虽言有不当，言官亦不坐罪。自皇子诸王及内外大臣官员，有所为贪虐不法并交相比附，倾轧党援，理应纠举之事，务必大破情面，据实指参，勿得畏怯贵要，瞻徇容隐，即朕躬有失，亦宜进言，朕决不加责。其有怀挟偏私借端倾陷者，朕因言察情，隐微自能洞悉，凡属言官，尚各精白乃心力矢忠谠，以无负朕殷切责望至意尔”[②]。当然，为防止官员之间借参劾相互打击，康熙二十六年十一月，“谕曰：凡参劾贪官，其受贿作弊之处，因未曾亲见，无所凭据，畏缩而不行参劾者甚多。今间有弹章，亦止据风闻参劾耳。岂有身与之通同受贿作弊，而顾肯参劾之耶。向者，原有风闻纠弹之例，辅政大臣停止。今再行此例，贪官似有儆惧。若有挟仇参劾者，审明果系挟仇，自有反坐之典在”[③]。

后金国未设六部以前，司法审判上的参劾与首告（即告发、检举）两者不易区分。设立六部以后，两者区分渐明。六部官员对于其他官员的犯罪（罪，指广义上犯法和作恶的行为，包括过失和错误）均有参劾之权。崇德元年，督察院设立后，参劾权更成为督察院监察百官的重要权力。参劾权具有准司法权之性质，文官参劾案件，例由吏部处理。[④]

当然，依国家法制，监察案件的提起，需有一定的公文作为载体，清代主要是奏疏。清代的奏疏，不必通过上级层层备案或

---

① 《圣祖仁皇帝实录（二）》卷一八〇，康熙三十六年二月，第 924 页。

② 《圣祖仁皇帝实录（二）》卷一八〇，康熙三十六年二月，第 924 页。

③ 《圣祖仁皇帝实录（二）》卷一三一，康熙二十六年十一月，第 417—418 页。

④ 那思陆：《清代中央司法审判制度》，北京大学出版社 2004 年版，第 34 页。

报批，可直达天子，主要分为题本、奏本和奏折等，尽管行文体制规定公事用题本，私事用奏本，但实际上不少事项公私难分，题奏用法混乱不一。因之，到了乾隆十三年，便明命各衙门停止使用奏本，凡用奏本之处，概用题本代替。[①] 故参劾因使用公文不同，又可分题参和密奏。

（一）题参

题参，指以题本参劾。在中央，题参多由都察院科道官为之。在各省，题参多由督抚提镇为之。文职官员题参案多由吏部办理[②]，兹举例如下：

康熙二十二年十二月丙午，“九卿詹事科道议覆，左都御史徐元文疏言：外官丁忧候代，其治理公事，无异常日，安有方寸溃乱之时，而可责之以政理者。请自今丁忧之官，无钱粮舛误，即听奔丧。至近日士大夫，鲜克由礼，或缞绖婚娶，或丧中听乐，或易衣从吉，干谒游玩，此皆薄俗伤化，宜严行申饬。查凡丁忧官，无未完钱粮盗案，上司勒措迟延及服中娶妻，丧服未终即行释服等类，俱有定例处分。嗣后，若服内有此等行事，令督抚科道指名题参从之”[③]。

乾隆三年十二月上，“浙江巡抚兼管盐政事卢焯疏言：盐法道库钱粮，请照巡抚盘查藩库之例，责令该盐政察盘。如巡抚兼管盐政，即令察盘，亏则题参，足则出结报部，扶同隐匿，发觉

---

① 雷荣广、姚乐野：《清代文书纲要》，四川大学出版社 1990 年版，第 161—162 页。

② 那思陆：《清代中央司法审判制度》，北京大学出版社 2004 年版，第 79—80 页。

③ 《圣祖仁皇帝实录（二）》卷一一三，康熙二十二年十二月，第 167—168 页。

一并议处。得旨：着照所请行，该部知道”[①]。

题参案件，在整个清代，数量可观，且遵循严格的程序，究其缘由，皆由题本这一公文形式所致。关于题本，兹述如下：

1. 题本及其处理程序

清代题本使用范围仅限于高级官员。如在京各部、院、寺、监及通政使司衙门、监察御史、六科给事中；地方上的将军、都统、总督、巡抚、学政、盐政、巡按御史等。题本的行款、体式，完全沿袭明朝。从外观形式看，所谓“本”，并非书册，而只是用横幅白纸折叠而成的折子。[②]

题本分为通本和部本。各省将军、督抚、提镇、学政、顺天奉天府尹、盛京五部本章，先至通政使司，再由通政使司送内阁，为通本；六部本章及各院府寺监衙门本章，附于六部之后，统为部本。

部本与通本的处理程序有异，效果亦不同。其中有个共同之处是，内阁对题本具有票拟之权，票拟即由内阁写出所定拟之处理意见，供皇帝选择。部本的票拟多具实质性，皇帝于批阅后，下达谕旨，指示政务处理原则，该谕旨即成为国家政务之最终裁决；通本的票拟多具程序性，皇帝批阅后，可不必下达具体处理原则的谕旨，可着各部院进一步处理，但有关参劾官员的通本则是例外。[③]

2. 揭帖

清代地方官员进呈题本的同时，还要随本附上三份揭帖，称

---

① 《高宗纯皇帝实录（二）》卷八二，乾隆三年十二月上，第303—304页。

② 雷荣广、姚乐野：《清代文书纲要》，四川大学出版社1990年版，第160—161页。

③ 那思陆：《清代中央司法审判制度》，北京大学出版社2004年版，第65—69页。

随本揭帖，相当于题本的副本，以供通政使司及有关衙门查考。随本揭帖折面书一“揭”或“揭帖”字样。折内只具有前衔而无后衔，文尾一般用“须至揭帖者”结束。除以上区别外，其内容、程序均完全与题本相同。关于揭帖，应注意以下几点：

（1）御史应详阅各省揭帖

康熙二十七年十月，“都察院左都御史徐元文条奏……法司会勘重案及各省揭帖，送到都察院时，应即令御史详阅全招，有无疑窦或行或驳，限三日内说堂。其见审重案，刑部定稿之前，即应移送口供，到各道御史，预期察核。……下部议行”①。

（2）揭帖内容应保密

雍正五年三月丁未，“谕内阁，向来督抚提镇陈奏本章，例有副本，投递通政司衙门，又有揭帖知会关涉之各部院，往往紧要之事，未达朕前，而已先传播于众口；又如内外咨呈文书往来，该衙门尤易疏忽，以致匪类探听，多生弊端，间有缉拿之犯，闻风远扬，遂致漏网，此皆不慎之故，贻误匪轻。嗣后一切本章，以及咨呈文书，除平常通行事件外，其有关涉紧要之案，与缉拿人犯之处，内外各衙门，应密封投递；各该管官，应谨慎办理，以防漏泄。倘有疏忽，将来事发之日，究问根由，必将漏泄之人及该管官员，从重治罪”②。

（3）揭帖份数由三份增至四份

揭帖原有三份，一份留通政使司存案，一份送有关部院办理，一份送六科查考。后在雍正七年八月，“上谕等奏章，该督抚等，学问夙娴者。……起居注馆，记注训旨，而各省题奏本章，讲官不得预行详阅，无从查载。嗣后请饬各省遇有题奏本

① 《圣祖仁皇帝实录（二）》卷一三七，康熙二十七年十月，第495页。

② 《世宗宪皇帝实录（一）》卷五四，雍正五年三月，第823—824页。

章，俱增写揭帖一通，送起居注馆。俟记注后，将揭帖转送内阁收贮，永着为例。均应如所请，从之”[①]。

（4）通政使司送题本至内阁五日后，才准分送揭帖

原来各省揭帖分送时间和方式未有明确规定，以致有时各部院先皇帝知道案件，显然不利于政务治理。雍正七年三月，“吏部议覆，江南道监察御史姚之骃奏言，向来直省督抚提镇封上本章，例有揭帖，分递部院科道。但各省具揭，或先期另封投递，而通政司按期收本，不查揭帖之后先，辄发提塘分送，拜疏未上，具揭先行，恐滋弊窦，请饬令各省，凡有揭帖必随本章同发，封套注明月日，申送通政司，于送本次日，始令提塘分送各衙门。应如所请，从之”[②]。实践中，由于题本存在满汉语翻译及其他问题，送本次日分送揭帖，还是有一定问题，于是，雍正十二年八月，“吏部议覆通政使司参议保柱条奏，各省具题本章，向有随本揭帖……各衙门开视揭帖，转在进呈之先，易滋情弊，嗣后请令通政司送本至内阁，仍将揭帖加谨收贮，俟五日后，再行分送。应如所请，从之”[③]。

（二）密奏（折奏）

清代的官员，从一定意义上说，都是皇帝的眼线，他们被派到全国各地，除治理政务职任外，更重要的就是互相监督，发现情况就要及时向皇帝报告，除了采用上奏题本、到京面圣的方式外，为防止泄露，更多采用密奏方式。加上清代前期的皇帝多励精图治，事必躬亲，为了国家的统治，力求更及时、准确、全面地了解情况，多鼓励下属密奏。清代的许多参奏案件，不少是由

① 《世宗宪皇帝实录（二）》卷八五，雍正七年八月，第140—141页。
② 《世宗宪皇帝实录（二）》卷七九，雍正七年三月，第30页。
③ 《世宗宪皇帝实录（二）》卷一四六，雍正十二年八月，第818页。

密奏引起。

（1）康熙从不回避密奏

康熙四十五年六月，“上谕大学士等……昔给事中莫罗、雅齐纳，并无紧要之事，每托辞密折，欲独行进奏。朕以向来起居注官，从不回避密奏之事，因令近前侍立，以听所言”①。

（2）雍正更加重视密奏

①许御史密奏，以除积弊。雍正元年六月丙子，“谕内阁，凡旗员为外吏者，每为该旗都统、参领等官所制。自司道以至州县，于将选之时，必勒索重贿，方肯出结咨部。及得缺后，复遣人往其任所，或……勒令酬报，或称……那移求助，或以旧日私事要挟……或纵门下管事人员肆意贪索。种种陋习，不可枚举，以致该员竭蹶馈送，即欲洁己自好，势有不能。于是亏空公帑，被参罹罪，多由于此。嗣后如有仍蹈前辙恣意需索等弊，许本官据实密详督抚转奏。傥督抚瞻顾容隐，即许本官封章密揭都察院转为密奏，即各御史亦得据揭纠参，务期通达下情，以除积弊”②。

②泄露密奏内容，照律治罪。雍正三年二月丙子，“谕内阁，各省督抚提镇，将朕折批密谕，有同在一省，而彼此互相传看者，有隔越邻省而彼此互相通知者，亦有经过其地而私相探问者，《周易》曰：‘凡事不密则害成。’是以历来会议军务皆极慎密，以防漏泄。凡文武大吏之密奏，及朕所降密旨，俱系国家紧要事件，岂不更重于军务，而可轻泄以贻害乎。嗣后若有此等，一经发觉，该部既照泄漏军机律治罪”③。

③保护密奏者，严惩诈伪之人。雍正三年六月，“……因念

① 《圣祖仁皇帝实录（三）》卷二二五，康熙四十五年六月，第264页。

② 《世宗宪皇帝实录（一）》卷八，雍正元年六月，第161—162页。

③ 《世宗宪皇帝实录（一）》卷二九，雍正三年二月，第431页。

诸臣之欲进言者，或多所顾忌，或恐招怨尤，或有牵制之情，或有不便显言之处，故令各人密封进呈。其中言有可采，而易于招怨者，朕将折内职名，裁去发出，或令诸臣会议，或即见诸施行，而外间不知何人所奏。……乃有诈伪之人，因所奏既行，而夸耀于人者，亦有因裁去衔名，无可稽考，竟将他人陈奏之事，据为己有者，亦有谓出之自朕，托言诸臣，而实非诸臣之条奏者，种种浮言，深可痛恨。……内外文武大臣，着自行封进，其不应折奏之员，着封固交与该上司转奏。自今以后，凡面奉谕旨者，俱着缮写进呈，若不缮写进呈，但私相传播，及私自记载者，即系假捏旨意，定当从重治罪”①。

清代的题参案件，使用的公文主要是题本，前文已详述；而密奏案件，使用的公文多是奏折。

（1）奏折概说

奏折是指清代高级官员向皇帝奏事进言的文书。奏折，俗称折子，在清初并非作为公文使用，可以说是大臣们给皇帝打的秘密报告，所以有密折奏事之说。它始用于康熙年间，雍正以后普遍采用，乾隆年间形成固定制度，至清亡废止，历时两百余年。

清承明制，国家处理寻常公务，须使用正式的文书题本，但“臣工于循常例行公务之外，尚须私下替皇室或内朝效力，京中或各省若有偶发事件，臣工必须据实奏闻。对于行之已久的制度，欲有所更张改革时，必须先行具折请旨。臣工各就所闻所见，具折奏陈，奏折遂成为君主在处理政务过程中集思广益的工具”②。这样，奏折就渐渐推广开来。当然，并非随便哪个大臣官员都能上密折，康熙时，能够具折的人多是皇帝的近臣；到雍正

① 《世宗宪皇帝实录（一）》卷三三，雍正三年六月，第497—498页。

② 庄吉发：《清代奏折制度》，中国台湾“故宫博物院”印行1979年版，第47页。

时，具折权不断扩大，从中央到地方，有更多的官员可以与皇帝直接“对话”。对于密奏的参劾案件，使用奏折具有很大的吸引力，可以不用在意别人的打击报复，避免许多不必要的麻烦。

（2）奏折处理程序

奏折的呈送方式与题本截然不同，即奏折不交通政使司接收，内阁拟转，而是直接由奏事处转呈御前。在京各衙门呈送的奏折，皆用黄绫匣装储，每夜子正后，部院各以一笔帖式，持折至东华门外，于寅初二刻送至景运门九卿房外奏事处，交奏事官接收，笔帖式登记档簿。外奏事官即持折入内，至内奏事处交奏事太监呈进。京外官员的奏折则由驿或专差送交兵部捷报处，捷报处掌接持奏之折而递于宫门，将持奏之折交奏事处。内奏事处随到随接，不限定时间。

京内外奏折，由奏事处接收登记后，交奏事太监按照先呈京外各省奏折，后呈在京各部衙门奏折的顺序依次上呈皇帝，由皇帝阅览朱批。所谓朱批，就是皇帝用朱笔在奏折上所作的批示。一般而言，所有折子均应朱批，但对于参劾案件，皇帝因无确证而无法批示。因此对于参劾案件，为慎重起见，皇帝多令相关部院，进一步查证，然后定夺。①

（三）参奏案件中题本和奏折的使用选择

参奏案件，事关吏治，所以皇帝都很重视。自从奏折使用后，官员们渐少使用题本，一来省事，一来可以表明与皇帝的关系亲近。针对这一情况，乾隆十五年，“谕：各省督抚参劾不职属员，或请革职休致，或请降补改教，皆地方公务，并非应行密

① 雷荣广、姚乐野：《清代文书纲要》，四川大学出版社 1990 年版，第 207—215 页。

办之事，理当缮本具题，方合体制。近来督抚有先具折奏闻，声明另疏题参者，尚属可行，而亦竟有折奏代具题者，究于体制未协。着通行各省督抚，凡遇此等参奏，概用题本，以昭慎重”[1]。

不管怎样，自雍正以后随着奏折的广泛使用，题本逐渐被“排挤”。光绪二十七年，改题为奏，下令除贺本仍照常进呈外，京内外各衙门所用题本一律改用奏折。

（四）几种具体参奏方式

题本、奏折在参奏案件中的使用，是形式上的不同，对于不同种类的案件，又可以分为几类，而且在称谓上有所差别，兹分述如下：

1. 计参

外官大计[2]中，经考查对因才力不及或居官浮躁等不良表现的官员，据实按六法[3]参劾处分，谓之计参。如：

乾隆四十一年六月十二日，贵州巡抚裴宗锡上折奏请将借补人员于计参降调照现任品级议处，“窃照各省官员以大衔借补小缺者，例照原衔升转，遇有应公降调，应照原衔议处，循行已久。惟此等借补人员，或因才力不及，或因居官浮躁归入大计劾参，应作何议降之处，向未着专条致典。……嗣后，凡有大衔借

---

① 《钦定大清会典事例》卷一三，载《续修四库全书》第798册，第279页。

② 清代对地方官吏的考核称为“大计”，大计为三年进行一次，由各级行政长官考核，并将考核情况报吏部考功司，再由考功司会同都察院审核、批复。（田兆阳：《中国古代行政史略》，新世界出版社1994年版，第165页。）

③ 清代对官员的考核，视情况不同，分别按八法参劾处理。八法内容有：贪、酷、罢软无为、不谨、年老、有疾、浮躁、才力不及。乾隆二十四年，改八法为六法，将贪、酷官不入计典，可随时题参，革职拿问，其他入六法官员，仍照原例议处。（李鹏年、刘子扬、陈锵仪编著《清代六部成语词典》，天津人民出版社1990年版，第57页。）

补小缺之员，除应公降调，应仍照原衔议处外，如系计参才力不及浮躁两项，例应降调者……应请旨论何项原衔，概照现任品级分别议处。……朱批：该部议奏，钦此”[①]。

2. 揭参

对地方官员在审理案件过程中的不职行为，进行揭发参劾，谓之揭参。兹述如下：

乾隆三年八月上，“吏部议覆，云南巡抚张允随奏称，广南府新设之宝宁县，既与土同知同驻府城，共管地方，凡命盗案件，请令宝宁县移会土同知，一体查缉，限满无获。将知县与土同知一并揭参。至土富州与宝宁县分管地方，命盗案件，亦令将移解承审之处，分别考成。应如所请，从之”[②]。

乾隆三年十月下，“署理苏州巡抚许容奏报，查明藩司书办，经管金山卫城工之薛昌禄，经管海州城工之朱炳文等，假公济私，先后得过多银，即督臣与臣衙门书办薛锡畴等，亦各染指。……除将各犯发交布按两司，再加研鞫，审拟追赃，该州县一并揭参外，仍令该司，以乾隆元年为始，通查凡有工程各属，一切与受银两，令据实自首，姑免治罪，其所侵之帑，追缴还库。得旨”[③]。

3. 特参

对于做事疏忽、庸劣不职的官员，进行特别参劾，谓之特参。凡受特参官员，其处分结果多为革职，称“特参”，以彰其严重性。兹举例如下：

同治四年九月上，“谕内阁，徐宗干奏，特参疏脱官犯禀报

---

① 《录副奏折·雍正乾隆朝》，中国第一历史档案馆数据库，档号03-0156-041，缩微号011-1293。

② 《高宗纯皇帝实录（二）》卷七四，乾隆三年八月上，第177页。

③ 《高宗纯皇帝实录（二）》卷七九，乾隆三年十月下，第249页。

迟延之员，请旨革职一折。福建按察司经历金相，经该抚派令，看管已革诏安县知县发遣官犯钱宝懿。……钱宝懿于本年四月闲由署脱逃……属其勿以脱逃呈报，该员迟至两月之久，始据实具禀，致该官犯已远逸无踪，为人所愚，形同木偶，实非寻常疏忽可比。金相着即行革职”①。

光绪十二年正月壬寅，“谕内阁，德馨奏，特参庸劣不职各员一折。江西前署信丰县事候补知县朱国光，遇事因循，听断迟缓，铅山县知县张辅宸，体弱才疏，难期奋勉，均着以府经历县丞降调，归部铨选；都昌县知县何庆朝，精力衰惫，难期有为，安福县教谕章学湘，彭泽县教谕董之威，年力渐衰，不堪振作，均着勒令休致；大庾县知县胡承弼，才识昏庸，审断草率，进贤县梅庄司巡检贾锺璠，举动荒谬，官声甚劣，大庾县小磎驿驿丞李含芳，性情疲缓，驿递迟延，均着即行革职，以肃官常”②。

4. 指参

地方官在具体行政管理过程中，由于管理不力及过失，受到指名参劾，谓之指参。兹举例如下：

乾隆三年十一月下，“礼部遵旨议，安庆巡抚孙国玺奏，本科两江应试举子，不遵场规，嗣后……紊乱场规者……斥革治罪，至教官职司训士。以后诸生临场，如仍不遵约束，该监临官，将该教官指参，降一级调用。如学政于士子科举时，滥行收录，将该学政罚俸一年。从之”③。

乾隆三年十一月下，“漕运总督托时奏，粮艘回空，领运千总督同正丁料理一切后，坐粮厅，监督衙门，给与限单，令其赶同随帮，管押南下，总押丞倅。引见后，部给限单。赶帮督押前

① 《穆宗毅皇帝实录（四）》卷一五三，同治四年九月上，第573页。

② 《德宗景皇帝实录（四）》卷二二三，光绪十二年正月，第5—6页。

③ 《高宗纯皇帝实录（二）》卷八一，乾隆三年十一月下，第276页。

进，逾限指参。得旨：着照所请行，该部知道”[①]。

5. 查参

监察官员，对于案件的具体情况，调查后参劾，谓之查参。兹举例如下：

乾隆三年二月下，“宗庙、焚帛之用，向无开销之例，俱系两县捐赀，继因添用柴薪，又分派宣属他县协办，相沿已久。朕思州县公捐，易启借端科派，贻累小民之弊，不可不防其渐。着从乾隆三年为始，将每岁需用杨木长柴，按照办解之数，动用正项，造入地丁册内报销，令出产之怀来县承办，以专责成。倘有私行派累等弊，该督即行查参，从重议处”[②]。

乾隆四年二月下，“吏部议准，镶黄旗满洲副都统署直隶马兰口总兵布兰泰疏称，各部院及各旗办案，如因限期已届，将不应驳查之事，故行驳查以图展限，并将不关紧要之事，混行驳查以滋事端者，请令稽察之科道查参。从之”[③]。

6. 察参

对于一些微小宜结案件的访察参劾，谓之察参。兹举例如下：

康熙三十二年二月甲申，“谕大学士等，宗族之始，皆一祖所生，当力敦亲睦共相爱恤扶持以为生也。……此后入八分公以上诸吉凶事会集之礼，依向所定者行之，如未入八分公以下，至于闲散宗室其吉凶之事，亦宜定会集仪式。……闲散宗室无品级者，则视其父之品级会集，凡会集不至者，有司者察参。如此则皆相识，而亲不惟是也，有为不善者，遇之亦可教以正”[④]。

① 《高宗纯皇帝实录（二）》卷八一，乾隆三年十一月下，第 278 页。

② 《高宗纯皇帝实录（二）》卷六三，乾隆三年二月下，第 29 页。

③ 《高宗纯皇帝实录（二）》卷八七，乾隆四年二月下，第 350 页。

④ 《圣祖仁皇帝实录（二）》卷一五八，康熙三十二年二月，第 738 页。

康熙三十八年五月丙戌，“谕大学士九卿詹事科道等，朕南巡至浙江，见百姓生计，大不如前。……不及从前者，皆因府州县官，私派侵取，馈送上司或有沽名不受，而因事借端，索取更甚者，至微小易结案件牵连多人，迟延索诈者甚多。此等情弊，督抚无有不知。乃不厘剔察参，反将行贿官员荐举廉正官员纠劾，以致民生失所，殊失朕爱养元元至意”①。

7. 摘参

指出官员的错误，先予摘去顶带或收回印信，而后具奏参劾，称为摘参。② 摘参的关键在于，官员从被参劾后，直至圣旨下发，这期间该官员是否仍须在职，并履行职任。实践中，许多官员被参劾后，就不再认真履行职务，造成政务混乱。再者，摘参更是在参劾时就摘去别人的顶带或收回印信，使之失去做官的法定要件。如：

乾隆三十九年八月初六，广西布政使朱椿，上折奏请酌定赴任违限摘参之例，“查例内指明应降处分，督抚于应参之日，先令离任，诚以该员自罹参处，难免因循玩误，故不许其在任迁延，致生弊窦，立法极为详慎。唯赴任违限例……部科汇为两季摘参……计自到任以至离任，近或数月，远则几及一载。该员明知降革在即，地方政务断难望其奋勉。嗣后到任迟延各官，除违限不及三月及无级可降例，试看一年之微员仍照例汇咨外，如违限三月至五月以上，例应降调者，督抚专案咨明部科复核。……离任其违限半年以上例应革职者，即由督抚先以勒令离任，分别

① 《圣祖仁皇帝实录（二）》卷一九三，康熙三十八年五月，第 1045 页。

② 李鹏年、刘子扬、陈锵仪编著《清代六部成语词典》，天津人民出版社 1990 年版，第 29 页。

题咨开缺。……朱批：该部议奏，钦此”[1]。

8. 纠参

举发官员的错误，参劾官员的过犯实情，谓之纠参。纠察过失而予参劾，亦称纠参。清制，凡官员犯有过失或表现不佳，其上司均应按例查究，并视情节轻重，按例参劾处分。[2] 相较于前几种称谓，纠参是一种概括性的提法。兹举例如下：

康熙三十六年五月，“谕吏部，国家举行大计……所关甚重，比年以来，督抚等官……每将微员细事填注塞责，至真正贪酷官员，有害地方者，反多瞻徇庇护，不行纠参，以致吏治不清……今当举行大典，各督抚等官，应洗心涤虑力改前辙，矢公矢慎……倘仍苟且因循，徇私溺职，国法具存，必不轻恕”[3]。

乾隆三年六月下，“兵部议奏，福州将军隆升奏，军政年老官郑怀德等二员照例休致。得旨。……此本内纠参年老官员，着该将军照绿旗之例，询问伊等，有愿来京者，即给咨赴部带领引见。嗣后驻防六法官员，俱照此办理”[4]。

三、陈请

陈请者，陈述奏请也。遍览清代实录及相关事实，盖实现陈请表现方式有二：自行检举和自请。兹分述如下，并举例说明之：

---

① 《录副奏折·雍正乾隆朝》，中国第一历史档案馆数据库，档号 03-0139-074，缩微号 010-0689。

② 李鹏年、刘子扬、陈锵仪编著《清代六部成语词典》，天津人民出版社 1990 年版，第 29 页。

③ 《圣祖仁皇帝实录（二）》卷一八三，康熙三十六年五月，第 962—963 页。

④ 《高宗纯皇帝实录（二）》卷七一，乾隆三年六月下，第 138 页。

（一）自行检举

自行检举，即官员自行查出本身过失，并自奏自参。从本质上讲，自行检举也是一种参劾，只不过不是参别人，而是参自己。

清代，定有检举之法，以宽过失。凡官员发觉自己所做之事有失误，必须更正时，准其自行检举。自行检举过失的官员，京官京堂以上，外官藩臬以上，作何处理，请旨定夺。京官科道以下，外官道府以下，其处分可减议，如应革职者，减为革职留任；应革职留任者，降三级留任；应降级调用者，降一级留任；应降级留任及罚俸二年者，皆罚俸一年；应罚俸一年及九个月者，皆罚俸六个月；应罚俸六个月者，罚俸三个月；应罚俸三个月者，免议。① 关于自行检举，应注意以下几点：

（1）自行检举与自行认罪不同

顺治十六年五月，“谕曰：凡各官过误，人所不知。自行举发者，方可谓之检举，准与免议。如胡兆龙误写红本，乃人所共见，虽自行认罪，与检举不同。尔部即以检举免议，殊不合理。以后有此等情事，须详察确议，务求允当，如仍前草率具覆，必行处治”②。

（2）鼓励自行检举，以避免舛错遗漏

康熙四十一年十一月丁巳，“谕大学士等，近见各部院衙门所办事件有错误者，惟恐事情觉露，专务隐匿，不行检举。朕总

① 李鹏年、刘子扬、陈锵仪编著《清代六部成语词典》，天津人民出版社 1990 年版，第 29 页。又考，织田万论道：“其当革职留任者，即为降四级留任。”（织田万：《清国行政法》，中国政法大学出版社 2003 年版，第 428 页。）与本处记录有歧，恐是笔误。

② 《世祖章皇帝实录》卷一二六，顺治十六年五月，第 975 页。

理万几，亦止详识紧要事务，安能逐事一一记之。各部院档案繁多，势不能无舛错遗漏，或有舛错遗漏而即自行检举，则其过犹为可恕。若惧罪隐匿，不行检举，则事必终于舛错，贻误甚大。尔等将此旨传谕各部院满汉大臣知之”①。

（3）督抚自行检举之案，内阁不必两拟票签

雍正九年十一月，“谕内阁，四川顺庆府知府马世端，原系巡抚宪德题升之员，今因溺职被参，宪德自行检举。数年以来，凡遇督抚自行检举之案，朕皆令大学士等两拟票签进呈。是以宪德此案，大学士等，于照例拟票外，亦添从宽免议一签。但朕详阅此本，王鸿勋纵役殃民，马世端徇情容隐，乃司道揭报，而督抚题参者。朕思司道既已揭报，则宪德安能隐匿不参，与督抚查出纠参者不同，难援自行检举之例，免其议处也，宪德仍交部议。嗣后有与此等相类者，不必两拟票签”②。

（4）督抚参劾官员误听缘由，应自行检举

乾隆元年五月，“谕：朕见直省督抚，纠参属员，胪列劣款，在督抚自必细加访察而后形之章奏。……倘因有屈抑，即将起初误听缘由，自行检举，或抚参督审，督参抚审者，亦勿瞻顾同官之情，有所假借。如此，则用法皆得其平，属员共知儆惕，而督抚改过不吝，不愧公尔忘私之义，庶无负朕委任大员，体恤下情之心也”③。

（二）自请

自请者，自己主动陈请处分是也。自请处分，在官而言，是勇于担责之表现；在皇帝而言，是观察官员的态度，以作定夺。

---

① 《圣祖仁皇帝实录（三）》卷二一〇，康熙四十一年十一月，第133页。

② 《世宗宪皇帝实录（二）》卷一一二，雍正九年十一月，第494页。

③ 《高宗纯皇帝实录（一）》卷一八，乾隆元年五月上，第463页。

唯自请与自行检举，虽属陈请，究有区别。自行检举者，朝廷有检举之法，处理方法，并非随意，而有规制，此一前文已述，在此不赘述。自请者，本是一种表态行为，如何处理本无成法，自有皇帝定夺，或宽免，或议处，不一而足。

1. 希望官员主动自请议处

乾隆四十年九月，“谕军机大臣等：前据图思德参奏知府苏墧，于例征关税外，数倍浮收，赃款累累等因一折，韦谦恒虽亦会衔具奏，实系图思德，巡阅黔省营伍入境后，访查而得，并非发自韦谦恒，其情节已属显然。巡抚有察吏惩贪之责，镇远距黔省会城不远，耳目易周。今苏墧浮收关口税银，勒索客民船户，及得受本地乡绅馈金，赃私狼藉若此，韦谦恒近与同省，何竟漫无觉察，任其贪污无忌。而图思德一入黔境，便有风闻，即行访查参奏，则韦谦恒平日所司何事，且知府贪劣，本省巡抚不行查参，直待督臣访劾，巡抚虽同列衔，亦难辞咎。而韦谦恒，自与图思德会衔之后，若无其事者然，既不专折特参，亦不自请议处。今日奏到各折，谓必系补奏苏墧之事，乃竟无一字提及，实大不是，韦谦恒着传旨严行申饬，并着明白回奏”①。

乾隆四十六年闰五月壬子，“谕军机大臣：前以户部议驳，文绶题销商运军粮脚价，满支满发，与从前各案，办理两歧，朕亦不能曲为之解，因将原折，发交文绶阅看，问其有何置辨，并谕以如有实在情节，亦另行详悉具奏。今据文绶覆奏，止称部议准情酌量，并无别项情节，所有酌减银九万三千七百余两，遵议照数删减等语，并未将从前何以题销缘由，据实声明。此案该督既称并无别项情节，则从前之浮冒可知。设使部议不加详察，率行议准，此九万三千余两，又将归于何项，抑或竟归私橐乎。而

① 《高宗纯皇帝实录（十三）》卷九九一，乾隆四十年九月下，第242页。

今既不准开销，又将令谁赔补该督既不将因何浮开之处，据实覆奏，又不自请议处，殊属不合，着传谕文绶，令其明白回奏”①。

嘉庆十年十一月丁巳，“谕内阁：据和宁奏，喀喇沙尔已故粮员伊精额，亏空库项，请将经手人证，提取研讯，并请将该管大臣来灵，交部严议一折，所奏甚是。已故粮员伊精额，在喀喇沙尔办理粮饷十一年之久，亏短库项至一万两之多，何以来灵于本年接任时，并不据实严参，转以盘查仓库无亏，饰词入告，及至伊精额身故后，始行参奏，又未自请议处，殊属不合。或系来灵因从前曾受伊精额贿赂，代为隐瞒，此时接手之员，未肯接收交代，是以奏明办理，亦未可定，来灵着先行交部严加议处”②。

应该说明的是，虽然皇帝希望官员能够主动担责，自请议处，但是如果别有用意，希图邀恩免责，也是不能接受的，自当斥责。乾隆三十九年九月，“谕军机大臣等：据勒尔谨覆奏，甘省带征旧欠银两，误请检举，实属错谬，自请议处一折，殊为非是。前因户部议驳勒尔谨覆奏，旧欠银两，本系分年应征之项，该督前此办理，并未有误，乃检举请与上年河州等，偶被霜雹之处，一概缓征，转为错误等因。朕以勒尔谨，果以甘省地瘠民贫，难于催征，亦当据实直奏，候朕加恩，不应借检举为名，希图蒙混取巧，特饬谕该督，令其明白回奏。今据覆奏，只称本年分已有应征银二百十余万，新旧并征，民力实属拮据，含混其词，并未将何项应征，何项应缓之处，详细分别具奏，仍不明晰。至该督误行检举之案，已经交部议处，今复以率请更正，自请交部严加议处，殊为不达事理”③。

---

① 《高宗纯皇帝实录（十五）》卷一一三二，乾隆四十六年闰五月上，第135—136页。

② 《仁宗睿皇帝实录（二）》卷一五二，嘉庆十年十一月上，第1092页。

③ 《高宗纯皇帝实录（十二）》卷九六六，乾隆三十九年九月上，第1124页。

2. 自请议处实所应得，自交部议处

嘉庆五年八月，“谕：前据玉德等奏，泉州府知府钱学彬，禀请改补京职一折。朕披阅之下，即以该督等折内既称钱学彬气局不能开展，遇事竭蹶，又云年壮才明，在任并无贻误，殊属自相矛盾，且外任内用京职，系属升擢，岂有不胜外任人员，转授京曹之理。当经降旨将钱学彬交部严议，并将该督等传旨申饬。本日复据玉德等奏到，钱学彬在知府任内，有任听家人李玉，勾串司狱舞弊婪赃之案，请将泉州府知府钱学彬、司狱庄铨，一并革职，归案审办。可见钱学彬在知府任内，实属不妥，且伊家人婪索番银，钱学彬若不知情，何以辄将取保呈词批准，不可不彻底根究，以期水落石出。钱学彬、庄铨均着革职，交该督等提同案内犯证，审明定拟具奏。至该督等前于钱学彬平日居官政绩，漫无觉察，辄据该员呈改京职，冒昧陈奏，兹查该员任内，果有此等昏庸不职之事，是该督等察吏不明，咎无可辞，该督等自请议处，实所应得。玉德、汪志伊俱着交部议处”①。

另外，如果自请议处之处过轻，还应叫该部从严议处。嘉庆六年七月癸卯，“谕内阁：前因明安奏，海运仓现在支放二月分西四旗应领俸米一事。该仓应领俸米，何以至今始行开放，其中显有情弊，当经降旨，令仓场侍郎、查仓御史，各行明白回奏。兹据邹炳泰、兴德覆奏，以六月雨水过大，车辆难行，无人支领为词。此项俸米，例应于二月开斛，四月底满限，其大档甲米，亦应于五月内支放，彼时尚未届大雨之际，何得以此借口，该监督德永、杨毓木鼎，于支领俸米，任意迟延，并不依限催放，及已逾定限，辄捏报完竣，该四旗亦照此报部，此与外省虚出通关无异，其中恐不无纵容花户人等勒索，及米铺并票支领情弊，不

① 《仁宗睿皇帝实录（一）》卷七三，嘉庆五年八月下，第982—983页。

可不彻底究办。德永、杨毓木鼎，着解任，同经手花户人等，一并交刑部严审具奏。至仓场侍郎达庆、邹炳泰总司仓务，伊等常因事进城可以随时稽察，何至该仓应放米石，迟至数月之久，伊等竟毫无闻见，惟据监督等详报印票齐全，依限完竣，即信以为实，并不就近详查，非寻常失察可比。御史兴德于到任时，询明俸米将届限满，尚有六万余石，未能放竣，彼时既知骇异，何以不即据实具奏，迨逾限后，该御史以人数奏，实属代为徇隐。仓场侍郎及查仓御史自请议处之处，尚属过轻。达庆、邹炳泰、兴德俱着交部严加议处。寻议上：达庆、邹炳泰降二级，兴德降三级。得旨：达庆、邹炳泰准其抵销，兴德着降调”①。

3. 自请议处后，加恩免议

乾隆三十九年六月辛亥，“谕曰：巴延三奏，据黄检具详检举，审拟刘玉成殴伤刘玉山身死，拟罪未协请交部议一折。初阅所奏前后审办情节，尚未明晰，及阅黄检自请议处之折，始知此案，初经道厅审讯，以刘玉成系听从伊叔刘官，喝令下手，殴本宗大功兄，议以杖流，随经黄检，以骨折伤重，驳饬另拟。旋据该道、厅，改拟斩候具详，经黄检亲提审讯，复因刘玉成之殴打，实系迫于刘官之喝骂，且其骨折，由于碰落炕沿，究与仅令殴打、辄叠殴多伤致死者有间，仍照道厅初拟杖流定罪。在该道、厅等，虽系轻议于前，一经臬司驳饬，即行改正。黄检初以案情未当，驳令另拟，继经改正，复不执己见，仍照原拟定案。黄检及该道厅等，办理此案，俱能不自回护，虚衷定议，尚属认真办事，均着从宽免其交部议处”②。

乾隆四十八年正月，“谕：前军机大臣会同刑部，审拟吏部

① 《仁宗睿皇帝实录（二）》卷八五，嘉庆六年七月，第124—125页。

② 《高宗纯皇帝实录（十二）》卷九六一，乾隆三十九年六月，第1036—1037页。

侍郎阿肃家乳妇王朱氏，谋害伊主幼子一案，供词内有正月初七日二更时，合家俱听影阿肃全系沾染习气，非无心过误可比。阿肃着交都察院严加议处，所有军机大臣，及刑部堂官，自请议处之处，着加恩宽免”①。

咸丰五年正月，“谕：何桂清奏，匪徒滋事，县城失守，旋即收复一折。浙江乐清县虹桥地方，匪徒瞿镇海、瞿镇山，纠党二千余人，哄入县城滋事。当经该抚派拨兵勇，分路会剿，随将县城克复，捡斩要犯瞿镇海等四名，余匪歼毙无数，地方已就安靖。此次匪徒滋扰乐清县城，何桂清派兵剿办，旋即克复，所有该抚自请议处之处，着加恩宽免”②。

当然，遽行加恩宽免，使得一些官员得以借此逃脱惩罚，不思悔改，继续懈怠。为防万一，有时可以是暂行宽免，若不再贻误职事则罢，否则必将前后罪同算重咎。咸丰十一年十二月，“谕：张亮基奏，荐举非人，自请议处，并请撤抚臣印信，及沥陈邓尔恒被戕情形各折片。徐之铭在滇专恣妄杀，为从来督抚中所未有，必应严行查办，方足以示惩儆。张亮基误举非人，自有应得之咎，第如徐之铭种种贪劣，贻误疆务，情罪重大，张亮基与之共事二年，岂竟不能豫先觉察，不过喜其亲昵，列入剡章，若律以贻误之咎，则张亮基之咎甚重，非仅议处所能塞责。邓尔恒被戕之案，日久未予查办，亦无以彰国宪，花咏春不敢与徐之铭违抗，则令收其印信，亦恐徒成虚语。前令张亮基来京，原欲面询滇省情形，再行谕令前往。现在徐之铭怙恶不悛，未可稍形稽缓，署总督潘铎到任需时，即着张亮基迅速驰赴云南，督办该省军务，将徐之铭先行撤任，所有云南巡抚印务，张亮基即行接

① 《高宗纯皇帝实录（十五）》卷一一七三，乾隆四十八年正月下，第732页。

② 《文宗显皇帝实录（三）》卷一五七，咸丰五年正月下，第716页。

署，并将邓尔恒被戕之案，彻底根究，按律惩办。……所有自请议处之处，着暂行宽免，若不仰体朕心，仍前贻误，则必将前后罪状宣示，恐不能当此重咎也，将此由六百里密谕令知之”①。

除加恩免去议处外，有的情况下，还会得到奖励。乾隆十九年闰四月，“谕：黄廷桂所奏审拟陈琨案内之逆犯陈子学等一折，内称现在具疏题结，其失察之文武各官，于本内附参，并自请议处等语。该督办理此案，甚为妥协，不特无可议处，且当加恩优叙，以为实心办事者劝，俟题本到时，另行降旨，可即传谕黄廷桂知之”②。

4. 自请议处后，加恩改为察议③

道光二年十二月，“谕内阁：本月二十四日亥刻，内阁汉票签处，不戒于火，当经王大臣，及步军统领衙门，内务府官员，督率兵丁扑救，刻即止熄。是日值宿之内阁候补中书鲍唐着交部严加议处，其家人贾升及皂役常顺俱着交刑部审讯，所有未能先事豫防。自请议处之大学士托津、曹振镛、长龄，协办大学士英和俱着加恩改为察议”④。

道光十二年十一月，“谕：朕闻江西学政郑瑞玉不协舆情，降旨令周之琦认真访查，核实参奏。兹据奏称，该学政将乱号生员锁发提调讯究，系属照例办理。惟场规不能严肃，致书吏将不

---

① 《穆宗毅皇帝实录（一）》卷一四，咸丰十一年十二月下，第 374—375 页。

② 《高宗纯皇帝实录（六）》卷四六二，乾隆十九年闰四月上，第 999 页。

③ 察议者，部议处分类别中之轻者，重者称议处，再重者称严加议处，详细内容留在本章第三节中的《等级》一文中叙述。“因参奏若陈请议处之时，得旨更拟察议，则有减议。……又减议时，革职以下，通为九等：（一）革职；（二）降三级调用；（三）降二级调用；（四）降一级调用，若革职离任；（五）降一级留任；（六）罚俸一年；（七）罚俸九月；（八）罚俸六月；（九）罚俸三月，是也。”（织田万：《清国行政法》，中国政法大学出版社 2003 年版，第 427 页。）后文有解释。

④ 《宣宗成皇帝实录（一）》卷四七，道光二年十二月下，第 836 页。

应进署之人，混行带入，并令官亲查号，及覆试点名，迟至巳午，均属违例等语。该学政职司考校，自宜整肃场规，严防弊窦，乃不能约束官亲书吏，覆试士子，任意迟延，致滋物议，岂能胜学政之任。郑瑞玉着交部议处，即来京听候部议。周之琦未能先事觉察，自请议处之处，着加恩改为交部察议。寻议：郑瑞玉降三级调用，周之琦罚俸一年。从之”[①]。

5. 先缓自请议处之处，俟后再降谕旨

嘉庆二十五年十一月己卯，“谕军机大臣等：据吴璥等奏，大河冰凌下注，口门以上冻结，请暂缓放河进占一折。仪封大工口门，续经进占，仅存十七丈，各段引河挑工，俱已完竣。惟自挑水坝头起，至引河头，全行冻结，溜势涌激，积累愈高。现在口门虽未冻合，其口门以上至引河头一带，既已凝冻，即使敲冰进占，埽工断难坚实。开放引河，或至冰块壅遏，溜行不畅，更恐前功尽弃。吴璥等当督率在工员弁兵夫，小心保护埽段，暂缓工作，察看天气稍和，可以放河进占，再乘机办理，即合龙之期，稍宽时日，亦无不可，总期一举成功，务保万全，是为至要。其另片奏参总催引河道员娄青等，并吴璥等自请议处之处，着暂行存记，俟大工合龙后，再降谕旨，将此由四百里谕令知之”[②]。

道光二年四月辛亥，“谕内阁：庆惠奏，失察偷窃树株，请交部议处一折。此案盗砍风水山树贼犯尚未全行弋获，业经降旨，饬令庆惠会同严密搜查，着即上紧缉拿案犯务获，解部究办，其自请议处之处，俟定案时再降谕旨”[③]。

道光二年四月癸亥，“谕内阁：本日户部明白回奏，仓场侍

① 《宣宗成皇帝实录（四）》卷二二六，道光十二年十一月下，第370页。

② 《宣宗成皇帝实录（一）》卷九，嘉庆二十五年十一月下，第193页。

③ 《宣宗成皇帝实录（一）》卷三三，道光二年四月上，第592页。

郎莫晋所盘查纷扰各款。汤金钊又自行具折陈奏，以仓储不宜清查，户部折内所称以放代盘之说，实未见盘查之利，不敢扶同称为良法美意，前于议覆时随同画稿，自请议处等语。汤金钊调任户部侍郎，正值该部三次议覆仓场条奏章程之时，该侍郎既有所见，自当公同商榷，何以当时随同画诺。迨昨经降旨明白回奏，又称不敢扶同，单衔陈奏，而于仓储如何不宜清查，亦未切实陈明，着汤金钊明白回奏，其自请议处之处，俟覆奏上时，再降谕旨”①。

综而论之，有特旨、参奏和陈请三种方式，自能保证处分得以开始实施，然而，诚如前文所论，纵是特旨交办之处分还有懈怠，遑论参奏和陈请。康熙三十三年三月，御乾清宫，亲定殿试贡士甲第，曾“谕大学士等曰：通晓政事，甚属不易。……今言官建白甚少，间有上疏者皆怀私心，或所言似公，实则假公济私耳。至督抚赴任时，在京官员，有亲友门生在属下者，必相请托，即欲参劾，不得不顾情面。如果外而督抚，内而言官，皆从公据实参奏，则不肖之吏，自无所容。今诸生对策，虽能言之若身当其任，恐亦能言不能行也”②，即是。

第二节　管　辖

凡文官处分，固属吏部职权。至该衙门有应议处者，自应交别衙门议处。顺治初年定例，吏部有应议处之案，交都察院办

① 《宣宗成皇帝实录（一）》卷三四，道光二年四月下，第608页。
② 《圣祖仁皇帝实录（二）》卷一六二，康熙三十三年三月，第777页。

理。[①] 又案件复杂者，吏部常会同别部院办理，致有会同议处者，亦不在少数。今就吏部、都察院及部院会议办理处分情况分述之。

一、吏部

（一）吏部之组织

吏部古为“天官”，为“冢宰”，魏晋以后，以迄元明，都称“吏部”。

清代的吏部，是天聪五年（1631）沿袭明制所设六部中的第一个。以“贝勒”（亲王、郡王）一人总理部务，下设满、蒙、汉承政三人，参政八人，启心郎一人。

崇德三年（1638）七月，裁蒙、汉承政，改为满承政一人，左参政二人，右参政三人，理事官四人，副理事官六人，满、汉启心郎三人，额哲库二人。

顺治元年（1644），停贝勒总理部务之例，改承政为尚书，参政为侍郎，理事官为郎中，额哲库为主事，启心郎未改（顺治十五年裁）。顺治五年（1648）定满、汉尚书各一人，八年仍令亲王、郡王兼管部务，十五年定满、汉左右侍郎各一人。[②]

雍正元年（1723）后，常以大学士兼管部务，“置管理事务一人，尚书二人，侍郎四人，郎中、员外郎、主事、堂主事、司务、笔帖式若干人”[③]。其事务分掌于文选、考功、稽勋和验封四

① 《都察院则例》卷三《议处》，《钦定台规》卷二《宪纲》，参考张友渔、高潮主编《中华律令集成·清卷》，吉林人民出版社 1991 年版，第 516 页。

② 张德泽：《清代国家机关考略》，学苑出版社 2001 年版，第 38 页。

③ 织田万：《清国行政法》，中国政法大学出版社 2003 年版，第 177 页。

清吏司。

（二）吏部之职权

定制后，吏部掌管文官铨考、任免、黜陟及封爵等事务。其中文官处分之大权悉归于其考功清吏司，该司专掌文官议叙、罚俸、降级、革职等事。“其职官有郎中满三人、汉一人；员外郎满二人，蒙汉各一人；主事，满一人、汉二人；笔帖式若干人；经承十六人。”[①] 凡文官处分，固属吏部职权，或出特旨，或出参劾，或出陈请，总将该事件交于吏部妥议，相关案例别处多有论述，此仅举一例说明。道光二十五年十月，“吏部奏，遵议都察院左副都御史广昌等大朝失仪处分。得旨：广昌在京当差多年，礼仪自宜娴熟，且此次升殿，职司纠仪，尤不容有失误，乃于百官行礼时，先自失仪，殊出情理之外，着改为降二级调用，太仆寺少卿魏襄，着照例罚俸六个月，不准抵销”[②]。

大概吏部执掌官员铨选、处分，权限甚大，与官员利益攸关，常遭奏劾。乾隆四十年八月，“谕：昨据御史戈源参奏，六月分，郧阳府知府奉旨开缺，已在二十日截缺之后，应归七月铨选，乃吏部先于十七日开缺辄将本部司官储秘书选补，弊混显然一折。果如戈源所言，似吏部竟有徇私废公之处，不可不彻底查办，因批交英廉、阎循琦、金简等查奏。今据覆奏，吏部向来办理开缺案件如仅止降革交部议奏者，于议覆具题奉旨之日，始行开缺，如革职之外，尚有余罪者，不俟具题，即行开缺。并查自乾隆二十二年至今办过成案十余件，查开具奏，至储秘书铨选之

① 张德泽：《清代国家机关考略》，学苑出版社 2001 年版，第 38 页。又考，织田万：“考功清吏司……主事满汉各一人。”（织田万：《清国行政法》，中国政法大学出版社 2003 年版，第 177 页。）与此有歧。

② 《宣宗成皇帝实录（七）》卷四二二，道光二十五年十月，第 296 页。

处，系按记名俸次，比较俟用，是吏部于此案开缺推补并无违例，戈源所奏未免有意吹求。前日御史戴翼子，曾奏五城自尽命案，不应轻改成例。及传旨询问吏部，则于定例并无更张。半月之间，而言官两劾吏部，皆无确据，甚属无谓”①。

此案中，乾隆虽批评了言官，但也可见吏部之地位。

（三）吏部与刑部

1. 两部管辖之冲突

向来，文（武）官犯罪，刑部只定罪名，而处分仍隶吏（兵）二部，然亦有刑部议处者，如道光七年律例馆云：

> ……查文武官犯罪应议，本（刑）部止定罪名，其（行政）处分原隶吏兵二部，界限甚明。惟外省原案如声明议处字样，无论罚俸降革，本部自系移咨吏兵二部核办，不致稍歧。若随案革请革职，原系因事惩创，该省既不声请议处，则应规何部定议之处，本未分别；是以本部办理此等案件，移咨吏兵二部者固多，而径自议结者，亦竟有成案。……第思官员革职，究系事隶吏兵二部，应请嗣后此等案件，俱移送吏兵二部定议，以归画一，而专责成。至该司所议引用刑律革职之案，悉归本部核覆一节，查则例各归各部，律文则系六部通用，故文武官犯笞杖，分别罚俸降革，名例律内即有明文，如谓既用刑律，概由本部定断，则罪干律拟者尚多；即如引用不应重不应轻等律，吏兵二部应议以降级罚俸，若亦由本部议结，似属挂碍难行。该司所请由本部核覆

① 《高宗纯皇帝实录（十三）》卷九八九，乾隆四十年八月下，第199页。

之处，应毋庸议。[1]

其中，所论成案，有刑部独议者，亦有刑部吏部会议（本属正常，语详后文）者，兹举例如下：

崇德五年二月，“都察院承政阿什达尔汉、参政多尔济、祖可法、张存仁、翁阿岱、理事官巴兰、达尔户、马国柱、雷兴等奏言，皇上欲恢张治道，深思而笃行之。今各国归附，道已昌矣，臣等观诸王及固山额真，彼此观望庇护其身，无有精白乃心，为国陈奏者不知，果无可言耶，抑有所畏忌而不敢言耶。夫固山额真，俱系简用之大臣，既受重任，必直言不隐，始称其职。今凡事皆以委之六部，若奉上命则言之，未奉上命，即缄默不言，其畏葸亦过矣。臣等观刑部审事，不依本罪，而从重论拟，革职去任者甚多。夫升授出自皇恩，岂无故而升之乎，由常例升授者，轻去之，已可惜；以战功升授者，轻去之，尤可矜。是皆捐躯报效，叙功升赏之官，偶有小过，岂可不论轻重，不视敕书，而遽革之乎。臣等思先时简选议事十人，此时皆不称其任。近闻官员阵亡者，准世袭；兵丁阵亡者，妻子得赏一次。现在壮丁撤回当差，人言藉藉，不敢容隐，仰惟睿裁。上是之”[2]。

康熙四十五年十二月甲辰，“刑部会同吏部等衙门覆奏侍郎常绶等，审奏广东海寇一案，一议海寇蔡三十二等，拦截泛海商船，劫夺银米，俱应立斩；总督郭世隆不将实情审出，应降三级调用；原任巡抚今升湖广督石文晟、提督赵弘灿，未经详察，列名具题，俱罚俸一年；承审按察使今升河南布政使许嗣兴等，分

① 《刑案汇览》，道光十四年，第 87 页，第 37—38 页，转引自王钟翰《清代则例及其与政法关系之研究》，载《王钟翰清史论集》第三册，中华书局 2004 年版，第 1718 页。

② 《太宗文皇帝实录》卷五一，崇德五年二月，第 672—673 页。

别降级调用。又一议，总督郭世隆不预先严禁强暴之人，及蔡三十二等事发，又朦胧掩饰，草率具奏，殊为溺职，应革职，余如前议。得旨：蔡三十二、曾赞伯、黄士文、赖亚客、陈阿七俱立斩；许嗣兴着降一级调用；郭世隆着革职；余依议”①。

乾隆六年十一月庚午，“刑部议，奉天府府尹吴应枚，奏事不实，请革职。得旨：吴应枚着来京候旨”②。

乾隆十四年七月，“谕：朕览刑部题覆，梅万占之妻傅氏，与幼女身死一案，长乐县知县黄衮，竟将无辜之邹君扬，审作凶首，拟以极刑，经部驳审明改正，该部议以刑逼妄招，照例革职，内阁仍拟双签，令出具考语，送部引见。朕思此等肆刑逼招，草菅民命之劣员，罪无可逭，何得仍援因公之例，票拟双签，业将该员依拟革职。嗣后着内阁存记，似此等妄拟重辟，改正议处之本，俱不必票拟双签，并将奉过谕旨声叙，随本奏明”③。

刑部除议处分外，还可议定处分例，例如：

雍正二年正月，“刑部遵旨议覆，讳盗不报处分例，州县革职；道、府、同知、通判失察者，降二级调用；徇庇者，降三级调用；州县既经揭报，而上司不行转报者，降四级调用；州县以强为窃，以多为少，上司不行详查，遽行转报，及解审时不能审出者，亦降三级调用；若督抚失察，降一级留任。其兼辖武官，亦照文职例议处。至律载窃犯三次者绞，赃至一百二十两以上者绞，嗣后不照赃究拟，或于初犯再犯时，不依律刺字，以至累犯者，亦照失出例议处。从之”④。

① 《圣祖仁皇帝实录（三）》卷二二七，康熙四十五年十二月，第280—281页。

② 《高宗纯皇帝实录（二）》卷一五四，乾隆六年十一月上，第1204页。

③ 《高宗纯皇帝实录（五）》卷三四五，乾隆十四年七月下，第767—768页。

④ 《世宗宪皇帝实录（一）》卷一五，雍正二年正月，第264页。

而文官处分与刑罚究有不同，文官犯罪自应先下吏部核议，如所坐重大，必请旨革职后，方送刑部问拟。例如：

顺治元年八月，“刑科给事中孙襄，条陈刑法四事：一曰存国体，刑不上大夫，乃古者贵贵之义。请自今文官犯罪先下吏部核议，如所坐重大，必请旨革职后，方送刑部问拟。武官隶兵部亦如之。在外府州县各官被参革应逮问者，行该抚按就近提讯，具狱报谳法司，但于爰书覆核，不必径行勾摄则士气伸，国体立。……庶可渐几刑措之治。摄政和硕睿亲王谕令法司官会同廷臣详绎明律，斟酌时宜，集议允当，以便裁定成书，颁行天下。启内各款，悉如议通行严饬”①。

又顺治八年七月，“谕刑部等衙门：大小臣工，皆朝廷职官，待职官有体，则朝廷体统益尊。朕观在外各省文武等官，必经督抚巡按具奏参劾奉旨革职，然后提问究罪，今在京满汉诸臣犯罪常有未奉旨革职，问刑衙门，未论情之虚实，罪之轻重，辄提取审问，殊非待职官之体。自今以后，凡在京满汉大小官员有犯，或被人告发，该衙门先将犯事缘由，具奏请旨，应革职提问者，必奉旨革职，然后送到刑部审问，毋得仍前径行提审。永着为令”②。

除从国体角度言文官处分与刑罚应分开外，单从技术操作角度而言，如失入失出的适用区别就甚大，如乾隆四十三年二月谕云：

> 吏部奏，据文选司检举署东平州州同许祖尧、夏津县主簿姚兴凤二员，各前任加级之处，遗漏未经入册，以致因公

① 《世祖章皇帝实录》卷七，顺治元年八月，第74—75页。

② 《世祖章皇帝实录》卷五八，顺治八年七月，第459页。

降调，照例开缺，请将承办司员，交都察院察议等语，该司员于议处降调之案，不查明加级抵销，自属疏漏，但其事与刑部失入，相似而实不同。刑部失入重于失出者，因罪犯一经失入，已罹重辟，所谓死者不可复生，严其处分，正以重民命也；至失出，囚即遣放，仍可审核更正。故其议处从轻，若吏部办理议处，疏忽失入，固有应得之咎，但事后尚可自行检举，或经被议之员控辩，仍可查明改正，不致终于枉屈，其议处可以从轻；至失出，则以应行议降之人，妄为拟抵，安知非徇情受贿，高下其手，久之易滋流弊，不可不重其处分，俾知儆惕，以刑部出入轻重，反而用之，方为平允。着吏部会同都察院，另行定例具奏，此案即照新例行，余依议。寻议，吏部办理议处司员，如系徇情受贿，将应议实降之人，妄为议抵，应另行参究，其一时失检，重复抵销者，如系罚俸、降级留任之案，旧例罚俸一个月，今应改为罚俸一年；系应行降调之案，旧例亦只罚俸一个月，今应改为降一级留任；至遗漏抵销，致本员降调离任者，旧例降一级留任，今应改为罚俸一年。从之。①

由是，足知处分概由吏部管辖，“即使刑部奏结，仍需移归吏（兵）二部核议（行政）处分”②。据此，查阅史料时，凡遇有“交部议处”，该部系指吏部，涉及“议得”“处分”等词，亦多就处分而言；凡遇“交部审讯”，该部系指刑部，涉及“严讯”“严审”等词，亦多就刑罚而言。

---

① 《高宗纯皇帝实录（十四）》卷一〇五〇，乾隆四十三年二月上，第32—33页。

② 王钟翰：《清代则例及其与政法关系之研究》，载《王钟翰清史论集》第三册，中华书局2004年版，第1719页。

2. 处分与刑罚

(1) 关于职官案件[①]先行处理程序

前面已论及，文官犯罪先下吏部核议，如所坐重大，必请旨革职后，方送刑部问拟。诚如，乾隆二十五年六月谕云：“（官员）交部议处，自有应得处分，即使部议革职，原可从宽留任，其罪不至竟行罢斥，如果情罪重大，无可轻恕者，即降旨革职拿问，何所不可。”[②] 而此等规定似太过原则，实践中挂碍难行，于是，乾隆十八年六月谕：“各省审理参案，前已敕部严立限期，但督抚题参属员，即款迹昭著，不过摘印看守，必俟奉准部文，始行提讯。若云贵等远省，往返已逾数月，是于未起限之先，已稽延半载矣，且从来督抚参员，断无悬拟其被屈，不令审究之理，是参则必革，昭雪须俟审明，自以速审速结为是。然大员或虑体制攸存，嗣后文职道府以上，武职副将以上，仍照旧例，于题参得旨，部文到日，再行提讯，部文亦着速行；其余文武官员，于具题日，即将案内应质人犯，拘齐审究，如督抚同驻省分，一面具题，一面行知应承审衙门，照例提审，庶是非早辨，案牍易清。着为令。”[③]

所谓题参，前文已论。官员受题参后，如情节可以须送刑部审判者，吏（兵）部除将受参官员革职外，还有先行解任之例。

---

① 职官案件系指原告或被告为职官之案件。原告为职官之案件指职官呈控案件，被告为职官之案件主要指职官参审案件，即职官受参劾发审之案件。（那思陆：《清代中央司法审判制度》，北京大学出版社 2004 年版，第 201 页。）本部分所述之职官案件系指职官参审案件。

② 《高宗纯皇帝实录（八）》卷六一四，乾隆二十五年六月上，第 912 页。

③ 《高宗纯皇帝实录（六）》卷四四〇，乾隆十八年六月上，第 734 页。此谕内容实为乾隆十六年例之内容：“文职道、府以上，武职副将以上，有犯公私罪名，应审讯者，仍照旧例，奉到谕旨，再行提讯。其余文武官员，于具题参之日，即将应质人犯拘齐审究。如督抚同驻省分，一面具题，一面行知应承审衙门，即行提讯。”（转引自那思陆《清代中央司法审判制度》，北京大学出版社 2004 年版，第 202 页。）

概题参后，受题参官员先行处理情形有三：或解任而未革职，或径行革职，或先解任后革职。[①]“凡未经革职之官，即拟杖罪折赎……未其功，与不抵纪录，及控告冤枉，又不与准行者，俱问二次应得之罪。”[②]

关于职官有犯先行处理，兹一例说明之：

> 喀尔吉善、永贵折奏查拿伪稿一案，内称鄞县知县伍鈜，于闰五月间，巡检郑承基曾持伪奏一纸付阅，系得之千总雷埙，迨谕令查访，始行禀首，请将伍鈜等革职严审，并声明系奉旨密办之事，未敢有本具题等语。此事屡经明降谕旨，并将拿获传钞人犯，分别办理梗概，传谕各该督抚遵照，今该令等俱系现任职官，目睹大逆不经之词，辄彼此私相传观，有意隐匿，及至饬查，始行禀出，按其情罪，较之无知愚民，妄行钞录传播者，自属较重，理应一面具疏题参，一面即行拿问，严鞫实情。乃该督等所奏，转似委曲迁就者然，岂此等劣员，尚不当立见弹劾乎。该督等如此办理，甚属舛谬，着传旨申饬。……即着该督等具折参奏。……寻奏，伍鈜等犯，现已提拿鞫讯，俟审明另奏。[③]

除官员犯罪有先行处理程序外，若对大臣刑（夹、拷）讯亦遵循相应规定。盖大臣者，国家之名器，古者刑不至大夫，以维国体而励臣节，国体不维，则无尊卑上下之辨，臣节不励，则大臣拥高爵大官，而有徒隶无耻之心，此贾谊所以谆切辩论也。君主欲风励天下，使人各自爱，共敦节行，尤宜自大臣始，大臣有

① 那思陆：《清代中央司法审判制度》，北京大学出版社2004年版，第202页。

② 《圣祖仁皇帝实录（一）》卷二二，康熙六年五月，第305—306页。

③ 《高宗纯皇帝实录（六）》卷四〇一，乾隆十六年十月下，第276—277页。

不自爱者，君主仍设廉耻以养之，庶几动其天良，激励鼓舞。雍正十三年十一月后，三品以上大员身罹罪谴，即奉旨革职拏问者，法司亦不得遽加三木，如有不得不夹讯者，亦必请旨。[①] 例如乾隆二十二年十月谕云：

> 杨承曾将朱批折奏事件，通信蒋炳，昨经军机大臣奏，将该员革职，交部治罪，今据鄂弥达面奏，已将该员夹讯，此未免过当。该员在军机处行走，乃以朱批事件，通信外省巡抚，自有应得之罪，但杨承曾于问候书札中，叙入数事，尚非存心作弊，泄漏重情者可比。从前在军机行走，而现任督抚者，似此信息往来，皆不能保其必无，幸未败露，则不必深求，既经查出，亦不可不治罪耳。今该员业经自认不讳，何必更以三木从事，而刑部遽加以刑讯，其意盖欲朕知其无所瞻徇，而于军机处交出之人，加意从严，以博执法不阿之名，自占地步。其实所谓刑讯者，仍以掩人耳目，岂诚用刑实夹耶。果使情罪重大，自不容骩法示恩，若情节不过如此，则士大夫有罪，办理亦自有体。从前曾有犯此者，成案具在，自可照例查办，若稍存意见，畸轻畸重，均失其平，朕不取也。[②]

（2）关于笞杖轻罪之适用

文（武）官员犯笞杖罪时，以处分代替笞杖刑之执行，但又有公罪私罪之不同（关于公私罪问题，后面“原则”中有详述），

① 《高宗纯皇帝实录（一）》卷七，雍正十三年十一月下，第293页。

② 《高宗纯皇帝实录（七）》卷五四八，乾隆二十二年十月上，第991页。

具体适用如下[①]：

公罪处分十：

笞一十者，罚俸一月；

笞二十者，罚俸二月；

笞三十者，罚俸三月；

笞四十者，罚俸六月；

笞五十者，罚俸九月；

杖六十者，罚俸一年；

杖七十者，降一级留任；

杖八十者，降二级留任；

杖九十者，降三级留任；

杖一百者，革职留任。

私罪处分十：

笞一十者，罚俸二月；

笞二十者，罚俸三月；

笞三十者，罚俸六月；

笞四十者，罚俸九月；

笞五十者，罚俸一年；

杖六十者，降一级调用；

杖七十者，降二级调用；

杖八十者，降三级调用；

杖九十者，降四级调用；

杖一百者，革职。

其中，文官犯公罪时，《大清律例》规定，“内外大小文武官

① ［清］文孚等：《钦定六部处分则例》卷一，光绪十三年重修，光绪十八年上海图书集成印书局印，第 24 页。

犯公罪……一百，降四级调用”[①]，与此有歧。按法理，应适用处分则例。

为说明情况，兹举一例：

乾隆五十四年（1789）说帖，《刑案汇览》卷一《名例》：

> 直隶司查：律载“文武官犯私罪，杖一百，革职”等语。
>
> 此案：考取笔帖式兴海因子三定将备办祭礼银两花用，并将驴夫白万良殴死。兴海追问情由，用刀棍扎殴致死，私行殓埋。三定系应死罪犯，与殴死违犯教令之子孙不同。但既不鸣官究治，致死后又复私埋。经该督审照“不应重”律，杖八十。（该总督）声明伊所犯，杖不满百，应否革退、纳赎，听候部议等情。
>
> （刑部）查：三定逞凶，致毙驴夫白万良，本属罪犯应死。伊父兴海向其追问，扎殴致死，系属一时忿激所致，与罪犯奸、盗、诈伪及一应赃私之案迥别。伊系考取笔帖式，所犯止杖八十，并不在除名、的决之列，似应照例准其纳赎。[②]

实际处罚：官降三级，调任他职。这个结果是严格按照律例规定而作出的。

又《清实录》《刑案汇览》等文献中，关于官员犯笞杖罪处罚之事例极多，兹不赘举。唯对于处分与刑罚关系，除上文所论以代替者，仍有看作同时适用者，例如：

---

① 田涛、郑秦点校《大清律例》，法律出版社1999年版，第91页。

② C. 莫里斯、D. 布迪：《中华帝国的法律》，朱勇译，江苏人民出版社2004年版，第151—152页。

一种："俸者，剥夺官吏应受之俸给而不支给之处分也。按其年月，设差等七，一月、二月、三月、六月、九月、一年、二年是也。而官吏犯罪，该当笞杖刑之时，并科罚俸，则止于一年。以是考之，科一年以上二年以下之罚俸，则于独行惩戒与刑罚不并科之时见之。"①

另一种："清朝处分的适用分为两种类型，一是独立适用，二是与刑罚同时适用，亦即作为刑罚的附加处罚予以适用。《大清律例》和《六部处分则例》都规定，官员犯公罪或私罪，依律应处笞刑或杖刑，同时予以相应的处分，凡公罪之处分，皆比私罪减一等。"②

以往的例子，凡官员始初被参，革职发审，但若所参重罪审虚，而该员尚有轻罪，应以降级罚俸归结③，未见同时适用者（重罪革职者并处刑罚问题，后有详述）。两者所论，缺乏案例支撑，盖是文献误读，特录此存疑。

（3）关于流徒杂犯死罪之处理

其一，在处理形式方面，前面已详述官员犯重罪后，需革职交部审讯，实践中，特别是上谕中是如何命令，处理形式如何，会典和则例未有记载，不具有实质意义，只不过是皇帝说话习惯，故未规定。然而，研究终不能靠揣度，余遍览《清实录》，择其要者，如革职逮讯、革职提问、革职讯拟、革职究拟等不一而足，虽不能穷尽，亦足可表意。兹分列如下，并举例说明之。

①革职逮讯。例如，顺治十五年九月，"顺天巡按董国兴劾奏天津总兵官甘应祥擅拨骑兵送子往寿春娶妇。得旨：着革职逮

① 织田万：《清国行政法》，中国政法大学出版社 2003 年版，第 422 页。
② 艾永明：《清朝文官制度》，商务印书馆 2003 年版，第 183 页。
③ 《世宗宪皇帝实录（二）》卷九二，雍正八年三月，第 234 页。

讯”①。

②革职提问。例如，顺治十五年八月辛未，“吏部议奏，苏松巡按王秉衡，徇庇华亭县知县擅用钱粮，不加查核准开销，甚属蒙混。现经御史上官鉝，劾其各属欺隐钱粮不加厘剔，且纵役扰民，溺职已甚。王秉衡应革职，其承差肆恶百姓名事迹，并通同侵帑各官，俱请敕操江巡抚，一并严察。得旨：王秉衡职任巡方，不能剔弊除奸，反为县官蒙混开销钱粮，又纵役扰民，殊属可恶，着革职，刑部提问，究拟具奏，余依议行”②。

③革职讯拟。例如，顺治十五年九月，“山东临清总兵官三等阿思哈尼哈番路有良，收受李文仕贿赂，给与用印令牌，私纵生理，命革职讯拟”③。

④革职逮问。例如，顺治十六年闰三月，“山东巡按程衡劾奏山东巡抚耿焞，贪婪昭著，列款以闻。得旨：耿焞着革职逮问”④。

⑤革职究拟。例如，顺治十六年五月，“中书舍人潘运暭，以升迁事，与吏部文选司郎中沈火阜，忿争于朝班，为河南道监察御史何可化所劾，下部院察议，运暭坐革职，并火阜俱送刑部究拟”⑤。

⑥革职拟罪。例如，顺治十七年三月，“据驻防江宁总管喀喀木等咨称，操江巡抚朱衣助，于失陷瓜州之后，即行降贼，遣家人朱镇等四人，持号布至江宁接取家口。今研审朱衣助，供云，原领兵赴援瓜州，与贼对敌，兵败被擒，后复逃回。但衣助

---

① 《世祖章皇帝实录》卷一二〇，顺治十五年九月，第931页。
② 《世祖章皇帝实录》卷一二〇，顺治十五年八月，第927页。
③ 《世祖章皇帝实录》卷一二〇，顺治十五年九月，第931页。
④ 《世祖章皇帝实录》卷一二五，顺治十六年闰三月，第968页。
⑤ 《世祖章皇帝实录》卷一二六，顺治十六年五月，第978页。

身膺巡抚重任，不能固守地方，以致失陷城池，虽旋师逃回，亦难辞咎，应革职，送刑部议罪。得旨：朱衣助情罪，未经审明，止据本人口供，草率具奏，甚属不合，着再行严加详审确议具奏”①。

⑦革职发审。例如，康熙二十八年四月，“吏部议覆，江南江西总督傅拉塔，疏参赣县知县刘瀚芳，科派婪赃，江西布政使多弘安、按察使吴延贵等不行详究，明系徇庇，查官员徇庇例，降三级调用。今多弘安等，于属县私派之案，不行详究，恐别有情弊，不便照常例议处，请将多弘安等，革职发审。从之”②。

⑧革职拿问。例如，乾隆三十五年四月，“谕曰：明德参奏迤东道陈作梅，收解乐马金沙二厂课银，有多索余平侵肥之事。据该道面呈禀稟，希图蒙混，且请将银八百两，为巡抚衙门公用，更属狡诈，请旨将陈作梅，并管厂同知李世保、州同王陶淑，一并革职究审等语。厂课平余银两，久经报部，乃该道额外婪索，每年至二千六百两之多，任意侵贪，实出情理之外，且因该抚已有风闻，辄禀请将所余银两，分作抚署公用，希图蒙混，尤属狡诈。陈作梅着革职拿问，李世保、王陶淑均着革职，交该督与案内有名人犯，一并严审定拟具奏”③。

⑨革职提解。例如，顺治十六年正月癸卯，“谕刑部：刘宗韩前巡按江南荐举卢慎言，经都察院考核，谓其违例特荐，且荐此奇贪异酷之人，显有受贿徇私情弊。刘宗韩，着革职，尔部提解来京，严刑详审，从重拟罪具奏”④。

⑩革职锁拿。例如，雍正四年九月壬寅，“谕内阁：张楷由

---

① 《世祖章皇帝实录》卷一三三，顺治十七年三月，第1031—1032页。

② 《圣祖仁皇帝实录（二）》卷一四〇，康熙二十八年四月，第541—542页。

③ 《高宗纯皇帝实录（十一）》卷八五六，乾隆三十五年四月上，第462页。

④ 《世祖章皇帝实录》卷一二三，顺治十六年正月，第950页。

道员拔至巡抚，理应感恩报效，乃到任以后，惟务沽取虚名，于地方事务，全不经心料理，朕降旨训饬，而伊奏称臣有洁己爱民之心，无振作有为之能。大凡爱民之政，莫大于察吏缉盗，张楷在任，纵容不肖官吏，盐枭盗贼，为害地方。朕访知贪劣不及官员，指名令其参奏，伊始行参奏。朕访知盐枭私贩，指名令其缉拿，伊始行缉拿。数年来，裨益地方之事，无一可称，乃公然以爱民自夸于君父之前。又洁己二字，乃朕奖励臣下之语，张楷何得以此自居乎。且为大吏者，激浊扬清，兴利除害，皆职分以内之事，朕不知如何谓之振作，如何谓之有为，朕之谆谆训诲者，不过欲地方大吏，各勉其职，各尽其道，以为息事宁人之本，何尝以苛刻为能，察察为明，而令督抚等生事以滋扰乎。以朕绥靖地方之心，而张楷视为烦扰地方之事，其意不过欲姑息优容，得宵小之欢心，而不顾国家之法度，使名归于己，而怨归于上，尚得谓之知君臣之大义乎。着将张楷革职锁拿，严审定拟”①。

⑪革职解京。例如，乾隆元年六月戊子，“大学士管川陕总督事查郎阿，参奏前任甘肃巡抚许容，隐匿灾荒，营私树党。得旨：革职解京治罪”②。

⑫革职刑讯。例如，乾隆六年八月，“闽浙总督宗室德沛、副都统旺扎勒奏，遵旨查审浙江巡抚卢焯受贿营私一案。卢焯狡饰支吾，供词闪烁，请革职刑讯。得旨：着照所请行，该部知道”③。

其二，在处理方式方面，各省职官案件除中央提审案件外，原则上由各省总督或巡抚管辖及审理。京师职官案件原则上由刑部或三法司管辖及审理，唯文官职官案件常须会同吏部审理。中

① 《世宗宪皇帝实录（一）》卷四八，雍正四年九月，第725页。

② 《高宗纯皇帝实录（一）》卷二一，乾隆元年六月下，第510页。

③ 《高宗纯皇帝实录（二）》卷一四九，乾隆六年八月下，第1146页。

央各部院所属职员犯罪时，刑部或三法司常须会同各该部院审理。各省职官案件并非由各省总督或巡抚初审，原则上系由道员或知府初审，由按察司（或会同布政使司）复审，最终则由督抚复审。[①]《清实录》所载案例，革职官员，或交刑部审，或交部院会审，或交慎刑司，或交督抚审，或直接定刑，自有区别，兹分述如下，并举例说明之。

①交刑部审。例如，顺治十五年五月，“吏部遵旨，议御史李森先，市恩徇情，任意妄奏，应革职送刑部，从重拟罪。从之”[②]。

又乾隆四十二年十二月，“吏部奏，署江西布政使赣南道周克开、按察使冯廷丞，阅看王锡侯字贯一书，不能检出悖逆重情，竟同声附和，有乖大义，应请革职，交刑部治罪；其失察妄着书籍之大学士管两江总督高晋，照例降级留任。得旨：周克开、冯廷丞俱着革职，交刑部治罪；高晋着降一级留任”[③]。

②阁臣部院会审。例如，顺治十六年正月，“谕吏部都察院：朕于本月十一日，召见天下朝觐藩臬各官，因问江南右布政使王无咎、总漕抚臣亢得时，参尔开报计册，与被纠贪酷革职按察使卢慎言，互举卓异，岂无情弊，王无咎巧言支抵，不知服罪。朕又问如此大贪异酷之人，反开其卓异，显系受贿徇私，尔何得强辩，王无咎仍巧言支抵。朕恶其面欺遮饰，遂命革职，令阁臣同该部院严加刑讯，反复诘问，王无咎始理屈词穷，服其与卢慎言徇私之罪。朕念人谁无过，贵在能改，王无咎既经自认，将来尚可望其痛改前非，力图尽职，特命复其原官用示宥罪恕过之意，

① 那思陆：《清代中央司法审判制度》，北京大学出版社2004年版，第201页。

② 《世祖章皇帝实录》卷一一七，顺治十五年五月，第914页。

③ 《高宗纯皇帝实录（十三）》卷一〇四七，乾隆四十二年十二月下，第1025页。

若再不洗涤肺肠，感恩报称，必置重典不贷。尔部院可传谕天下来朝各官，使知朕重惩王无咎，乃无澄清吏治，不得不然。但如此仅可谓之民免无耻，必至有耻且格，方慊朕怀，嗣后天下大小官员，皆当体朕此心，奉公守法，洁己爱民，勿复因循陋习，致败身名，遗累父母，有亏忠孝”①。

③交督抚审。例如，乾隆元年五月，“谕：据尚书署陕甘督抚事刘于义奏称，上年固原等处歉收，蒙恩轸恤穷民，训谕谆切。比据许容奏称，于散赈三个月之外，再加赈两个月，是前后共应赈给五个月口粮矣。乃臣查目前待赈之固原州，共四千五百二户，其赈过五个月者，仅有一百三十六户。固原厅共一万四十一户，其赈过五个月者，仅有二百八户，其余俱不过一月，或三月不等，并不遵照奉旨之数给发。此固许容用财过刻，待下过严，而固原同知张梦水、固原州知州郑炳，惟恐拂许容意指，一味涂饰，欺隐蒙蔽，咎实难辞。除臣现在委员查赈外，请将张梦水、郑炳革职究拟，以为膜视民瘼者之戒等语。张梦水、郑炳俱着革职，交与该督查审，若该员实有欺隐蒙蔽情弊，即按律定拟具奏；若过在许容，该员遵奉上司指示，以致办理不善，即将许容严加议处，仍将张梦水、郑炳送部引见”②。

又乾隆三十五年四月丁卯，“谕：据胡文伯奏，颍上县知县卢璐，平时于刁民勒诈过往船只，漫无觉察，及审详县民石其志被殴身死一案，复敢意存宽纵，改供改伤，请革职审拟；颍州府知府张家炎不能将该县庇经捏饰之处，审出实情，据详率转请一并交部议处，委审之通判曾希等，附参候议等语。卢璐着革职，交该抚与案内有名犯证，一并严审定拟具奏；张家炎等着交部议

① 《世祖章皇帝实录》卷一二三，顺治十六年正月，第951—952页。

② 《高宗纯皇帝实录（一）》卷一九，乾隆元年五月下，第482页。

处”①。

又咸丰元年四月，“谕内阁：陆建瀛奏，委员议论盐务，阻挠挟制，审明定拟一折。此案降调湖北武昌府同知劳光泰，奉委催盐，辄以船户市肆无据之言，作为移岸三论，刊板传播，并投禀要挟阻挠，且借修署等项，曾向商人借银八千余两，尤属卑鄙不职。劳光泰，着即革职永不叙用。仍着该督遵照前旨，派员解回湖北，交该省督抚，归案讯办”②。

④拿交慎刑司。例如，乾隆七年十二月，“谕：仲永檀密奏留中之折，鄂容安如何问及，仲永檀如何告知，臣工密奏之事，岂容如此宣泄。仲永檀、鄂容安俱革职，拿交慎刑司，庄亲王、履亲王、和亲王、平郡王、大学士张廷玉、徐本、尚书讷亲、来保、哈达哈审明具奏”③。

⑤直接定刑。例如，乾隆三十九年七月，“谕：员外郎惠龄，在奏事处行走，且系那延泰之子，乃敢嘱托太监高云从，甚属多事不堪。着将惠龄革职，交御前大臣，监责四十板，罚在粘竿处效力赎罪”④。

另外，革职官员在解送刑部或该省督抚处前，若在京多在吏部羁候，例如，顺治十七年六月，“大学士成克巩遵旨回奏，宪臣魏裔介，言臣不肯发刘正宗奸状，又从而比附之。夫阁臣职在拟票，必同官参酌佥同，然后定议，原无比一人附一人之理，又言李昌祚，系李之春叛案有名，何故内升时，不行奏明。夫即李之春案内有名，何从记认，何所凭据，遂以李昌祚，即系此人而奏闻耶。至荐举周亮工事，臣前疏引罪，实求重处，而裔介反谓

① 《高宗纯皇帝实录（十一）》卷八五七，乾隆三十五年四月下，第477页。

② 《文宗显皇帝实录（一）》卷三一，咸丰元年四月上，第429—430页。

③ 《高宗纯皇帝实录（三）》卷一八〇，乾隆七年十二月上，第330页。

④ 《高宗纯皇帝实录（十二）》卷九六三，乾隆三十九年七月下，第1065页。

巧饰，臣扪心自问，初不敢萌此念也，惟是任久集愆，祈皇上即加处治，庶伴食罪著，可谢人言。得旨：成克巩庸劣，与刘正宗交好凡事比附甚明，即于朕前议论附和，亦屡经亲见此回奏，悉属巧饰，殊为可恶，着革职，吏部羁候，议政王、贝勒、大臣、九卿、科、道会同议罪具奏”[①]。

若已革职京外官员，自应先行摘印看守，押解该审讯处，例如，乾隆十六年四月乙亥，“谕军机大臣等：该督尹继善所奏，山西闻喜县知县王瑞霖，为伊子王里士，贿嘱朱荃入学一案，已经将王瑞霖题参革职，解川究审，并密咨山西抚臣，先行摘印看守。着该抚阿思哈，即将王瑞霖速行委员押解赴川，该督严审定拟具奏”[②]。

其三，在处理结果方面，前面已叙及，笞杖轻罪，自应以罚俸降级完结，若徒流杂犯死罪，革职后又多以何罪完结？

凡官员始初被参，革职发审，及审系全虚，例应准其恢复原职，该部若但免其罪，而以已经革职无庸议，含糊归结，究非情理之正。[③] 莫里斯、布迪在考察《刑案汇览》后论道：有关官吏犯罪的 20 个案件中，官吏因其地位而获得部分减免的，只有 5 个案件。除外，犯罪官员都与常人一样受到惩罚，没有因其官吏身份而给予任何形式的减免。事实上，他们的官员身份常常使他们在承受正常的刑罚外，还受到除名的处罚（即处分之革职）。[④]

事实上，官员革职后确有不少得实刑者，再者，由于革职是处分的一种形式，从这个角度而言，说处分与刑罚可同时适用，

---

① 《世祖章皇帝实录》卷一三七，顺治十七年六月下，第 1057 页。

② 《高宗纯皇帝实录（六）》卷三八六，乾隆十六年四月上，第 71 页。

③ 《世宗宪皇帝实录（二）》卷九二，雍正八年三月，第 234 页。

④ C. 莫里斯、D. 布迪：《中华帝国的法律》，朱勇译，江苏人民出版社 2004 年版，第 125 页。

亦无不可，然终归与前面提到的织田万、艾永明所持之论不同。兹举例说明之。

①革职为民。多见于顺治年间，之后，几不可寻。盖当时制度不健全，革职之后相关设计较少，官员革职后亦少再起用。例如，顺治二年正月乙巳，“吏部侍郎沈惟炳擅将故明福王所用叶廷秀、左懋泰，悬名授官，部议论死，命革职为民”[①]。又顺治三年四月，“刑部议覆，审得犯官庄宪祖听信刑部主事程涝私嘱，谋之左佥都御史赵开心，上疏渎奏；向玉轩听信工部主事王三元私嘱，再疏条陈。拟庄宪祖、向玉轩、程涝、王三元革职责惩；赵开心革职。疏入，得旨：庄宪祖等免责，俱革职为民”[②]。

②革职杖徒。例如，乾隆二年三月，“刑部遵旨议覆，革职湖广提督杨凯，以督臣史贻直，为奸险倾陷，忿激参奏。又据湖南巡抚高其倬参奏，杨凯于奉旨解任后，恋职营私等款，应照律杖徒，不准纳赎。得旨：杨凯从宽准其纳赎”[③]。

③革职流徒。例如，顺治十四年六月至七月，“内大臣伯索尼等，奉命清理刑狱，以革职巡按御史刘嗣美，坐赃致罪，与受财有间，论死太重，拟比监守自盗律，减徒准赎。疏入，得旨：嗣美以御史犯法，与常人不同，着流徒尚阳堡”[④]。

④革职弃市。例如，顺治十四年二月，“革职御史王昌允，以窝盗杀人，及诸不法事，讯实，弃市”[⑤]。

⑤革职板责。例如，康熙四十七年十一月辛巳，“都察院左副都御史劳之辨，上疏保奏废皇太子允礽。得旨：劳之辨将朕下

① 《世祖章皇帝实录》卷一三，顺治二年正月，第121页。

② 《世祖章皇帝实录》卷二五，顺治三年四月，第216页。

③ 《高宗纯皇帝实录（一）》卷三九，乾隆二年三月下，第697页。

④ 《世祖章皇帝实录》卷一一〇，顺治十四年七月，第863页。

⑤ 《世祖章皇帝实录》卷一〇七，顺治十四年二月，第839页。

旨已行之事，作为己功，行事甚为奸诡，着革职，交刑部责四十板，逐回原籍”[1]。

⑥革职枷号（责）。例如，又职官革职发审案件中，亦有适用减免法定刑之例[2]，兹举例说明之：

康熙二十一年十二月庚辰，“议政王大臣等议，原任广西巡抚陈洪明从贼，应革职，立绞。得旨：陈洪明前赴任时，朕召至乾清门，奏称臣一介草茅，蒙皇上简任，务期勉效愚诚，以报知遇。及粤东被陷，朕尚意此人未肯从贼，且彼并无父母妻子牵制之情，只身何难自拔，而乃深负国恩，受贼伪职，又具启与吴三桂，情殊可恶，理应正法，姑从宽免死，着流徙宁古塔，籍其家”[3]。

乾隆三十七年三月己酉，“刑部议奏，河南巡抚何煟奏，罗山县在籍革职知县查世柱，纂辑禁史，悖逆不道，拟斩立决。得旨：此案查世柱，藏匿应禁明史辑略，且敢妄行采辑成书，刑部拟以重辟，固属罪有应得。但检阅所纂之书，系沿明季野史，尚非创自该犯，词语亦不至于悖逆，查世柱着从宽改为拟斩监候，秋后处决”[4]。

二、都察院

（一）都察院之组织

崇德元年（1636）置都察院，设承政及参政之官，是为定官

① 《圣祖仁皇帝实录（三）》卷二三五，康熙四十七年十一月，第350页。

② 莫里斯、布迪曾提到：“在所有职官犯罪的案件中，没有一例提到减免其法定刑。”（C. 莫里斯、D. 布迪：《中华帝国的法律》，朱勇译，江苏人民出版社2004年版，第125页。）该论未必适当，其结论盖因所选案例范围所致。

③ 《圣祖仁皇帝实录（二）》卷一〇六，康熙二十一年十二月，第78—79页。

④ 《高宗纯皇帝实录（十二）》卷九〇四，乾隆三十七年三月，第85页。

制之始。顺治元年（1644），改承政为左副都史，改参政为左副都御史，嗣后，经康熙、乾隆朝，又多有改动。定制后，都察院置左都御史二人，左副都御史四人，满汉各半。右都御史总督兼任之，右副都御史巡抚兼任之，不设专任。院务由专任左都御史掌之，左副都御史辅佐之，右都御史及右副都御史不理院务，兼地方监察职任耳。都察院设六科给事中及十五道监察史分掌事务，六科专检阅文书，监察事务则由十五道监察御史担任之。[①]

（二）都察院之职权

顺治九年上谕："都察院为朝廷耳目之官，上至诸王，下至诸臣，孰为忠勤，孰为不忠勤，及内外官员之勤惰，各衙门政事之修废，皆令尽言。如满汉各官有贤有不贤，督抚按各官有廉有贪、有明有暗，镇守驻防各官有捍御勤慎者，有扰害地方者，俱着分别察奏。其推举、铨用与黜革降罚及内外各衙门条陈奏章，有从公起见者，有专恣徇私者，着明白纠驳。"[②]

由是观之，都察院自可监察行政得失，查办官吏邪正。同时，《都察院则例》卷三之《议处》中，又规定宗人府和吏部官员的处分权悉归都察院。[③] 兹举例说明之：

（1）都察院议处吏部官员

康熙三十二年十二月，"上谕大学士伊桑阿等曰：适都察院议处吏部误议知府卢腾龙等革职一事，将堂官降三级，司官降四

① 织田万：《清国行政法》，中国政法大学出版社2003年版，第206—209页。张德泽：《清代国家机关考略》，学苑出版社2001年版，第112—113页。

② 《都察院则例》卷一《宪纲》，转引自张友渔、高潮主编《中华律令集成·清卷》，吉林人民出版社1991年版，第457页。

③ 《都察院则例》卷三《议处》，《钦定台规》卷一二《宪纲》，参考张友渔、高潮主编《中华律令集成·清卷》，吉林人民出版社1991年版，第516页。

级，俱调用，所议甚当。朕观人之识见，精神有限，不能过其本来分量，焉得无错，但自知其错，即宜承认，若既知其错而不承认，饰图文饰，则其错弥甚，必致坏事。前朕十三四岁，辅政大臣理事时，有误行一事，朕至今犹忆之彼时，遇颁恩赦，释放罪犯，曾赦一不应赦之罪人，该部以不应赦而赦，应否释放请旨。大学士李霨奏欲将错就错，朕问尔此言，于此事尚可，如遇不应正法之人，误行正法，则人死岂能复生，此言亦可乎，李霨不能对。大学士图海奏，此事实臣等之错，有何辩处，天下事惟人命至重，朕察之又察，然已行之事其中能保无误耶”①。

又乾隆二十三年四月，“谕：向来吏部司员，遇有错误，应行议处之案，止将经手一二人议处，此在寻常案件尚可，彭树葵系卿贰大员，其任内既有革职留任之案，吏部议处时，何至竟行遗漏，非寻常疏忽可比。此案该司满汉各员，俱着交都察院严加议处，该堂官一并交都察院察议。彭树葵自有留任之处，岂不知之，经部议后，即应自行陈奏，方合为大臣之体，乃隐忍恋栈，非砥砺廉隅之道，着依议革任”②。

（2）都察院更拟吏部议处

康熙六十一年九月至十月庚辰，“都察院遵旨察议，詹事顾尔泰，催趱漕船，不遵谕旨速行起程，吏部止议降二级留任，亦殊不合。应将詹事顾尔泰革职，吏部侍郎李旭升等，降一级，罚俸一年。得旨：顾尔泰着革职，余依议”③。

（3）都察院议处宗人府王公

乾隆十七年三月，“谕曰：都察院此所议宗人府王公处分，又属观望，全不实心。前因宗人府议处和亲王弘昼，以两请具

① 《圣祖仁皇帝实录（二）》卷一六一，康熙三十二年十二月，第764—765页。
② 《高宗纯皇帝实录（八）》卷五六一，乾隆二十三年四月下，第116页。
③ 《圣祖仁皇帝实录（三）》卷二九九，康熙六十一年十月，第899页。

奏，瞻徇取巧，是以特命都察院严察议处。夫议者议其罪也，且八议之义全焉，王公等非干大故，从无革去王爵、降为庶人之理，都察院果以此议为当乎，否乎，亦不过云如此议上，必不依议，另定处分而已。……此案亦不必再交另议。裕亲王广禄、履亲王允裪、慎郡王允禧、顺承郡王泰斐英阿俱着罚王俸一年足矣。其都察院官交该部严加议处具奏。寻吏部议上，得旨：……积德、广成、胡宝瑔、舒敏、戴章甫、常海、王应彩俱着革职从宽留任，陈德华着从宽免其革任，仍注册”①。

又都察院虽职权止可议处吏部官员、宗人府王公，但奉旨亦有议处别部官员之例，例如，康熙四十三年九月曾察议刑部官员云：

> 都察院遵旨察议，刑部审讯光棍金眼王五、吴谦等，打死三人一案，既已迟延，又不审出实情，又为解脱，应将尚书安布禄等，降级调用。得旨：刑部前审此事，明系隐蔽。尚书安布禄，降三级留任，尚书王士正、侍郎陈论，俱降三级调用，余依议。②

当然，如若涉及官场之别样规则，都察院亦可以议处别部官员非本院职权为借口，纡回迟缓，徘徊观望。例如，乾隆十五年八月谕云：

> 协办大学士阿克敦，应否给俸，互相推诿一案，经兵部奏明，交都察院议处各部堂司官，都察院于今日始行陈奏，

① 《高宗纯皇帝实录（六）》卷四一一，乾隆十七年三月下，第378—379页。
② 《圣祖仁皇帝实录（三）》卷二一七，康熙四十三年九月，第195页。

且仅议处吏部，将户兵二部，另请交吏部察议，甚属纰谬。此案于六月中旬交议，何难按限办理，朕早即闻都察院于议处此案，迟回观望，碍难办理。即云议处户兵二部为吏部之事，则定案之时，何不会稿，乃故为纡回迟缓，以待颁诏之后，邀恩援免，在此事甚小，若平时办理，决不至如此迟延，盖因大学士傅恒，管理部务，是以都察院徘徊观望，有心延搁，此所谓非曰爱之，其实害之，试问傅恒敢当此乎。……其都察院堂官，着一并交部严加议处，所有吏、户、兵三部堂司官，着都察院会同吏部，另议具奏。①

三、会议

各部院分掌事务，界限甚明，但是，凡“事务之管辖，时或不明，往往易生争议，于是必须有裁定之制”②。议论文官处分，本吏部之责，但因官员有别，身份地位不同，议处自有区别，往往吏部议处时常需会同别部院公同妥议者，不在少数。

“会议”之意原取集思广益，恭绎列朝圣讯，于一人主稿，诸臣画诺之弊申诫再之。国家有大政事特交会议，诸王大臣等自应公同会集，虚衷商榷，讨论精详，方于政事有益。其有特交会议事件，凡与议之王大臣俱限一二日齐集公所，当面公同商办，不准令司员、章京往来传禀，互相推卸，在官言官，毋许泛论别事，煌煌圣讯，各宜懔遵。又与议臣工，皆令各具说帖，直抒所见，其有数人愿同具一说帖及一署自为一说帖者，听，均务于会议后陆续送汇齐，以凭采择具奏。又初次会议事件，未能遽定，

① 《高宗纯皇帝实录（五）》卷三七一，乾隆十五年八月下，第1099—1100页。
② 织田万：《清国行政法》，中国政法大学出版2003年版，第176页。

应准再行定期会议，倘再议论分歧，各执一是，自应请旨办理。[①]因吏部会同刑部，吏部会同都察院前文中已有述及，兹不赘述。本部分只将吏部会同宗人府、吏部会同兵部、刑部会同吏兵二部、大学士会审、军机大臣会同吏部、王大臣会审等分述如下。

（一）吏部会同宗人府

凡王公将军不兼职任者，处分皆由宗人府专办，兼任者，则文官由吏部会府以定议；宗室觉罗官议处，文职亦由吏部会府办理；议叙军功，宗室由府会吏（兵）部，觉罗由吏（兵）部会府；额驸亦如之。[②] 兹举例说明之：

道光十三年五月丁酉，“谕内阁：本日吏部会同宗人府严议惇亲王绵恺等，分别降调罚俸，俱属咎所应得。前据惇亲王绵恺面奏，与禧恩等共商军民人等薙发停止宴会音乐之处，于义未协，并未体察注义，妄加援引，不学无术，信口乱谈。胡涂纰缪已极。朕若将伊等照大不敬律治罪，伊等能当此重咎耶。试观现在大行皇后之事，较之嘉庆二年仪文，已有过当之处，因时制宜，实不得不然耳。朕心深觉不安而抱恸，且朕孝养”[③]。

（二）吏部会同兵部

武官处分，固属兵部掌之，该部职方清吏司掌之。有关于八旗者与关于绿营者，各异其适用。八旗各营及各省驻防，皆依八

① 参考咸丰三年二月上谕、光绪三十年十二月准政务处咨，载于《钦定总管内务府现行则例》卷三，转引自张友渔、高潮主编《中华律令集成·清卷》，吉林人民出版社1991年版，第498—499页。

② 《钦定大清会典》卷一，转引自张友渔、高潮主编《中华律令集成·清卷》，吉林人民出版社1991年版，第233页。

③ 《宣宗成皇帝实录（四）》卷二三七，道光十三年五月，第556页。

旗例；各省陆路水师各营，乃依绿营例。有专例者，各遵据其例议处。无专例者，比照他例，或为加减，或为酌量，请旨施行。盖制度大体与文官大同小异。[①] 因清代总督、巡抚等文官自有军事职权，又有些文职官员还兼武职，吏部兵部会同议处之例亦不在少数。兹举例以说明之：

康熙五年十二月庚申，“吏部兵部议覆，大学士管户部尚书事苏纳海，系专差圈换地土之大臣，乃不分遣章京等，速行办理，故称屯地难于丈量，镶黄旗章京不肯受地，正白旗包衣佐领下人不肯指出地界，俱不即指名题奏；又因督抚等题疏请停圈换，观望迟误，不尽心于奉旨责成之事，应革职，交刑部议。总督朱昌祚、巡抚王登联，将奉旨已定之事，不钦遵办理，妄行纷更具题，亦应革职，交刑部议；郎中鄂莫惠等，俱降四级调用；副都统巴喀、喇哈、祖良栋，系领地大臣，见苏纳海给地迟误，不催令速给，俱降三级留任；阿思哈尼哈番达赖等，擅自回京，俱罚俸一年；不许丈量屯地之笔帖式拨什库等交刑部议处。辅臣等称旨：苏纳海、朱昌祚、王登联俱着革职，交与刑部议。巴喀、喇哈、祖良栋，俱革职。鄂莫惠等，俱降一级留任。旗下各章京，俱免罚。余依议”[②]。

然而，实践中亦有本属吏部应议者，而兵部为徇庇等由而会同议处，例如，雍正三年五月上谕云：

吏部兵部议奏，杭州将军年羹尧，于川陕总督任内，妄参金南瑛等七员，应革职。得旨：此年羹尧总督任内之事，非将军任内之事，乃吏部应议者，与兵部无涉，若果以将军

① 织田万：《清国行政法》，中国政法大学出版社 2003 年版。艾永明：《清朝文官制度》，商务印书馆 2003 年版，第 176 页。

② 《圣祖仁皇帝实录（一）》卷二〇，康熙五年十二月，第 285—286 页。

> 系兵部职掌，即应请旨，交与兵部，而吏部可不必会议。今未请旨，含糊专擅，会同兵部议革年羹尧将军之职具奏，特预先立意，徇庇年羹尧耳，如此巧为，殊属不合。隆科多等，着交与都察院，严察奏闻，将本发回，仍令吏部议奏。[①]

由此，文职兼武职人员，若有文职任内处分，应由吏部处理，“如有武职任内（行政）处分……之案应由兵部……自行查办”[②]。

（三）刑部会同吏兵二部

清代文武各官，皆有审讯之权，审讯者固属刑部职责，涉及承审官员的处分，刑部自应会同吏兵二部办理，康熙十一年闰七月谕刑部云：

> 设立刑法，原以戢奸禁暴，必事情重大，方可用刑严讯。近见内外问刑衙门，尝有滥用夹棍，致毙人命者，朕心殊为不忍。以后审问事情，尔等务加详慎，勿得轻听问官，不分轻重，动辄夹讯，希图草率结案。仍将审事官员，严加申饬，不时稽察，其有任情滥刑者，即行指实题参，务使重刑不得滥及无辜，以副朕矜恤民命至意。若有不应夹讯之人，擅用夹棍，及罪不至死，径行夹死者，应作何处分，尔部会吏兵二部，定议具奏。寻议，若内外问刑官，将案内应夹罪不至死之人，夹讯致死者，罚俸一年；将不应夹讯之人，擅行夹讯者，降一级留任；或被夹之人，实时身死者，

---

① 《世宗宪皇帝实录（一）》卷三二，雍正三年五月，第 495 页。

② ［清］文孚等：《钦定六部处分则例》，光绪十三年重修，光绪十八年上海图书集成印书局印，第 37 页。

降三级调用；或迭行夹讯致死者，革职；若有别项情由，按罪定拟；其司官有将不应夹讯之人回堂，堂官不行详慎，轻听夹讯者，罚俸六个月。从之。①

又有些案件复杂，涉及官员人数多，且身份特别者，则由刑部会同宗人府、吏部处理，兹举例说明之：

康熙五十一年九月庚子，先是，原任陕西宁州知州大计，参革姚弘烈妻孙氏叩阍，控告原任甘肃布政使觉罗伍实、庆阳府知府陈弘道等勒索银两一案。又有原任庆阳府知府陈弘道妻王氏叩阍，控告四川陕西总督殷泰等，徇庇知州姚弘烈，将氏夫严刑拷讯一案。命都察院左都御史赵申乔、户部侍郎噶敏图，赴陕一并察审。寻赵申乔等审毕覆奏，事下刑部，会同宗人府、吏部核拟。至是，刑部等衙门会议，左都御史赵申乔等，所审姚弘烈、陈弘道互讦两案，除知州姚弘烈，照律定罪，应于亏空钱粮案内，从重归结，知府陈弘道，虽有听许财物情弊，然无贪婪实迹，应照律革职杖流，准其折赎外，其原任刑部尚书齐世武，于甘肃巡抚任内，受布政使觉罗伍实，火耗银三千六百余两；原任甘肃巡抚鄂奇，于署布政使任内，得火耗银三千三百余两；丁忧布政使阿米达，于任内得火耗银六千七百余两；原任布政使觉罗伍实，于任内得火耗银六千七百余两俱实。查齐世武，已于包揽湖滩河朔事例受贿案内拟绞，应无庸议；鄂奇、阿米达、觉罗伍实俱系旗人，应照律革职枷责，准其折赎；至现任总督殷泰，系封疆大臣，不能除弊，反出示令州县征收钱粮，每两加一火耗，殊属溺职，现任甘肃巡抚乐拜，与觉罗伍实同城居住，失于觉察，均应照律革职。得旨：殷泰、乐拜，居官之优，陕西通省无

① 《圣祖仁皇帝实录（一）》卷三九，康熙十一年闰七月，第526页。

不尽知，俱从宽免革职……[①]

（四）大学士会审

（内阁）大学士，掌议天下之政，宣布丝纶，厘治宪典，总均衡之任，以赞上理庶务。凡大典礼，“则率百僚以将事”[②]。清代大学士常奉旨参与审判重大案件，其特殊地位自可行使处分职责。兹举例说明之：

乾隆三年七月，“大学士等遵旨会审工部尚书赵宏恩，收受许登瀛馈送银两，应革职治罪。得旨：赵宏恩身为正卿，受恩深重，乃以纳贿败露，殊为大臣之玷，情罪可恶，照议革职，着自备资斧，前往台站效力。凡属臣工，当各自儆省，以赵宏恩为戒”[③]。

（五）军机大臣会同吏部

军机大臣，综军国之要，以赞上治机（军机处）务。议大政，谳大狱，得旨则与。奉旨叫议事件，其交军机大臣会同该衙门议奏者，或由本处主稿，或由所会衙门主稿，临时酌定。[④]兹举例说明之：

乾隆十三年十二月，“军机大臣等会同吏部议，大学士管南河总督高斌，于查周学健家产时，徇私瞻顾，应降三级调用，前经革职，应革任。得旨：高斌人好沽名，实无赞襄之益，身成废

---

① 《圣祖仁皇帝实录（三）》卷二五一，康熙五十一年九月，第 484—485 页。

② 《钦定大清会典》卷二，转引自张友渔、高潮主编《中华律令集成·清卷》，吉林人民出版社 1991 年版，第 201 页。

③ 《高宗纯皇帝实录（二）》卷七二，乾隆三年七月上，第 159 页。

④ 《钦定大清会典》卷三，转引自张友渔、高潮主编《中华律令集成·清卷》，吉林人民出版社 1991 年版，第 203 页。

疾，久缺进退之仪，着革去大学士，念其夙习河工，从宽留河道总督任”[①]。

又军机大臣奉旨叫审事件，如会同刑部者，或刑部堂官前来会讯，或就刑部会讯，临时酌定。[②] 兹如乾隆三十四年五月谕云：

> 军机大臣会同刑部审讯明福等，豫提关税，弥补亏缺，请将明福革职，依例拟斩监候一案。关税年征年解，自属一定之例。明福任意那后补前，其罪固由自取。但核其弊混情节，总由一味胡涂，且那补仍归官项，与蠹公肥橐者有间。明福着革职，从宽免其治罪，并将前后提补之数，免其通行合算，只将三十二年分，那补税银二万四千余两，令该旗于明福名下追赔。至常在接管关务，仅五十余日，因仍前辙，其罪较轻，已降旨将伊降补，用示惩儆，所有那补税银，亦着免其通算，其实在应赔银五千余两，仍着照例追出入官，以昭平允。[③]

（六）王大臣会审

清代尚有王大臣会审中涉及处分者，由于王大臣在清代职责变化甚大，其权力多被军机处、内阁等衙门分解，故暂不深究，仅举一例说明之：

乾隆七年十二月癸卯，“谕曰：王大臣等，审讯仲永檀、鄂

---

① 《高宗纯皇帝实录（五）》卷三三一，乾隆十三年十二月下，第 508 页。

② 《钦定大清会典》卷三，转引自张友渔、高潮主编《中华律令集成·清卷》，吉林人民出版社 1991 年版，第 203 页。

③ 《高宗纯皇帝实录（十一）》卷八三四，乾隆三十四年五月上，第 129—130 页。

容安一案。今日奏请刑讯仲永檀、鄂容安，并将大学士鄂尔泰革职拿问，此奏又属错误。此奏前经王大臣会审时，仲永檀、鄂容安，已将平日往来亲密，并将具奏事件前后商量情节，一一供出。夫以仲永檀如此不端之人，而鄂尔泰于朕前屡奏其端正直率，则其党庇之处，已属显然，久在朕洞悉之中。若欲将伊革职拿问，则已于前日降旨，何待尔等今日之奏请”[①]。

第三节　议　处

前面已述及，处分开始之方式有三，或特旨，或参奏，或陈请，然不论何种方式，都须奉旨交相关部院妥议，此谓之议处。议处犹如审判，关系甚大。本节就议处之等级、原则、适用、查例、决定等情况分别述之。

一、等级

议处者，有严议、议处、察议三等之分别，盖视其情节之轻重而定，严议最重，议处次之，察议最轻。[②]

（一）严议

严议者，加等议处，[③] 亦称严加议处也。“加议之时，罚俸

① 《高宗纯皇帝实录（三）》卷一八一，乾隆七年十二月下，第 335 页。

② 李鹏年、刘子扬、陈锵仪编著《清代六部成语词典》，天津人民出版社 1990 年版，第 30 页。

③ 《钦定王公处分则例》卷一《公式》，转引自张友渔、高潮主编《中华律令集成·清卷》，吉林人民出版社 1991 年版，第 340 页。

（自一月递加至二年，止降一级留任，凡八等）、降留（自降一级留任递加至降三级留任，止于革职留任，凡四等）、降调（自降一级调用，至降五级调用止），皆加重于其等，不许相越，即不得降留加至降调，降调加至革职。”[①]

又督抚参劾属员，不得轻用严加议处字样，违者照误揭属员例（载于处分则例之举劾门）议处[②]，因清代例有特旨严议也。

文献中，奉旨议处案件极多，兹将含特旨字样者，择其一二说明之：

乾隆三十九年九月，“谕：据文绶参奏，署蓬溪县知县刘德钦，承办卓克采军米，任意宕延，屡催不应，以致承运之米，尚未全行运到，又署营山县知县梁启明，承办大板昭米石，叠经严催，亦多未到，请将刘德钦、梁启明革职枷号粮台示众，并自请同钱鋆，一并交部治罪等语。粮员承办军米，理应随派随运，况大兵正当乘胜深入之时，尤宜源源接济，以利军行。乃刘德钦等，怠玩从事……自当严加惩创，以儆其余。刘德钦、梁启明，俱着革职，钱鋆、文绶，俱着交部严加议处”[③]。

乾隆五十五年五月甲辰，“谕：前因李世杰于四川总督任内，将年力已衰、不胜道员之明安送部引见，交部严加议处。嗣经吏部议以降二级调用，复经降旨，俟伊到京之日再降谕旨。现在李世杰已加恩授为兵部尚书，所有部议降级调用之案，着从宽改为罚俸一年免其降调”[④]。

道光二十六年十二月，“谕内阁：前日朕御门时，吏部堂官

---

① 织田万：《清国行政法》，中国政法大学出版社 2003 年版，第 427 页。

② ［清］文孚等：《钦定六部处分则例》，光绪十三年重修，光绪十八年上海图书集成印书局印，第 30 页。

③ 《高宗纯皇帝实录（十二）》卷九六七，乾隆三十九年九月下，第 1154 页。

④ 《高宗纯皇帝实录（十八）》卷一三五五，乾隆五十五年五月下，第 152 页。

全未到班，各部院堂官亦多未到，当经降旨分别严加议处。兹据吏部都察院分别议奏，事关典礼，该尚书等相率迟误，非寻常疏忽可比。……陈官俊（等）……均着罚俸二年，朱凤标，着罚俸一年，俱不准其抵销”[①]。

（二）议处

议处者，照例议处。[②] 本文别处所引案例多为议处，相关情况，自有辨明，兹不再赘述。

（三）察议

察议者，减等议处。[③] 官员因参劾、陈请议处之时，得旨更拟察议，则有减议，相关规定，本章第一节中已有详述，兹举例说明之：

乾隆五十三年六月丙午，“谕曰：书麟奏，兴武卫快丁彭鹤年，因伊兄彭大年，不谙运务，又系家贫，每年贴费银两俱鹤年代为交完。另签李国文顶运，旋因李国文疲乏。上元县知县张五典，移传彭鹤年出运。彭鹤年因捐纳布政司经历，分发浙江，现已请咨赴补抗不投到。该县添差将彭鹤年拿获解案，盛怒呵斥。因彭鹤年剖辩，即行杖责，以致彭鹤年具控，请将张五典革职、彭鹤年交部议处等语，所办殊属过当。彭鹤年虽捐纳经历，究年系卫丁避运捐官之人，若该县因签丁出运有藉端勒索情事，则不止于革职，尚应按律治罪。如无别项情弊，止因该员藉词赴任，

① 《宣宗成皇帝实录（七）》卷四三七，道光二十六年十二月，第472页。

② 《钦定王公处分则例》卷一《公式》，转引自张友渔、高潮主编《中华律令集成·清卷》，吉林人民出版社1991年版，第340页。

③ 《钦定王公处分则例》卷一《公式》，转引自张友渔、高潮主编《中华律令集成·清卷》，吉林人民出版社1991年版，第340页。

抗延不到，遂加责处，尚属因公起见。即曰该员任性，办理过当，其咎亦不过应交部察议，若即予以革职，则将来各运丁等，闻风长智，辗转效尤，易启借端抗延之弊，亦不可不防其渐。张五典，着毋庸革职，但交部察议，予以罚俸足矣，其差传不到之彭鹤年，当交部议处”①。

嘉庆六年七月己亥，“谕内阁：前因蓟州一带滋生蝗蝻，未据熊枚奏及，自系地方官未经禀报，当即令熊枚查明奏。兹据奏称，该州城东十五里之三家店起，至桃花寺一带，有初生蝗蝻闲段聚落。知州赵宜霖，会同署都司刘天相等，分段圈捕，现已日就减灭，并据该州禀称，原期克日捕尽，再行通禀等语。地方一有蝗虫发生，即应一面申报各上司，一面亲往扑捕，勿使蔓延害稼，方为留心民瘼。若业已捕尽，又何事通禀为耶。赵宜霖玩误迟延之咎，实无可辞，着革职。该管通永道阿永，署东路同知方其畇，于所属匿蝗不报，未能查出，着交部分别议处。藩司同兴，失于查察，并着交部察议，熊枚甫经署任，且驻札工次，其失察尚属可原，所有自请交部察议之处，着加恩宽免”②。

道光二十年十二月，“谕：吴其浚等奏，审明已革知县禀讦总督各情，分别定拟一折。此案湖广总督周天爵，前已降旨革职遣戍，着毋庸再议。湖北巡抚伍长华，于饬交严审之案，未将应提人证，到案质讯，仅据周天爵咨覆结案，殊属阿附不职。伍长华着与随同审讯之布政使孙善宝、按察使林绂，均交部严加议处。武昌府知府明峻，于周天爵谕令查讯李毓华行贿一节，现虽据实禀明，惟于该抚饬查时，未经明晰声叙，亦属不合，着交部察议。寻议上，得旨：伍长华，着照部议革职；孙善宝、林绂，

① 《高宗纯皇帝实录（十七）》卷一三〇六，乾隆五十三年六月上，第589—590页。

② 《仁宗睿皇帝实录（二）》卷八五，嘉庆六年七月，第122页。

着照部议降四级调用；明峻，着降一级留任，不准抵销”①。

文献中常见“严察议奏”等语，常与“察议”混淆，例如：

乾隆十五年十月，“江苏巡抚雅尔哈善疏参，经征未完州县许惟枚等，请旨革职。得旨：据黄廷桂奏，雅尔哈善于会经征一案，居心巧诈，已降旨将雅尔哈善交部严察议奏，所许惟枚等十一员，不必解任，所欠分数，仍照定例办理”②。

此实为“严察议处具奏”，非“察议”之意，例如：

康熙三十四年五月，“上谕大学士等曰：朕一闻平阳地震，深切轸念，即遣官驰驿察勘被灾情形，随颁谕旨，令该部速议恩恤，又特遣大臣前往赈济，停征钱粮。噶尔图身为地方大吏，与百姓宜同休戚，乃目击灾伤，不候赈济大臣，会同详加筹划，亲行赈济，竟遽尔回省，殊属溺职，着严察议处具奏。寻吏部议，噶尔图，应革职交刑部。得旨：噶尔图着革职，免交刑部”③。

二、原则

（一）公罪私罪

官员犯罪分公罪私罪，本是清代刑法的基本原则，然而，正如本书绪言中所辨明的结论，清代犯罪不同于今日，有过即为犯罪，只是分轻罪重罪而已。因此，从这个意义上讲，处分分公罪私罪也在情理之中。

如何区别公罪私罪呢？《钦定大清会典》中说：“凡官罪有二，曰公罪，谓因公事获罪，及虽私事获罪，而出于无心者，如

① 《宣宗成皇帝实录（六）》卷三四三，道光二十年十二月下，第220页。

② 《高宗纯皇帝实录（五）》卷三七五，乾隆十五年十月下，第1139页。

③ 《圣祖仁皇帝实录（二）》卷一六七，康熙三十四年五月，第812—813页。

失察家人之类，有处分励官职；曰私罪，谓因私事获罪，及遂公事获罪，而出于有心者，如徇庇属员之类，有处分以儆官邪。”①“又《大清律》（卷四）注云：凡一应不系私己，而因公事得罪者，同公罪。凡不因公事，己所自犯，皆为私罪。又云：公罪谓得罪由于公错，在事有罪，于己无私，无心过误，失于觉察者皆是。私罪谓得罪出于私意，有心故犯，非因公错事，即因公实有私者，皆是。由是观之，公罪私罪之区别，未必以职务内外设之，要如基于过误于故意之差异也。更详说之，公罪以给予职务上过失为主。又虽非职务上行为，苟其出过失，则均为公罪也。私罪不问职务内外，总因故意营私获罪者。”②

嘉庆二十五年十月，上谕要求在制定处分则例时，必须在相关条文下注明公罪私罪。③ 然而，公罪私罪有时很难区分，在实践中更是如此，但是为法律上操作方便，又必须明确公罪私罪，因此，嘉庆二十五年十一月又谕云：

吏部奏请开馆纂修则例，折内声明官员缘事处分，有因公因私之别，因公者不必尽属公罪，因私者不必尽属私罪，请于例内各条下添注，凡注明公罪而案情系属营私者，仍照私罪定议。所奏殊未明晰，部颁律令，原示人以信守，公罪私罪，判然攸分，断不容稍有牵混。即如失察疏防，事属因公，徇饰讳匿，迹涉营私，自应各科各罪，岂得以注明公罪之条，仍照私罪定议，复予书吏以高下其手之柄。着吏部堂官督率该司员等，将应修则例，悉心确核，删其烦苛。其所

① 《钦定大清会典》卷一一，第115页。

② 织田万：《清国行政法》，中国政法大学出版社2003年版，第425页。

③ ［清］文孚等：《钦定六部处分则例》，光绪十三年重修，光绪十八年上海图书集成印书局印，第23页。

注公罪私罪，务令判若列眉，俾援引时确有遵守，不得互相淆混，仍启弊端。[①]

区分公罪私罪后，吏部在引用则例条文时，即可很明显地辨明公罪还是私罪。当引用律文时怎么办呢？《钦定大清会典》规定：“凡引律以当罪者，笞五等，杖五等，论如律，皆别其公罪私罪，而以处分准之。公罪处分十，私罪处分十。”[②] 具体内容前面已述，兹不赘述。

因公罪私罪之区别，议定处分自有轻重。即“因公者，事虽重大，其情实轻。因私者，事虽细微，其情实重”[③]。故“凡公罪皆减私罪一等，私罪至满杖则革职”[④]。清人为官，担心处分，若有处分，在意公私，有人总结到：“公过不可避，私罪不可有。”[⑤] 诚如所论。

（二）轻重允协

国家用人之道，贵在赏罚严明，而赏罚之平，尤在权衡功过。[⑥] 处分官员，亦有重者，亦有轻者，不可不论轻重，一概从重或从轻。若有触犯处分规定事情被发觉，应照事之轻重酌议。[⑦] 无论事情巨细，皆应度理原情，务令被议之员，衷心帖服，不使

① 《宣宗成皇帝实录（一）》卷九，嘉庆二十五年十一月下，第188页。

② 《钦定大清会典》卷一一，第115页。

③ 乾隆三十三年十一月初一日处分例，转引自织田万《清国行政法》，中国政法大学出版社2003年版，第426页。

④ 《钦定大清会典》卷一一，第115页。

⑤ ［清］王辉祖：《学治臆说》，载《续修四库全书》第755册，上海古籍出版社1995—2002年版，第334页。

⑥ 《宣宗成皇帝实录（二）》卷八三，道光五年六月上，第335页。

⑦ 《圣祖仁皇帝实录（一）》卷二〇，康熙五年九月，第280页。

稍有屈抑，即使已付吏议，而事后一经核实，亦立予豁除，期协平允。[①] 清代自皇帝至大臣，办理处分案件，很重视分别情事，务使轻重允协，例如乾隆四十二年八月谕云：

> 戊申，吏部议奏，计参才力不及之广东定安县知县马用观，系由教职保送，其申详之司道府州县等官，例应降级调用，俱经缘事，均无庸议；其原保不慎之前任陕甘学政光禄寺卿吴绶诏，照例降调。得旨：此案吏部议将原保举之督抚学政降二级调用，其申详之司道府州县等官，降三级调用，所办未得情理之平。保举教职，虽由司道府县等转详，然其人之堪膺举荐与否，则由督抚学政，核定主稿，使司道等所详未当，督抚等原可驳正，既已列之荐剡，其处分自应较重，而原详者酌予从轻，方为允协。今乃重议司道等官，而轻议督抚学政，本末不倒置乎。……嗣后保送教职人员，除事犯贪酷不法等款，仍照旧例分别议处，如仅以才力不及题参，或仍奏请改教者，将主稿保荐之督抚学政，改为降二级留任，申详司道府等官，改为降一级留任。此案原保之前任陕甘学政，现在光禄寺卿吴绶诏，照现定例降二级留任。[②]

三、适用

（一）单处

单处就是在罚俸、降级与革职三个处分的种类选择一个实

---

① 《高宗纯皇帝实录（十）》卷八二三，乾隆三十三年十一月下，第1176页。

② 《高宗纯皇帝实录（十三）》卷一〇三八，乾隆四十二年八月上，第915—916页。

施，前面部分已举有大量案例，足资说明，兹不赘述。

（二）并处

并处就是在罚俸、降级与革职三个处分的种类选择两个共同实施。另外，处分与刑罚能否共同实施，在本章第二节中已有详述。这里就降级并罚俸、革职留任并罚俸、革职留任并降顶带等情况举例说明如下：

1. 降级并罚俸

顺治十三年闰五月乙卯，“谕吏部：朕简拔词臣，教习满书，乃豫为储养，以备将来大用，属望之意甚殷。伊等学习满书，久者或十余年，或七八年，少亦三四年，若果专心肄习，自能精通。今朕亲加考试，王熙、张士甄、诸豫、王清、余恂、沙澄，学问皆优，足征勤励，不负朕作养。至白乃贞、范廷元、李仪古、许缵，曾向之所学，今反遗忘，着住俸，于翰林院再行教习三年，倘能省改勤勉，仍准留用，如怠惰不学，从重议处。郭棻、李昌垣，学习已久，全不通晓，旷业宜惩，着降三级，调外用，仍于补官之日，罚俸一年。尔部即遵谕行”①。

又道光四年十二月戊寅，“谕内阁：前据御史万方雍奏，刑部审拟文元殴死胞侄伊克唐阿一案，引律失当，特派托津等查核。兹据奏称，伊克唐阿致死之由，既经刑部讯明，系伊伯文元殴伤所致，伊弟奇里绷阿，实止听从帮殴有伤，应将奇里绷阿，照殴伤期服尊长本律拟徒。刑部照殴死胞兄律，拟以斩决，仍照听从下手之例，夹签声请，并将听从殴伤小功尊长之钮勒浑苏，亦照殴死例，问拟满流，均属错误。着刑部即将奇里绷阿，照殴伤期服尊长本律，改为杖一百、徒三年，系旗人，照例折枷鞭责

① 《世祖章皇帝实录》卷一〇一，顺治十三年闰五月，第782—783页。

发落；钮勒浑苏，亦着照殴伤小功尊长本律，改为杖七十、徒一年半，业已鞭责折枷，即予释放。所有办理错误之刑部堂司各官，着交吏部查取职名，照例分别议处。寻议上，得旨：刑部司员萨勒杭阿、叶文馥降三级调用，再降一级留任。尚书那清安、陈若霖，侍郎凯音布、戴敦元、史致俨，署侍郎常文，部议降一级调用，姑念一时简用乏人，加恩改为降三级留任，仍罚俸六个月”①。

2. 革职留任并罚俸

光绪十年七月，“慈禧端佑康颐昭豫庄诚皇太后懿旨：前据延煦奏，万寿圣节行礼，左宗棠并不随班叩拜，当将左宗棠交部议处。兹据醇亲王奕譞奏称，延煦纠参左宗棠，并不就事论事，饰词倾轧，借端訾毁，甚至斥为蔑礼不臣，肆口妄陈，任情颠倒，恐此风一开，流弊滋大等语。延煦着交部议处。寻吏部议，应得降三级调用处分。得旨：着加恩改为革职留任，仍罚俸一年”②。

3. 革职留任并降顶带

同治四年七月，“谕内阁：杨能格奏，雷正绾调魏添应一军，相率进剿，该臬司无从阻止，致有挫衄，实缘任重权轻，不足以资节制，且于各省咨催饷项，亦属呼应不灵，请另简大员前来办理等语。所奏殊不成话，杨能格以废员擢用臬司，命在庆阳办理粮台，兼办防务，并准专折奏事。昨复降旨，将其补授甘肃臬司，不得谓之任重权轻，如果雷正绾调度无方，该臬司何妨于事前奏。乃因魏添应兵败，既恐朝廷降罪，复以庆阳粮台防务办理棘手，思欲藉此息肩。此等肺肝，难逃洞鉴，若不加以惩处，保

① 《宣宗成皇帝实录（二）》卷七七，道光四年十二月下，第239—240页。

② 《德宗景皇帝实录（三）》卷一〇八九，光绪十年七月上，第648—649页。

以杜规避而儆效尤，杨能格着交部严加议处。寻议，杨能格应照规避私罪例革职。得旨：着加恩降为四品顶带，革职留任，仍办理庆阳粮台事务”[1]。

又光绪十四年七月，“谕内阁：本日据李鸿藻等奏，伏秋汛至，请停缓大工，俟秋汛稍平接办一折。览奏，殊深愤懑，自上年八月郑工漫口，迭谕该河督等迅筹堵筑，先后发给工需银九百万两，明旨电谕，三令五申。朝廷轸念民生，筹措不遗余力，乃该河督等，迁延观望，节经严旨催办，至岁杪始行开工，幸自春徂夏，水势极平，为向来所未有。前据奏报仅余六占未进，不日可望合龙，满冀早蒇全功，俾数百万灾黎，同登衽席。讵自上月二十一日西坝捆厢船失事，阻碍不能进占，又不先期放河引溜，以致口门淘刷日深，秋汛已临，不克堵合。该尚书等办理不善，咎无可逭，但据奏种种棘手情形，若仍令勉强趱办，终归无济，着准其暂行停缓，一面固守已成之工，一面添集料物，俟秋汛稍平，迅速接办。李鹤年身任河督，责无旁贷，陛辞之日，自诩克日就功，讵到任奏报，词气全涉推诿。嗣后并不竭力催办，一味敷衍取巧，以致功隳垂成，误工糜帑，与成孚厥罪维均，纵令留工，难期后效。李鹤年着开去衔翎，与成孚均发往军台效力赎罪。李鸿藻系督办之员，倪文蔚系兼辖会办之员，督率无方，主见不定，亦难辞咎，李鸿藻、倪文蔚均着革职留任，降为三品顶带”[2]。

（三）加倍

加倍议处，是就官员应得处分基础上加倍计算，具体适用

① 《穆宗毅皇帝实录（四）》卷一四八，同治四年七月中，第465—466页。

② 《德宗景皇帝实录（四）》卷二五七，光绪十四年七月，第453页。

如下[①]：

应罚俸三月者，罚俸六月。

应罚俸六月者，住俸。

应住俸者，降二级。

应降二级者，降四级。

应降三级者，革职。

应革职戴罪者，实降二级调用。

议处官员遽行加倍，本非常例，盖当各省员缺需人时，皇帝于部选之外，特旨命往甚多。其中贤愚不等，或有倚恃特用，而生纵佚恣肆之心者，不在少数。为此，皇帝常加倍议处，盖欲其知所儆惕，以图上进也。然必其所犯之罪，果系贪婪不法，不可宽宥，方行加倍惩治。非谓因公诖误，一切降罚案件，皆以其为特用之员，而概行加倍也。诚如雍正八年四月谕云：

> 国家立法，原一定而不可易，其有应行……加倍者，亦必待朕酌其情罪，特颁谕旨，非臣工所可擅定者也。嗣后凡有议处议罪之条俱照本律定拟，其有负恩犯法情罪重大……必须折衷平允，不得擅用加倍字样，开蒙混苛刻之端，负朕立法牖民、警省防闲之至意。[②]

可见实践中，加倍议处是受到严格限制的。

清初，加倍议处多适用于宗室王公，然而结果又多得抵销，与同事大臣待遇殊失平允，后停止宗室王公之加倍罚俸。例如乾隆五十六年五月戊寅谕云：

---

① 《钦定大清会典事例》卷一〇八，载《续修四库全书》第799册，第711页。

② 《世宗宪皇帝实录（二）》卷九三，雍正八年四月，第252页。

> 向来定例，兼将军都统之宗室王公等，遇有案件，应与同事大臣降调者，每降一级，俱加倍罚该管职任俸四年抵销。第念因一案，将同事大臣等，全行实降，王公等，仅于兼管职任内，罚俸抵销，并不降级，仍行留任，未免于宗室王公等，稍有袒护，殊失平允。本日因偷盗内库银两一事，业经降旨，将崇尚、斌宁，所兼职任，俱行实降，着交宗人府，及该部。嗣后凡兼职之宗室王公等，遇有案件，应与同事大臣，降级调用者，均着照此次之例。将宗室王公等所兼职任，实行议降，其加倍罚俸，着即停止。况所降者仅兼任之级，于伊等承袭原爵，殊无干涉也。①

除此外，加倍适用最多之处在于官员革职后有应赔之项，例如咸丰三年三月谕云：

> 文瑞奏，丰工复蛰，请勒限赔修一折。南河每岁工需数百万两。杨以增身任河督，数载于兹，宜如何撙节慎防，以期帑不虚縻，工归实用。乃丰北决口，本年二月方报蒇工，未经伏汛，新工即有蛰动，总由该河督不能实力稽查，承办各员办理草率所致。前已降旨将杨以增革职，仍留督办河工。所有此次丰北应修工程，杨以增及承办工段各员，着于例赔之外，加倍罚赔，以儆玩泄。②

由是，议处官员妄拟加倍者，非为平允之道，在适用中应是

① 《高宗纯皇帝实录（十八）》卷一三七八，乾隆五十六年五月上，第498页。
② 《文宗显皇帝实录（二）》卷九七，咸丰三年三月上，第400页。

慎之又慎，雍正所言极是。

（四）从重

从重问题，不同于减议加议，并没有严格的等内及越等适用问题，总体上是个原则性规定。例如雍正八年谕云：

> 其有应行从重者，亦必待朕酌其情罪，特颁谕旨。……嗣后凡有（议罪）议处之条，皆应照本律定议，其有负恩犯法，情罪重大，应从重定拟，必须执中于法之至平至允。[①]

实践中，官员议处案件，有实系一事，而其中有两罪名相因而致者，从其重者议处。例如，承审事件错拟罪名，一案内有失出而复有失入者，则从失入例议处，不必再科失出之罪。[②] 另外，加倍、严议及革职后附加义务等，都应该算作从重议处，诚如嘉庆四年谕云：

> 向来刑部引律断狱，于本律之外，多有不足蔽辜，无以示惩，及从重定拟等字样，所办实未允协。罪名大小，律有明条，自应勘核案情，援引确当，务使法足蔽辜，不致畸轻畸重，方为用法之平。既按本律，又称不足蔽辜，从重定拟，并有加至数等者，是仍不按律办理，又安用律例为耶。即案情内有情节较重者，朕自可随案酌定。总之不足蔽辜之语，非执法之官所宜出，嗣后问刑衙门，俱应恪遵宪典，专引本律，不得于律外又称不足蔽辜，及从重字样。即虽字但

① 《世宗宪皇帝实录（二）》卷九三，雍正八年四月，第252页。
② ［清］文孚等：《钦定六部处分则例》，光绪十三年重修，光绪十八年上海图书集成印书局印，第31页。

> 字，抑扬文法，亦不准用。上谳后，经朕阅看案情，或有酌加增减者，亦不治以失出失入之咎，用副朕矜慎庶狱至意。①

这条上谕的内容虽是针对刑罚适用而言，但因清代处分的也是犯罪，所以许多适用原则具有相同之处。而且，前文中也举了很多案例说明，很多官员被革职后还要负担相应义务。

总体上，对于从重问题，可以从两个角度来看，一是立法角度，一是具体实施。

从立法角度而言，对于许多事项，已有明文规定，但是根据实际情况，惩罚过轻，相关部衙请求从重议处，例如乾隆三十九年九月谕云：

> ……请嗣后钦差案件，究出讼师，讯明潜居何地，即将该地方官，照寻常失察讼师例，分别从重议处，均应如所请办理。但查吏部处分则例，内开讼师遇有诬告等事，将失察之地方官，罚俸一年。明知讼师诱惑愚民，教唆诬告，降一级调用。此指寻常失察而言，至钦差驰审，案情重大，其失察之地方官，照寻常例议处，未为允协。请嗣后各省寻常诬告案内，失察讼师之地方官，仍照向例查议外，至奏审重案，当经审出诬告实情者，即令钦差大员，根究讼师，将地方官声明查参。如止于失察，地方官照不实力稽查例，降一级留任；明知唆讼诬告，不行查拿，即照不能缉奸例，降二级调用。从之。②

① 《仁宗睿皇帝实录（一）》卷三八，嘉庆四年正月，第430—431页。

② 《高宗纯皇帝实录（十二）》卷九六七，乾隆三十九年九月下，第1174页。

雍正八年三月庚寅，“谕吏部：查例载官员失察衙役犯赃，十两以上者革职。朕思胥役众多，一官之耳目，难于周遍，傥知而故纵，自当从重处分。若但失于觉察，即将本官罢黜，则贤员因此诖误者不少矣。情有可原，而处分太重，转易滋隐匿之弊，此应加通变者，该部其悉心详酌，另行定例具奏。寻议：嗣后直省衙役犯赃，本管官除知情故纵照例革职外，其止于失察者，请照在京部院司官之例，十两以上，将该管官降一级留任，不及十两者，罚俸一年。令该督抚于疏内，详悉声明，交部分别议处。从之”①。

就具体实施而言，从重的适用，常因皇上觉得该名官员所犯情罪重大，所以降旨交部从重议处，例如：

顺治十五年五月，“四川道监察御史李森先奏言，皇上孜孜图治，求言之诏屡下，而两月以来，大小臣工犹然迟回观望，不肯进言者，皆以从前言事诸臣一经惩创则流徙永锢，遂相率以言为戒耳。臣以为欲开言路，宜先宽言臣之罚，如言事流徙诸臣，李呈祥、季开生、李裀、魏管、郝浴、张鸣骏等，皆与恩诏因公诖误之例相符，倘蒙俯赐轸恤，使天下昭然知皇上宽宥直臣，虽在远而不遗，则凡有言责者，罔不洗心竭虑以陈言矣。得旨：李呈祥等犯罪，原非诖误，李森先，新经宽宥，又系言官，不思实心报恩，进言有益之事，辄敢援引诏款，代求赦免，明系市恩徇情，着吏部从重议处具奏”②。

但是，在这种情况下，这些官员总是在揣度皇帝的心意，部议往往过重，待皇上敕改，使恩出自上，例如雍正三年三月

① 《世宗宪皇帝实录（二）》卷九二，雍正八年三月，第236页。

② 《世祖章皇帝实录》卷一一七，顺治十五年五月，第909页。

谕云：

> 召入内阁部院诸大臣谕曰：大臣之道，贵于殚精竭忠，事事尽心，务求至当。尔吏部、兵部，近又有评罪太重之弊，尔等以为议轻，则上必从重，不若议重，则恩自上出，必从宽典。此等私心揣度，皆系从来积习，朕所洞悉，何得仍其故智乎。如朱纲铅法一事，议以革职，因朱纲平日奏折，朕命隆科多代奏，故从重议，以见避嫌之意。卢询独奏一事，议以革去都统，因其同为兵部堂官，故从重议，以见不瞻徇之意。吉当阿，于举行计典时，上三旗，无一卓异之员，岂有下五旗，皆有可荐之人，而上三旗，独无一人可信乎。据称伊等或系出差，或派往打围，故未行荐举。夫既有可荐之人，独不可展限补荐乎。朕将吉当阿交部议处，而该部又谓此必朕欲重处者，遂议革职，以迎合朕旨。夫朕欲褫吉当阿之职，何难竟行斥革，而必借此一事以从部议乎。此等但知行私自便，全无公忠为国之心，所当痛加悛改者也。①

可见，办事之道，唯在秉公处理，中正无偏。有意严苛，滥行从重，终是偏离制度本意，助长不良积习。

四、查例

《钦定大清会典》规定："凡官交部者，皆按条以定议，例无正条则引律，律无正条则比议，无可比则酌议。"②

---

① 《世宗宪皇帝实录（一）》卷三〇，雍正三年三月，第455—456页。

② 《钦定大清会典》卷一一，第115页。

可见，吏部在议定处分时，需引用相关法律条文，如果没有，还需比照相关成案，或斟酌议定。据此，吏部在查例时，可能有四步：一是按条，一是引律，一是比议，一是酌议。兹分述如下：

（一）按条

本书第一章事由中讲到，处分定例编目分属、目、条三级，这里所讲按条定议，即指吏部处分则例中的正条。

议处处分自应首引正条[①]，“如有正条，故将别条割裂增删，援引比照，以致应议之员或免议，或减议，系有意营私者，治罪，系失察书吏舞弊者，议处；如加重，以致被议之员革职降调离任者，事觉，除将处分更正外，承办之员有意者，即照所议降革议处，系失察书吏舞弊者，仍照本例议处，如未经发觉之先，自行查处者，准其更正免议”[②]。

具体而言，常见“照……例”，请给予罚俸、降级或革职等处分，例如：

乾隆三年十一月，“刑部议准，甘肃按察使包括疏请，邻封关提人犯，限文到二十日拿解，无故违限，照事件迟延例，逾限不及一月者，罚俸三个月；一年以上者，罚俸一年；听信地保差役，空文回复者，照匿犯不报例，降三级调用。从之”[③]。

（二）引律

律主要是刑罚方面的规定，但也有处分的内容，前面已有交

① 其例无正条者，方准引律。（《钦定吏部处分则例》卷一，第 24 页。）

② 《钦定大清会典》卷一一，第 115 页。

③ 《高宗纯皇帝实录（二）》卷八一，乾隆三年十一月下，第 268 页。

代。所以，“例无正条，按大清律文定议”① 自有其道理。

“凡引律以当罪者，笞五等，杖五等，论如律，皆别其公罪私罪，而以处分准之。”“公罪皆减私罪一等，私罪至满杖，则革职。”② 所以引律定罪当得笞杖轻罪时，可以处分代替，具体情况前文已论，兹不赘述。

同时应该注意的是，除前面所述引例正条时，不得割裂删减，引律时，自应有同样要求。法律规定，引律时，“必以律例全条载入，如全条不便引用，即将律例内一段，或数语，载入，不得徒取字面，以滋高下之弊”③。

（三）比议

议处官员，例无正条，必须旁引比照者，则比议，比议可引例，也可引律。

乾隆五年议准，“吏部议覆，御史书山奏称，议处官员有例无正文，而旁引比照者，请令全叙例文，毋许增删滋弊等语。查比照既非正条，引用易于两可，应如该御史所请，或用一段，或引全条，均令装叙原文，不许少有增删。如有难于比照者，另议请旨。至纂修则例衙门，不能该括者，即仿照律文小注，指实注释，使引用者，不得通融假借。从之”④。

嗣后，光绪朝《钦定大清会典》规定：“律文无可引，取情事相近者，援引比照。”⑤

光绪朝《钦定六部处分则例》则规定：“若律文又无可引，

---

① 《钦定大清会典》卷一一，第115页。
② 《钦定大清会典》卷一一，第115页。
③ 《钦定大清会典》卷一一，第115页。
④ 《高宗纯皇帝实录（二）》卷一二八，乾隆五年正月，第875页。
⑤ 《钦定大清会典》卷一一，115页。

则将例内情事相近者，援引比照。”①

由此，比议可引则例或律文，但必须是与情事相近者，方可援引比照。例如光绪十五年正月谕云：

> 吏部奏，遵议开缺御史屠仁守处分，比照违制律议以革职留任，惟现已开缺，应于补官日办理。得旨：所称屠仁守开去御史之处，另行办理，系作何办理，议以补官日革职留任，系补何官，着该部明白回奏。②

（四）酌议

“倘律例俱无正条，又无可比照之案，该司员将案情详细察核，酌议处分，回明堂官，公同定议，于本内请旨着为定例，以备引用。”③ 例如：

康熙五年九月壬寅，“吏部议覆，礼科给事中刘如汉疏请禁止直隶各省督抚，纵放衙役家人在外，诈害官民，索取财物。发觉日，督抚并大小各官，均照失察例革职，应如所请。得旨：处分议罪，亦有重者，亦有轻者，岂可不论轻重，一概革职，此等事情发觉，着照事之轻重酌议”④。

又乾隆三十年二月，“吏部议覆，江西按察使廖瑛奏称，各省府、州、县官，遇一切承审获咎，及失察瞻徇，因公诖误等

① ［清］文孚等：《钦定六部处分则例》卷一，光绪十三年重修，光绪十八年上海集成印书局印，第 24 页。

② 《德宗景皇帝实录（四）》卷二六五，光绪十五年正月下，第 560 页。

③ ［清］文孚等：《钦定六部处分则例》卷一，光绪十三年重修，光绪十八年上海集成印书局印，第 24 页。

④ 《圣祖仁皇帝实录（一）》卷二〇，康熙五年九月，第 280 页。

案，向例咨参后，并不离任，恐启侵渔等弊。请嗣后先由各督抚查明例得处分，除罚俸、降级留任，并降级有级抵销（后文有详述）者，仍照旧例外，其降级、革职，应离任者，题咨时，即委员署印，清查仓库，听候部文到日，分别办理。查承审错误，情节不同，瞻徇失察，因公诖误，事有轻重，降、革尚须酌议，未便概令离任，应俟部议降革奉旨后，部咨到日，即委员接任。惟钱粮、盗案，限满应降革、无级抵销者，该督抚于查参日，先令离任，俟部议奉旨后开缺。从之”①。

五、决定

处分案件的最终决定权在皇帝，因此只有皇帝认可或做出决定，相关案件才能付诸实施。但是，在具体操作上，又可分为皇帝径决和部议圣裁两种形式，兹述如下：

（一）皇帝径决

皇帝径决，即当处分案件发生后，无须部议，由皇帝直接做出处分决定，然后交部执行即可。这种情况适用于当官员被参奏或陈请时，皇帝根据情况直接做出罚俸、降级或革职的决定，交部饬行。在实践中多使用“即行”“着即”等语，前文案件中已多有表现，兹举一例说明之：

道光二十七年三月，“谕：杨殿邦等奏，请将不遵文檄玩视漕粮之知县革职一折。江苏宝山县知县刘果，于该县额征漕粮，并不遵例采办，辄称该县并无漕仓，实属强辩饰非。刘果，着即

---

① 《高宗纯皇帝实录（十）》卷七二八，乾隆三十年二月上，第 21 页。

革职，以示惩儆”[①]。

（二）部议圣裁

部议圣裁，即当有参案、官员陈请议处或特旨交部核议时，一般先交吏部议处，然后由皇帝决断。对于吏部的处理意见，皇帝态度分为两种：一是同意；一是不同意，需要更改。当同意时，多用“照部议”“依议”“从之”等语，相关案例可参考前文，兹不赘述；当不同意时，有的交部再议，这样需要再走一遍相同的程序，有的直接更改，多从宽减轻处分等级。再议情况很多，此处从简略，兹举直接更改一例说明之：

道光二十七年三月乙巳，“谕内阁，前因祝庆蕃以本科回避士子人数较多，率请另行考试，冒昧渎陈，当交部严加议处。兹据该部议以降三级调用，因该员任内有革职留任之案，照例请革任等语。祝庆蕃着加恩改为降二级调用”[②]。

第四节　惩戒审判

前面讲到，清末西方法律文化不断输入中国，对传统的职官法律构成了一定冲击。1906 年，清廷开始官制改革，随之，处分制度也开始发生转型，一个表现是不断修订处分则例，还有一个就是，在行政与司法分立的基础上，将惩戒审判与行政审判、刑事审判相区别。

清末修订处分则例，制定新的处分法规，并没有突破旧例，

① 《宣宗成皇帝实录（七）》卷四四〇，道光二十七年三月，第 513 页。

② 《宣宗成皇帝实录（七）》卷四四〇，道光二十七年三月，第 516 页。

产生实质变化。但是，关于建立在宪政视野下的惩戒审判设想，却是对清代长期实行以吏部为主议定处分、皇帝最终决定处分的体制产生了一定影响。例如宣统三年三月丁卯宪政编查馆奏云：

> 查刑律为国之常宪，无论官民有犯，均有同等制裁。惟现行刑律所载官吏犯法各条，有纯粹属于刑事审判范围者，亦有应属于行政审判，或惩戒审判范围者。故同一触犯现行刑律，而断罪则事隶法曹，处分则向归吏议，讯办之情形既异，即制裁之方法各殊，是以臣馆奏进修正逐年筹备事宜清单，规定行政审判院法，应于本年颁布。至文官法官惩戒各章程，均为官规内重要之件，亦限于本年颁布施行。正所以示行政审判、惩戒审判，应与刑事审判划清界限之意。①

由此奏文可见，在大清朝统治的最后一年，在处分制度上，将惩戒审判与行政审判、刑事审判相提并论，也预示着长期以来行政与司法相结合体制开始分离。

但是，这只是一个设想，相关法令并未厘定颁行，而当时京师暨直省省城商埠各级审判厅，已先后依限成立。现行刑律自应由审判各官于施行刑事审判时，分别适用。对于官吏犯罪，情事不同，若并应属行政审判、惩戒审判者，而亦归通常审判衙门管辖，未免有权限不清之弊。因此在该奏文中提出了四条建议，为转型时的权宜之策②：

一是职官有犯，应按现行刑律分别科罪者，如犯事在已设审

---

① 《德宗景皇帝实录（九）（附）宣统政纪》卷五一，宣统三年三月下，第919页。

② 《德宗景皇帝实录（九）（附）宣统政纪》卷五一，宣统三年三月下，第919—921页。

判厅地方，由该管检察厅随时提起公诉，径由该管审判厅审理，及犯事在未设审判厅地方，暂归各省高等审判厅审理。

二是其余官吏违法，事属因公，按照律例；应予以革职、降调、罚俸及一应参罚各处分者，系行政官吏，由该管上司随时查觉之案，即由该管上司，各按律例办理；如有人呈控之案，并应由该管上司衙门查明，照例办理。

三是一应民刑诉讼案件，不论是否上诉，暨官吏犯罪，应按刑律定拟者，概不准各行政衙门违法受理。

四是其官吏违法之案，如系经该管上司查觉，或有人控告，而查覆案情，仍应按刑律定罪，不在寻常参罚处分之列者，自应送交该管检察厅起诉，以清权限；如系法官，即由该省提法司查明，报由法部复核，暂照现行处分则例，分别奏明请旨办理，一俟行政审判院法，文官法官惩戒各章程颁行后，届时一律钦遵办理。

由上可见，这几条按照行政、立法、司法三权分立所进行的设计，并未对处分制度构成根本影响。总之，就处分的法律渊源而言，仍然是例或律，虽然计划制定文官法官惩戒各章程，但是还未付诸实践，清已覆灭；就处分的实施而言，仍然是该管上司处理，并奏明请旨。但是，有两个变化值得注意：一是官员犯刑事案件，由检察厅提起公诉，由审判厅审理；而改革前，则是由吏部对其革职或解任后，移送刑部办理。二是法官应受处分时，由提法司查明，报法部复核；而改革前，清代行政与司法合一，审案法官应受处分时，也由吏部管辖。这些充分反映了在转型时期，处分制度改革是一种渐进式的变动，即在总体维持原体系状态下，表现出一定细微差别。

第四章　清代文官处分的救济

处分作为一种法律惩罚手段，必然会对文官的利益造成一定的损害，产生不利影响。而文官作为清代君主意志的执行者，理所当然应受到朝廷的保护，因此为了防止处分的过于滥用，清代在严格对文官进行处分的同时，也为受处分的文官设计了较为完备的救济制度。

第一节　自　讼

讼，此处应作“责备、埋怨”意思解，非通常意义上的“争辩”之意。①

如《论语·公冶长》：“子曰：‘已矣乎，吾未见能见其过而内自讼者也。’”

杨伯峻译文：“孔子说：‘算了吧，我没有看见过能够看到自己的错误便自我责备的哩。’”②

又《汉书·东方朔传》：“因自讼独不得大官，欲求试用。”此处“讼”亦作“责备、埋怨”解，乃合意。③

由此，自讼，很明显是“自我责备”之意，况且，“讼”字

① 陈复华主编《古代汉语词典》，商务印书馆 1998 年版，第 1487 页。

② 杨伯峻：《论语译注》，中华书局 1980 年版，第 53 页。

③ 陈复华主编《古代汉语词典》，商务印书馆 1998 年版，第 1487 页。

作他意（或争辩，或诉讼、打官司，或为人辨冤，或六十四卦之一，或公开，或容纳，等等）解时，“自讼”很少连用。

清代文官受参劾后，以自讼方式寻求救济者甚少见，就《清实录》中而言，独有顺治朝得见，嗣后不复出现，盖清初制度不健全故也。然而，既是为辩白，缘何要上书自我责备呢？究是君臣之制使然，臣子已被参劾，纵是冤枉，亦应有不当之处，另外，上书皇帝自我责备，自是邀恩，希图得免惩罚。兹举例说明之：

顺治二年二月，“宣府巡抚李鉴，以守备霍然诬讦，上疏自讼，命刑部会同内院覆勘，得白，免其罚俸”①。

顺治十一年四月，“初，吏科给事中郭一鹗，劾奏户部右侍郎王弘祚，滋弊丛奸，垄断市利，督修赋役全书，久无成效，总理钱法，巧为增设铸炉三百余座，销算兵饷，朦混开销宣大裁兵银六万七千余两，假全书为幸进之门，据炉座为网利之薮，借核实为行私之窦，小有机巧，大济贪壑，请严究重处，以示惩戒。弘祚上书自讼，一鹗复劾弘祚巧言饰非，朦蔽殊甚，下所司察议。寻议，弘祚失，各省迟造全书各官，应罚俸，从之”②。

顺治十一年四月，“初，都察院左都御史林德馨，劾奏提督顺天学政程芳朝，趋附陈名夏权势，投认师生，考试畿辅生童，冒滥多弊。至是，芳朝上书自讼。得旨：免议”③。

顺治十一年四月，“初，江西道监察御史杨义奏，告病在籍吏部左侍郎孙承泽，素附陈名夏表里为奸，积年罪状可据。承泽上书自讼。至是，部议孙承泽应休致。从之”④。

---

① 《世祖章皇帝实录》卷一四，顺治二年二月，第129页。
② 《世祖章皇帝实录》卷八三，顺治十一年四月，第650页。
③ 《世祖章皇帝实录》卷八三，顺治十一年四月，第650页。
④ 《世祖章皇帝实录》卷八三，顺治十一年四月，第651—652页。

顺治十四年四月，“初，二等阿思哈尼哈番工部尚书星讷坐陵工未完挚夫五百名，又不栽补旧缺树株，革职。星讷击登闻鼓自讼，下部议。至是，部议，凡官员除军前犯法，议及世职外其在部院各衙门缘事者，免其降革。今星讷已经革去恩诏所得拜他喇布勒哈番，及一拖沙喇哈番，情罪已足相当，其战功所得世职，相应给还。从之”①。

第二节　抵　销

古语曰：“士有大功，则掩小过，故云可以功过相除。”② 清代除定有处分之法，还设奖赏官员的议叙之法。两法之设，衡量功罪，而使赏罚确当，甚者，以功补过，亦无不可。今就清代议叙之法及议抵之法分述如下。

一、议叙

（一）规定

议叙，为清代的一种奖励官员的制度，凡官员因考核成绩优良或有各种功绩时，着交吏部，按照等级、次第而给予奖励，称为议叙。此外，由保举而授任之官亦称为议叙。③

① 《世祖章皇帝实录》卷一九〇，顺治十四年五月，第 858 页。

② ［清］钱大昕：《十驾斋养新录》卷一八，上海书店出版社 1983 年版，第 424 页。

③ 李鹏年、刘子扬、陈锵仪编著《清代六部成语词典》，天津人民出版社 1990 年版，第 13 页。

议叙之法有二：一曰纪录，其等三，计以次，有纪录一次，纪录二次，纪录三次之别。二曰加级，其等三，计以级，有加一级，加二级，加三级之别。[①]

议叙之等十有二：纪录一次，纪录二次，纪录三次，加一级，加一级纪录一次，加一级纪录二次，加一级纪录三次，加二级，加二级纪录一次，加二级纪录二次，加二级纪录三次，加三级。[②]

除此之外，清代还有纪录四次、纪录五次的情况。纪录，分为纪录一次、纪录二次、纪录三次，其上为加一级。又李鹏年认为，加一级当纪录四次，加一级纪录一次，即当纪录五次。[③] 例如雍正十一年二月癸酉谕云：

> 户部议覆，江苏巡抚乔世臣疏言，江苏等属地丁项下额征本色米豆，各属因漕白二粮。考成较严，先尽起运，而其余米豆，向系汇入地丁内奏报合算。未另有处分，是以每多逋欠。应将江省本色米豆，停其汇入地丁折色之内，按额核作十分。每年十月初一日开征，至次年三月，计算六个月。将已未完解数目，另册题销，其经征未完各官，均照漕白粮定例处分，督催之巡抚司府，仍照地丁钱粮例查议。如原欠三四千石以上，为数既多，催征不易，应请一年内能将原欠三千石以上征完者，纪录三次，原欠四千石以上征完者，纪录四次……应如所请。[④]

---

① 《钦定大清会典》卷一一，第 114 页。

② 《钦定大清会典》卷一一，第 114 页。

③ 李鹏年、刘子扬、陈锵仪编著《清代六部成语词典》，天津人民出版社 1990 年版，第 14 页。

④ 《世宗宪皇帝实录（二）》卷一二八，雍正十一年二月，第 674 页。

（二）注册

凡官予衔者，皆注于册，由议叙给有虚衔顶带者，按品级注于命册（不入铨选），[①] 以备查核。

顺治年间规定，凡官员因劳绩加级、纪录，不论俸满即升各官。除已经病故、革职者不叙外，现任官员，准于现任注册。降调、终养、丁忧、候补者，准于补授新任注册。（道光二十三年定，其应议予不论俸满即升者，均改加一级注册。）休致者准于原任注册。如有解任议处等官，俟事结之日，再行议叙。其已经升任各官，应叙加级、纪录，亦准于升任注册。如前任之功，应准即升者，于升任内纪录四次（此指已经升任而言），如前经议叙即升，尚未升任后，复有前任之功，应准即升者，亦于升任内改为纪录四次（此指已经议叙即升，尚未升用，又应议叙即升者而言）。[②]

对于兼任官而言，“一案而有数任有议叙者，亦只就一任议叙”[③]。

对于调任升任官而言，“其前任内所得之议叙，均可随带之新任”[④]。

（三）事由

议叙的事由，会典、事例、则例等相关法律，没有明确规定，但通过文献中的案例，归纳出来，事由大概有捐助、军功、

---

① 《钦定大清会典》卷一一，第113页。

② 《钦定大清会典事例》卷六九，载《续修四库全书》第799册，第213页。

③ 《钦定大清会典》卷一一，第114页。

④ 艾永明：《清朝文官制度》，商务印书馆2003年版，第174页。

劳绩、考绩等，兹分述如下。

1. 捐助

清初，制度初创，正在用人之际，遂有捐助银米之例，然终是不合国体。例如顺治十八年九月庚子谕云：

> 向来文武各官，捐助银米，各部议定有纪录、加级、授官之例。今思捐助急公，虽应激劝，但大小臣工，各有职业，必实着劳绩，方可加级授官，若止以捐助银米，遽行加级授官，非慎重名器之意。嗣后凡捐助银米者，俱不必加级授官，仍与纪录。①

2. 军功

论功行赏，在军事最为基本。清代军功议叙相当普遍，例如顺治十三年三月谕吏兵二部云：

> 固山额真朱玛喇等，率兵击败侵犯广东之贼李定国，雪衡州桂林之忿，快慰众心，朕甚嘉悦。此番军功，止照他处常例议叙，其功次不及定数者，竟不议叙，殊属不合。伊等军功，着再加酌量议叙具奏，其军士有于主帅前首先陷阵，杀伤敌兵者，亦着确察分别奏闻赏赉。今攻城者少，野战者多，此后不可，仍照旧例叙功。尔二部会同，将叙功条例再议具奏。②

不过，军功议叙文武官员，多冒滥不实之处，例如雍正三年

① 《圣祖仁皇帝实录（一）》卷四，顺治十八年九月，第89页。

② 《世祖章皇帝实录》卷九九，顺治十三年三月，第772页。

七月谕云：

> 年羹尧从前题奏西藏青海等处，军功议叙文武官员，多冒滥不实，朕所深知。今特施宽大之恩，凡有军功议叙文武官员，若系年羹尧任内冒滥题奏者，无论已升未升，已授未授，俱准速行据实自首。其官职卑微，不能自达者，俱交该督抚提镇赍送，此皆出自年羹尧悖逆擅作威福之举，与伊等无干，朕皆从宽宥释；若仍隐匿不首，一经发觉，定行严加治罪。再，此等无军功者，既可以效力议叙题补，则实在立功人员，亦必有挟私抑遏，不行议叙者，俱着将所以挟私之故，详细呈首。①

3. 劳绩

官员替皇帝办事，劳作的成绩自应得到奖赏，诚如雍正三年九月丁巳谕云：

> 朕体恤臣工，凡官员办事，着有劳绩者，无论大小，俱敕部议叙，其有过误，致干吏议者，亦照例处分。②

4. 考绩

清初，定考满之法，其结果分等可以议叙，例如：

康熙元年九月戊子，“谕吏部、都察院：近定各官考满之例，一等加级，二等纪录，太过。以后考满一等称职者，着纪录一次”③。

---

① 《世宗宪皇帝实录（一）》卷三四，雍正三年七月，第 513 页。
② 《世宗宪皇帝实录（一）》卷三六，雍正三年九月，第 543 页。
③ 《圣祖仁皇帝实录（一）》卷七，康熙元年九月，第 121 页。

嗣后定京察、大计之法规定：京察之后，已经题奏，又毕引见，敕旨命议叙，则吏部审议，会核列一等，谓之称职，加一级为例。至军机处记名之员，则由当该衙门再行铨衡，带领引见，以备地方官补缺。大计卓异者，记录于吏部。引见之时，特有旨敕旨，则加一级，赐朝衣一袭为例。①

（四）事故

国家定议叙之法，本是恤臣之意，但是，也会产生一些弊端，例如：

雍正七年闰七月，“户部议覆，本部左侍郎常德寿条奏，旧例钱粮岁内全完者，定有议叙纪录之条。其中催征等官，希图纪录，未免过于急迫，且多捏报之弊。嗣后，请将岁内全完议叙之例停止，其奏销以前通完者，仍予议叙，以示鼓励，应如所请。从之”②。

又清代官员多有加衔，如因功加级，自应折算授予品衔。例如，总督、巡抚，如因功加级，兼佥都御史衔者，加一级，授为从三品，加二级，授为右副都御史。兼副都御史衔者，加一级，授为右侍郎，仍兼右副都御史。右侍郎加一级，转为左侍郎，加一级，授为从二品，如再加一级，授为尚书，仍兼右副都御史。兼尚书衔者，加一级，授为从一品，加二级，授为正一品。加级至一品后，遇应加一级，不必改加级为纪录。③

① 织田万：《清国行政法》，中国政法大学出版社 2003 年版，第 378 页。
② 《世宗宪皇帝实录（二）》卷八四，雍正七年闰七月，第 129 页。
③ 《圣祖仁皇帝实录（一）》卷一二，康熙三年七月，第 193 页。

二、议抵

议抵，即官员受到的处分如果是罚俸或降级，可以部议或饬行，用官员自己的加级或纪录，按照一定标准予以抵销。① 这是清代实行以功补过，鼓舞吏治的集中表现。

前面讲到，议处分公私罪，抵销也要分清公私罪。公罪可以抵销，私罪不得抵销，是为原则。当然该原则的确立，并不是开始设立抵销之法时就有，如同议处确立公私，是在实践中因案件的发生而确立，诚如乾隆三十三年（戊子）十一月乙酉朔谕云：

> 兵部议处古州总兵德兴一案，前经降旨，俟德兴来京再降谕旨。今德兴到京，核其被劾情节，乃系嘱令属员买物，发价迟延，又将随带使令之人，拔补名粮，皆系自犯私罪，非因公诖误可比。该部议以降调，准将加级抵销，所办非是，着将原本发还，另行定议题覆。内外文武各官，遇有承办事务，如失察迟延之类，其错误本属因公，自应将加级纪录，准其抵销，若意涉营私，于政事官箴，皆有关系，而该员得藉加级纪录为护符，吏议不能持其后，殊非黜陟公明本义。内阁票拟，现以公罪私罪，分别夹签，独吏兵二部，所定准抵条例，未能明晰周备，岂独书吏得以为撞骗之媒。苟非朕留心察查，即堂司官亦得以高下其手，且因公者事虽重大，其情实轻，因私者事虽细微，其情实重。自来宥过无大，刑故无小，真古今不易之论。嗣后吏部兵部议处文武各员，一以公罪私罪为断。其被议之事，本属因公者，仍照例

① 《钦定大清会典》卷一一，第 114 页。

准抵外，其因犯私罪，交部议处者，一概不准抵销。庶办公者得邀宽典，而营私者不致长奸，于澄叙官方之道，更为允协，着为令。寻兵部议，请照例降调。得旨：德兴着降三级，以旗员调用。[①]

为了解抵销的具体运用，以下就抵销方法、行查级纪分别叙述。

（一）抵销方法

凡抵降罚，有加级，则当其级，有纪录，则当其俸，如下：

1. 准予抵销

具体折算[②]：

有加一级，销去抵降一级；

有纪录四次，销去亦抵降一级；

如有兵部所叙之军功加一级，销去抵降二级；

如有销去军功加一级，给还加一级，亦抵降一级；

有即升注册一次，销去亦抵降一级；

有卓异注册一次，销去亦抵降一级；

有纪录一次者，销去抵罚俸六月；

如有兵部所叙军功纪录一次者，销去抵罚俸一年；

如销去军功纪录一次，给还纪录一次，亦抵罚俸六个月，罚俸不及六月者，京官则注册，合计至六月准抵，外官不准合计。

降级留任之官，后奉恩旨加级，及议叙加级，准抵销前降之级。[③]

---

① 《高宗纯皇帝实录（十）》卷八二二，乾隆三十三年十一月上，第 1156 页。

② 《钦定大清会典》卷一一，第 114 页。

③ 《钦定大清会典事例》卷六九，载《续修四库全书》第 799 册，第 213 页。

革职休致之官，如遇原任内有应得功次，加级纪录者，亦应照现任官，一体议叙注册。若后遇有处分，亦应照现任官，一体准抵。至于未革职之先，有加级纪荐注册，后经革职者，例不留抵；唯老病休致之官，其原任有加级纪荐者，仍留注册内，遇事故，准与抵销。①

一官员任内，止有加一级，而有两案处分同日到部，一降调，一降留，如皆非私罪，准其抵降调处分。②

为了解实际情况，举例说明之：

加一级，抵降一级。乾隆二十二年十月，“吏部议，革职云贵总督恒文，勒索属员案内，甘心贿送之署玉屏县知县赵沁等，应照例分别降调。得旨：赵沁等十四员，俱着降一级，从宽留任。刘岱着销去加一级，抵降一级，免其降调”③。

销去二级，抵降二级留任。乾隆十三年十二月，“吏部议奏，大学士张廷玉等，票拟错误，请将……大学士三等伯张廷玉、大学士来保、协办大学士吏部尚书陈大受，均降二级留任。张廷玉有加十五级，应销去二级，免其降级。得旨：……张廷玉，着销去加二级，免其降级”④。

加二级纪录四次，抵降三级。乾隆二十五年十二月，“刑部奏，定拟阿思哈收受属员馈送一案。得旨：阿思哈依拟应绞，着监候，秋后处决。其馈送贺礼之司道大员，不能正己率属，违例馈送，自应照部议革职，但该抚篚篚不饬，致属员有意逢迎，罪

---

① 《圣祖仁皇帝实录（一）》卷六，康熙元年七月，第116页。康熙元年七月，刑科给事中黄熙疏言：官员革职之后，于原任内有应议叙纪录加级者，则曰既经革职，无庸议叙，至罚俸降级，则照民例议罪，是功不叙而罪及之，未为法之平。嗣后，吏部议覆，康熙允准，遂确立此条。

② 《宣宗成皇帝实录（一）》卷一七，道光元年四月下，第311页。

③ 《高宗纯皇帝实录（七）》卷五四八，乾隆二十二年十月上，第988—989页。

④ 《高宗纯皇帝实录（五）》卷三三〇，乾隆十三年十二月上，第490—490页。

在阿思哈一人。……尹继善着销去加二级纪录四次，抵降三级，免其降调”[①]。

2. 准改抵销

清代原则上加级抵降级，纪录抵罚俸，然而，也有纪录抵降级、加级改为纪录抵销罚俸之例。

纪录抵降级。顺治十八年四月丁亥，“谕吏部、兵部：近例文武各官，凡缘事应降级者，每一级，抵销纪录二次。今后武功所得纪录，应降一级，即以一次纪录抵销。余仍旧例行”[②]。

加级改为纪录抵销罚俸。有加一级欲抵罚俸者，如以劳绩议叙，及加赏之级，每一级准改为纪录四次，按此抵销罚俸。惟覃恩所得及捐级，不准改抵。[③] 当然，这里有个发展过程，分别在雍正六年、乾隆八年完成。

雍正六年四月丁亥，京官加级改为纪录抵销罚俸，上谕云：

> 官员罚俸之事，若有纪录者，例应准其抵销，无纪录者，虽有所加之级，俱不准抵销。但纪录既可抵销罚俸之事，则所加之级，亦可改为纪录抵销。嗣后在京八旗武官，凡有罚俸之事，若情愿将议叙等事所加之级，改为纪录抵销罚俸者，准其改抵，惟特恩所赏之级，俱不准改抵。[④]

乾隆八年十一月己丑，外官加级改为纪录抵销罚俸，上谕云：

---

① 《高宗纯皇帝实录（八）》卷六二七，乾隆二十五年十二月下，第1043页。

② 《圣祖仁皇帝实录（一）》卷二，顺治十八年四月，第59页。

③ 《钦定大清会典》卷一一，第114页。

④ 《世宗宪皇帝实录（一）》卷六八，雍正六年四月，第1033页。

向来在京八旗武职，及外省驻防官员，并在京文武官员，遇有罚俸案件，准其将议叙加级改为纪录抵销，惟在外文武各官不在此例。朕思大小臣工，虽分职有内外之殊，而以功抵过，俱属一体。嗣后外省地方文武各员，有情愿将议叙加级改作纪录抵销罚俸者，着照在京文武官员之例，准其抵销。[①]

3. 不准抵销

准予抵销，准改抵销，较为明了，易于把握；而不准抵销，情况复杂，难以尽言。上面已提到私罪不准抵销，另外，有些在处分则例的例文中明确规定不准抵销。有些则要根据实际情况候旨定夺，例如，翰林院、詹事府官员因大考罚俸者，不准抵销；戴罪承追降级之案，承追期满三日前，不准抵销；京察、大计被降调官员，原任内虽有即升、卓异及卓异加级，不准抵销。[②] 除此，再举三个实例予以说明之：

阳奉阴违，别经发觉，将本官降级调用，不准抵销。乾隆四十五年九月，"吏部议覆……各省州县，距省寫远，每拨家人长住省垣，名曰坐省，招摇交结，弊窦滋多，虽久经例禁，而积习相沿，终未裁革。嗣后如有阳奉阴违，别经发觉，将本官降级调用，不准抵销，该管上司，降级留任，并令该督抚，将有无此等坐省家人名目，于年终汇奏查核，均应如所请。从之"[③]。

捐纳加级，上库日期在该督抚奏咨之后，不准抵销。乾隆四十八年七月，"谕：丹巴多尔济七月内伊父百日孝满必前来请安谢恩，但丹巴多尔济，非他蒙古可比，伊父之丧，甫满百日。若

① 《高宗纯皇帝实录（三）》卷二四〇，乾隆八年十一月上，第 631 页。

② 艾永明：《清朝文官制度》，商务印书馆 2003 年版，第 193 页。

③ 《高宗纯皇帝实录（十四）》卷一一一五，乾隆四十五年九月下，第 902 页。

来避暑山庄，正值看降级，以加级纪录议抵。向来原有限制，嗣后外省各官，有议处降级之案，其捐纳加级纪录，上库日期，查系在该督抚未经奏咨之前者，准其抵销，若已在该督抚奏咨之后，概不准抵销，以杜取巧规避等弊，应如所请。从之”①。

言官不称言职，降三级调用，不准抵销。康熙十九年十月乙巳，“谕吏部：言官职司耳目，必学识优长，练达政务，乃克胜任。近以科臣……条奏，行取考选，应加考试，因将见任科道各官，俱行亲试，观其才品，以昭澄叙。姚缔虞、王曰温……条奏详明，克称言职。并张鹏等，俱着留任，其益加勉励，殚心职业，以副任用。傅廷俊、和盐鼎……才识庸常，不称言职，俱着降三级调用，不准以加级纪录抵销，尔部即遵谕行”②。

（二）行查级纪

部院在议处官员处分案件时，如果要考虑议抵问题，在议奏前并不需要先查该官员有无加级纪录，只需声明请旨遵行即可，是否同意自由皇帝斟酌，这是皇帝行使裁决权的一种表现，诚如嘉庆二十二年六月谕云：

> 前因各部院遇有议处事件，每因行查加级纪录，以致议奏迟延，限以五日内具奏。其应以级纪议抵者，毋庸先行查计，于折尾声明请旨遵行，前降谕旨甚明。本日都察院会同议处吏部堂司各员，行文迟延一案，仍将纪录抵销列入折内，实属错误。除此次吏部堂司各官罚俸，依议准其抵销外，所有都察院堂官，及折内列衔之吏部堂官，俱着传旨申

---

① 《高宗纯皇帝实录（十五）》卷一一八四，乾隆四十八年七月上，第851页。
② 《圣祖仁皇帝实录（一）》卷九二，康熙十九年十月，第1169—1170页。

饬。嗣后遇有议处事件应以级纪议抵者，遵照前旨将可否准抵之处声叙请旨，如奉旨准抵，再行查明级纪，分别核办，若不准抵销，即毋庸查计。[①]

第三节 解 除

官员受到罚俸，经济上自然有所损失，至遭降级或革职，常使离开官位，甚至永远不得再为官。但十年寒窗，谋得一官半职，甚为不易，偶因一次过失，罚俸还过得去，若遽行降革，确令人怜悯，也非国家开人自新之义。又国家用人行政，唯才赋任，倘若要缺需人，全用未经历练之新人，也是不妥。降革官员虽有罪，若罪不至遗弃，应给以自新机会，务使其黾勉图强，以观后效，于国于官都无害处。因此，清代在规定严格的处分同时，复配置解除之法，即开复和捐复，兹分述如下。

一、开复

开复，即清代规定受处分的官员，在经过一定期间，并遵循相应的程序，恢复其原官或原衔的制度。[②]

会典中只规定降级和革职开复问题，本节重点叙述这两种情况下的开复。关于罚俸的开复问题，后面有备考，不作重点。

① 《仁宗睿皇帝实录（五）》卷三三一，嘉庆二十二年六月，第 365—366 页。

② 艾永明：《清朝文官制度》，商务印书馆 2003 年版，第 194 页。

（一）种类

对于开复可分为准予开复和不准开复两类，准与不准，有的在处分则例的例文中有明确规定，有的需待皇上降旨明示。

1. 准予开复

准予开复，分为限定年限和不限年限，前者限满方可开复，后者不固定年限，需要奏请，候旨定夺。

（1）限定年限

限定年限的开复，在期限内无过，限满题请开复；在限内又有新过，而得罚俸或降革，则别有算法。

一是至期无过。

至期无过，有年限规定，或在例文中体现，或在皇帝下旨时指示，分两种计算方法：一曰普通年限，分三年、四年、六年、八年、十年等之别；一曰展参年限，分三个月、一年等之别。

其一，关于普通年限，如下：

①三年。开复之法规定，官员得降级留任处分者，三年无过则开复。[①] 这是例文明确规定，限满题请即可。

又降级留任官员的三年开复之法，在顺治十八年前，年限只有一年，并且只适用于京官，后始改，例如顺治十八年正月谕云：

> 国家设官分职，立法黜陟，用示劝惩，其有法应惩创，而罪不致于实降黜革者，降级留任，以观后效，乃使过之巨典也。向来题定京官降级留任者，一年之后，题请开复，并未议及外官，内外各官开复之例，自应画一。嗣后凡内外大

① 《钦定大清会典》卷一一，第116页。

> 小文武官员，有因事降级仍留任者，三年无过，准与题请开复。如三年之内，复有过被降，即以后降之日为始，计满三年，方与题请开复。其三年之内，如有罪过罚俸，仍照日月扣除。至于拖欠钱粮，能作速完解，缉拿盗贼，能依限捕获者，俱即准题请开复。[①]

②四年。例文规定，革职留任者，四年无过则开复。[②] 查清太祖、太宗、世祖、圣祖时期，革职留任官员并不得开复，诚如雍正四年十月谕云：

> 向来革职留任官员，从前无开复之例，但年久奉职无愆，亦无示以鼓励。嗣后革职留任之员，如四年无过，该督抚等题明，准其开复，着为定例。[③]

实践中还有降级留任、降级调用，四年无过开复之例，应属例外。

降级留任，四年无过开复之例：

咸丰十年正月，“谕：吏部奏，遵议失入各员处分一折。山东省秋审情实孟传冉一犯，业经惠亲王等覆核减等。所有原办错误之……刑部堂官大学士桂良，尚书瑞常、赵光，侍郎灵桂、齐承彦，前任侍郎今授伊犁参赞大臣景廉，前署侍郎礼部侍郎杨式谷，均着照部议降一级留任，四年无过，方准开复”[④]。

降级调用，四年无过开复之例：

---

① 《圣祖仁皇帝实录（一）》卷一，顺治十八年正月，第47页。

② 《钦定大清会典》卷一一，第116页。

③ 《世宗宪皇帝实录（一）》卷四九，雍正四年十月，第747页。

④ 《文宗显皇帝实录（五）》卷三〇六，咸丰十年正月下，第473页。

乾隆九年十一月，“户部议覆，福建巡抚周学健奏称，臣于乾隆八年十二月内，访知闽省自减数收捐监生之后，各属仍有收受规礼之事，仰恳准令收受各员，据实自首，如不遵首报，即据实纠参。奉旨彻底清查妥办，当与督臣那苏图，会同商酌，留心密查各员收受确数，一面通饬经收捐监之各府厅州县，据实自行首报去后，兹据查办齐全，确加复核。通省经收各员，共收过规礼一万五千九百三十六两零，应请照数追出解司，拨充地方公用。谨将通省各员收受细数另缮清单呈览，得旨：该部分别察议具奏，今将闽省府厅州县，收受捐纳监生陋规，及失察家人犯赃之兴化府知府曹显庚等，分别处分。得旨：此案收受陋规，及失察家人犯赃各员，本应照例处分，朕念人员显庚等，着照部议革职从宽留任，陆福宜等，着照部议所降之级从宽留任，潘汝龙俟补官之日，亦着照部议所降之级从宽留任。以上各员……部议，降一级调用者，俱俟四年无过，再行开复。余依议”①。

③六年。例文规定，若有旨六年开复者，至期无过则开复。②查相关资料，对于六年开复者，至少适用于降级留任、革职的情况。

降级留任，六年开复之例：

道光十五年九月庚戌，“谕内阁：前降旨将本年办理乡试之监临监试等，交部严加议处。兹据吏部遵旨严议具奏，此次顺天乡试，特派惟勤、蔡世松，入闱监临，整肃场规，稽查弊窦，是其专责。如果实力稽察，严密防闲，遇有弊端，立即惩办，俾场中积弊肃清，庶足以甄别人材，振兴士习。该监临等于士子有无乱号，既未认真详查，迨经给事中汪报原劾参，特旨查询，又不

① 《高宗纯皇帝实录（三）》卷二二九，乾隆九年十一月下，第955页。

② 《钦定大清会典》卷一一，第116页。

将实在情形，据实覆奏，含混隐饰，其咎更重。惟勤、蔡世松，俱着照部议降二级调用，以示惩儆。监试给事中佛恩多等，于场中乱号之弊，未经查出，咎亦难辞，姑念前此联衔覆奏，系随同监临具折，经朕降旨覆询，该监试等据实直陈，尚无隐饰，自应量加宽宥。给事中佛恩多、德成，御史宗赓、帅方蔚、多斌、袁文祥、刘梦兰、冯元锡，俱着加恩改为降四级留任，不准抵销，六年无过，方准开复”①。

革职提问，六年开复之例：

前面所引降级调用、四年无过开复案件中，同案确定：“各员，部议革职提问者，俱俟六年无过，再行开复。”②

④八年。例文规定，若有旨八年开复者，至期无过则开复。③该年限开复规定，适用于降级留任、革职留任、革职等处分的情况。

降级留任，八年无过开复之例：

咸丰十年正月，“谕：吏部奏，遵议失入各员处分一折。山东省秋审情实孟传冉一犯，业经惠亲王等覆覆减等。……原办错误之……会勘覆核之刑部郎中、今升浙江嘉兴府知府边葆诚，着降三级留任，八年无过，方准开复”④。

革职留任，八年无过开复之例：

乾隆二十一年三月，“刑部议奏，河南巡抚图勒炳阿奏，南汝光道高照，贪鄙不职，拟绞。得旨：三法司核覆，高照因公科敛财物各款，虽定拟绞罪，但核其情罪，尚不至情实予勾，若仅以监追延缓，或至减等发落，无以示儆。着该部查明高照，所有

---

① 《宣宗成皇帝实录（五）》卷二七一，道光十五年九月，第185页。

② 《高宗纯皇帝实录（三）》卷二二九，乾隆九年十一月下，第955页。

③ 《钦定大清会典》卷一一，第116页。

④ 《文宗显皇帝实录（五）》卷三〇六，咸丰十年正月下，第473页。

应追赃款，曾否全完，即发往军台效力赎罪。至知县张权舆等，借送财物，虽有应得之罪，然究因上司勒索，且被议多员，概行革职，其中不无才可办事之人，亦属可惜。张权舆、张文运、叶志宽、仇然、林维新、巩敬绪、杨苞、徐金位、蒋光祖、张仕郰、纪黄中，俱着革职从宽留任，俟八年无过，再请开复”[①]。

革职，八年无过开复之例：

乾隆五十一年十二月，“谕曰：永庆、王廷燮、福森泰，缘事犯罪，虽应发往伊犁，效力赎罪，但伊等到新疆，亦属无用。而永庆现已有目疾，王廷燮又系汉人，着施恩将永庆、王廷燮遣往浙江，交与琅玕，留于海塘工程，效力当差，听候委用；福森泰为人拘谨，而于道员任内未久，着加恩仍以户部员外郎补用，以观后效，其革职之处，带于新任，俟八年无过，再行开复”[②]。

⑤十年。例文并未规定受处分官员十年可以开复，然而，据相关史料记载，在清代实践中，有大量十年开复的案例，其对革职留任及革职都适用。

革职留任，十年无过开复之例：

乾隆四十五年十月，“谕：据巴延三等奏，审办沙湾等处剧盗一案，将因循纵盗殃民之印佐杂职各员，并该管臬司、道、府参奏，分别拿问革职，交部议处，并自请议处一折，已批交该部速奏矣。此内广州府知府李天培、粮道兼辖广州府陈绳祖，于所属首县村庄窝盗，并不早为访缉，以致酿成巨案，即革职亦不为过。但李天培于此案首先出力，设法搜捕，擒获多盗，已加恩擢授肇罗道。陈绳祖调任未久，且随同审办，亦属认真，功过各不

① 《高宗纯皇帝实录（七）》卷五〇九，乾隆二十一年三月下，第432—433页。

② 《高宗纯皇帝实录（十六）》卷一二七〇，乾隆五十一年十二月上，第1123—1124页。

相掩。李天培、陈绳祖俱着革职从宽留任，俟十年无过，方准开复”①。

革职，十年无过开复之例：

乾隆二十四年三月，“向者金川及近日甘省，候选人员，无不规避者。……方体浴系应用监司大员，尤非丞倅微末者可比，着革职发往甘肃，交与该督等差委效力，俟十年无过，再请开复”②。

其二，关于展参期限，如下：

普通期限开复者，诚如前面所述，在期限内并无别项任务，到期无过即可题请开复。然而有展参期限者，如经征督催者，承缉督缉者，在限期内尚有要完成相应任务，销案才能开复③，即拖欠钱粮，能作速完解，缉拿盗贼，能依限捕获者，才准题请开复。④

经征督催者，一般定限三月，催完，方准开复，例如：

顺治十一年正月，“定仓粮考成则例，各州县官未完一二三分者，住俸；四五分者，降俸一级；六七分者，降职一级；八九分者，降职二级；十分者，革职。俱戴罪督催限文到三月内催完，方准开复。粮道以合属通计，未完一分者，免议二三四分者，住俸；五六七分者，降俸一级；八九分者，降职一级；十分者，降职二级。俱戴罪督催，仍限三月内催完开复”⑤。

承缉督缉者，常勒限一年缉拿，限内拿获，准其开复，例如：

---

① 《高宗纯皇帝实录（十四）》卷一一一六，乾隆四十五年十月上，第916页。
② 《高宗纯皇帝实录（八）》卷五八二，乾隆二十四年三月上，第432页。
③ 《钦定大清会典》卷一一，第116页。
④ 《圣祖仁皇帝实录（一）》卷一，顺治十八年正月，第47页。
⑤ 《世祖章皇帝实录》卷八〇，顺治十一年正月，第631页。

乾隆十九年六月，“吏部议覆，准刑部咨称，福建按察使刘慥，奏请嗣后台地凶番杀人者，照内地命盗承缉之例，酌给年限等语，应如所请。初参之时，将地方文武官，议以降一级留任，勒限一年缉拿，限内拿获，准其开复；不获，即照所降之级调用。从之”[①]。

勒限赔补案件官员赔补亏空，虽不是职位要求之任务，但定例亏空官员，审无侵欺入己之项，勒限一年内赔补，全完准开复，以原职补用。同时，亏空官员的失察革职之上司，初不得与本官一体开复，似属可悯。雍正二年规定，亏空银谷，限内全完，例应开复者，该督抚查明原参失察之上司，一并题请开复。[②]

二是期间有过。

前文讲到，官员降革，限期无过，则题请开复，有过，则以续案计之：

若新过得降级留任或革职留任，则降级留任者，仍接扣三年，无过开复，革职留任者，仍接扣四年，无过开复，以后案降革之日为始，至后案满日一并开复；若新过得罚俸，则俟所罚之俸年月日已尽，方准开复。[③]

革职降调留任之员，再有降革处分，复加恩宽免留任者，欲开复，则别有算法：

雍正六年九月，“吏部议奏，兵部尚书查弼纳等徇情给发，黄国材家人路引，令往湖广广东变产赔项，应照例处分。得旨：查弼纳着降二级，从宽免革任，仍将降级之处注册，于应行开复之后，再俟三年无过方准开复。嗣后革职降调留任之员，再有降革处分，朕复加恩宽免留任者，俱照此例，将后案注册，俟前案

① 《高宗纯皇帝实录（六）》卷四六七，乾隆十九年六月下，第1048页。

② 《世宗宪皇帝实录（一）》卷二三，雍正二年八月，第366页。

③ 《钦定大清会典》卷一一，第116页。

开复，再将后案计至三年无过，方准开复，其有数案处分者，计案递加。永着为例”[①]。

由此，如前案后案均系特旨留任者，则等前案年限满后，方接扣后案年限，至满日一并开复。[②]

再有，“内外官员，有因事故革职留任、降级留任，于四年、三年限内，遇有罚俸案件，如将罚俸银两全数完缴，及京官按数扣完者，免其扣除罚俸年限，各按年限计满三年、四年，题请开复；如罚俸银两未经全数通完，各按完过银数，免其扣除罚俸月日，其全未扣缴者，仍照旧例扣除罚俸月日，计年限题请开复”[③]。

（2）不限年限

有些降调和革职官员，离开原职，性质较重，开复困难。这些官员的开复，无明确年限，若依例可开复，或由谕旨交部审议，或由督抚出具考语送部，俟引见后，候旨定夺。又依据降革官员劳绩，可决定其是否开复及何时开复。如州县及同城知府、捕盗等官，因失守城池被革职察议后，戴罪留营人员二次得有劳绩，准予免罪；三次得有劳绩，给予虚衔顶带；三次得有劳绩，准予开复。戴罪、免罪人员开复，均令补缴加倍捐复（后文详述）银两，不准奏请免缴。[④] 对于这种情况下的开复，并无固定可遵循的规例，实践中，使用也少，兹举一例说明：

康熙二十五年六月丙寅，“吏部题，故广西巡抚郝浴，先因那用钱粮，革职。康熙二十四年五月，曾奉特恩宽免，今伊子进

① 《世宗宪皇帝实录（一）》卷七三，雍正六年九月，第1094页。

② 《钦定大清会典》卷一一，第116页。

③ 《高宗纯皇帝实录（二）》卷一一四，乾隆五年四月上，第677页。

④ 艾永明：《清朝文官制度》，商务印书馆2003年版，第196—197页。

士郝林，援例呈请开复原官，应无庸议。得旨：郝浴准追复原官”①。

2. 不准开复

不准开复情况，不似准予开复复杂。对于不限年限开复情况，因其本无特别明确的前置条件，开复准与不准，万难叙述，可从简略。但有三种情况，甚为重要，似有一定规律，自应分辨论述。

（1）题请开复不符合开复条件的官员，皇帝降旨不准开复。例如：

乾隆二年二月，“吏部带领营田效力事竣之革职原署户部员外郎秦峤引见。得旨：秦峤，系钻营奔竞革职发往营田效力之人，且现有应追核减银二千余两未完，乃陈时夏先于上年二月内题请开复，部议以工程未销不准。今又以工程完竣，奏请开复，甚属不合。秦峤，不准开复，仍发往直隶营田效力赎罪。陈时夏着交部察议”②。

（2）定例不准开复。例如：

乾隆十五年九月，“户部议覆，四川总督策楞奏称，滇黔运京铜铅，每有沈溺，请定打捞限期，应如所奏。嗣后如有沈失，酌留协运之员，或运员亲属家人，会同该地方文武员弁，勒限一年打捞，限满无获，及捞不足数，运员赔补。……一年限内，运员如有升迁事故，仍留在川打捞。俟事竣，分别赴任回籍，该地方文武官，照漕船失风例处分外，仍于限内停其升转。协同打捞，获过半者，免议；限满无获，或不及半，罚俸一年。至运员于满后赔补，应照江海挽运漂流米谷例，革职；限一年赔完，开

① 《圣祖仁皇帝实录（二）》卷一二六，康熙二十五年六月，第 348 页。

② 《高宗纯皇帝实录（一）》卷三六，乾隆二年二月上，第 667—668 页。

复；逾年赔完，免罪，不准开复”[①]。

（3）对于罪行严重的官员，为示重惩，皇帝饬行不准开复。例如：

道光十年三月，“谕：蒋攸铦等奏，审讯屡请试采禁山之廪生，并严定章程，禁止开采一折。此案上高县廪生陈泰来，屡请试采封禁山场矿苗，且将原勘有碍居民田庐之山，捏词呈控，虽讯无惑众捐资情事，殊属申诉不实，事在赦前，准其免罪。着即将廪生斥革，不准开复，以示惩儆”[②]。

（二）变通

办理开复之案，或按例文，或遵谕旨，本有一定规则。然而，在实行过程中，常出现变通的做法，常与法定规范冲突，不可不考辨。

1. 题升属员，如系历俸未满者，不得越次保题，其降革留任，未经开复者，不得遽行题升。[③] 然而，有时降革留任者太多，自然影响日常行政，倘若要缺需人，在初任未经试练者，即请升调，于人地未必相宜。诚然，降革留任者中，不无才守可观，通达吏治，本可以升补要缺之员，但必俟开复之后，方准题补。为解决这种问题，乾隆十年规定，如果是在收受陋规案内降革留任的官员，准其照常升用，所有降革留任罪，带于新任，限年开复。[④] 这种做法自然是对原开复之法的变通，但其施行只有在一定条件下方可。

2. 降级留任人员，如限年开复，自应限满才可以题请开复，

---

① 《高宗纯皇帝实录（五）》卷三七三，乾隆十五年九月下，第1122—1123页。

② 《宣宗成皇帝实录（三）》卷一六六，道光十年三月，第579页。

③ 《高宗纯皇帝实录（一）》卷一三，乾隆元年二月下，第386页。

④ 《高宗纯皇帝实录（四）》卷二四三，乾隆十年六月下，第136页。

不得分年开复。诚如乾隆二十一年十一月乙卯谕云：

钟音奏请降级留任人员分年开复一折，业经该部议驳。降级留任之案，比罚俸处分较重，若如该抚所奏，则降一级与罚俸一年者，同得一年销案，而一则无俸可食，一则仍食降俸，是降级留任，转优于罚俸，岂非轻重倒置耶？如以干员未经开复，有妨迁转，则员缺紧要，人地相须者，例准该督抚专折奏请，原无格碍。钟音此奏，不过欲博属员称誉，遂将历久相沿成例，遽议更张，实外省沽名陋习，甚属不合，着传旨申饬。[①]

3. 革职发审之员若审明是虚，即应准其开复[②]，但实践中，也有混称已经革职、毋庸再议的做法。例如：

雍正八年三月，"谕内阁：凡官员始初被参，革职发审，及审系全虚，例应准其开复，该部往往但免其罪，而以已经革职无庸议，含糊归结，非情理之正。又有原参重罪审虚，而该员尚有轻罪，应以降级罚俸归结者，则应开复其官，按其所犯，与以降级罚俸之处分，方于情法允协。其应如何明晰定例，俾内外通行遵奉，着九卿会议具奏。寻议，嗣后官员被参，革职发审者，审系全虚，照例准其开复。如该员先经别案革职者，本案审虚，止将审虚之案开复，其从前降革之案，不得概与开复。其先经别案降革留任者，本案审虚亦将审虚之案开复，俟补官日，仍将从前降革留任之案，带于新任。至原参重罪审虚，而该员尚有轻罪，例应降级罚俸者，将原参革职之案，准其开复，按其所犯轻罪，

① 《高宗纯皇帝实录（七）》卷五二七，乾隆二十一年十一月下，第636页。

② 《世宗宪皇帝实录（二）》卷八〇，雍正七年四月，第49页。

分别议处，永着为例。从之”[①]。

（三）后果

开复后有三种与官员利益有关的情况，兹辨明如下：

1. 开复后授官问题。乾隆四年正月己巳，“题署官员，如系衔缺相当，衔大缺小者，任内有降级降职革职留任等案，俟开复后具题实授。衔小缺大者，任内有降革留任，及承追督催停升征收等案，俟销案后具题实授。至官员任内有此等案件，该抚以员缺紧要题请，奉旨允行者，题请实授时，仍将该员与例不符之处，于本内声明请旨。再，衔小缺大者，应于题请升署时送部引见，实授时毋庸送部”[②]。

2. 给还纪录荐举之处。康熙三年八月辛酉，“吏部遵旨议覆，开复等官，应否给还纪录荐举之处。查降革官员，凡系因公诖误，后经辨明开复者，是本官原无降革之罪，故将原有纪荐，仍应给还。至于拖欠钱粮被参各官，于未离任之先，续征完解，虽据该抚题明开复，但系催征不力之员，任内先有纪荐，应不准给还，永着为例”[③]。

给还纪录的意义在于，如再遇处分，可以抵销，如乾隆八年七月谕云：

吏部奏，嗣后凡遇开复革职人员，如有降罚注册之案，有加级纪录，应行抵销者，令该督抚于该员开复之后，查明该员降罚注册各案，咨部核议。如有例应引见者，即于引见

① 《世宗宪皇帝实录（二）》卷九二，雍正八年三月，第234页。

② 《高宗纯皇帝实录（二）》卷八五，乾隆四年正月下，第335页。

③ 《圣祖仁皇帝实录（一）》卷一三，康熙三年八月，第195页。

文内声明，准其抵销。[1]

3. 是否准予通算前俸。乾隆五年三月，“官员通理前俸之例，满汉宜归画一。嗣后一应内外满汉官员，除裁缺告假丁忧等官，补授后，仍照原例办理外，若缘事议处，应降应革，遇恩赦免议，及本案审虚开复，或奉旨以该员参处之案，本属冤抑，复还原职者，俱准接算前俸。（所有即升加级纪荐，仍照原例随带。）其并非本案开复，及业经缘事降革，奉旨起用人员，原系曾经获罪，弃瑕录用，非本有冤抑开复者可比，概不准接算前俸（所有即升加级纪荐，俱不准带）”[2]。

备考

关于罚俸能否开复，会典未作说明，然而，考察《清实录》中记载，似也应可以罚俸。但是，目前资料尚不足论述，特录二例，以备查考，俟以后再行详细阐述。

乾隆三十六年二月，“谕：朕巡幸山东，所有跸路往来，经由直隶，该省承办差务之文武官弁，宜一体加恩。着该督查明咨部，凡有罚俸住俸降级之案，俱准其开复。其无此等降罚案件者，各加一级”[3]。

嘉庆二十三年乙未，“谕内阁：董诰奏，呈缴密云官房，并自置海甸热河住房二所，以清赔项一折。董诰前因每年随扈秋围，是以于密云赏给官房一所，董诰并于热河自行置有房屋。兹董诰以老病开缺，即调养痊愈，再行赏给差使，亦必不派令随围。所有密云官房及热河房屋，着照所请，俱准其呈缴。……董诰现经赏给在家食俸，其从前在任罚俸各案，并着加恩悉予开

① 《高宗纯皇帝实录（三）》卷一九七，乾隆八年七月下，第535页。
② 《高宗纯皇帝实录（二）》卷一一二，乾隆五年三月上，第648—649页。
③ 《高宗纯皇帝实录（十一）》卷八七八，乾隆三十六年二月上，第754页。

复，即于本年支食全俸，以示恩眷”[1]。

二、捐复

捐复，即受到降革处分的官员，在一定条件下可以交纳银两的方式恢复原官或原衔的制度。其包括捐复原官、降级改捐、改捐他职和捐复原衔等形式。

国家开捐复之例，原属一时权宜，以遂海内士民急公上进之愿，诚如乾隆三十五年十月谕云：

> 降革留任人员，原属因公处分，且其人尚不至于摈弃，是以量予加恩，俾得在任自效。但一经议处，即停其升转，直待数年无过，方准开复。从前曾有捐复之例，复经部议删除。第念此等人员内，未尝无可及锋而用之人，若以微眚淹滞多年，亦觉可惜，自当仍准援例捐复，俾得黾勉自新。[2]

如开复一样，并不是所有官员在任何情况下都可以捐复，捐复对官员等级有限制，有些情况还不准捐复。兹分准予捐复和不准捐复两种情况，简述如下：

（一）准予捐复

1. 捐复条件

清代前期，国力有限，朝廷通过实施捐复制度，既可以使得不少有轻微过误的官员，得以保住官位，也使得财政拮据状况有

① 《仁宗睿皇帝实录（五）》卷三三九，嘉庆二十三年二月，第484页。

② 《高宗纯皇帝实录（十一）》卷八七〇，乾隆三十五年十月上，第670页。

所缓解。由于可以捐复的状况繁多，不可尽举，兹将一些重要条款开列如下：

> 降革人员，内官自翰詹科道以上，外官自藩臬以上，仍照例不准捐复原官外，其余内外各官，一切失防失察，凡属因公获咎，呈请捐复者，准予核办。
>
> 废员迎銮祝嘏，奉旨赏给职衔，呈请捐复原官者，准予核办。
>
> 外官因公被议，奉旨送部引见，仍照部议降革，呈请捐复原官者，准予核办。
>
> 科道因公降革，呈请改捐部属，编检因公降革，呈请改捐中书者，准予核办。
>
> 捐复原官，业经奏驳，呈请降捐改捐，及由科目出身呈请捐教者，准予核办。
>
> 奉特旨革职，及特旨加级纪录不准抵销之员，不敢捐复原官，呈请降捐改捐者，准予核办。
>
> 除实犯赃私奸伪等款，呈请捐复，仍即议驳外，其过误犯罪，连累致罪，情节尚轻者，准予核办。
>
> 内外降级留任革职留任人员，有情愿捐复者，俱令随时呈明户部，移咨吏部核覆，凡系例无展参之案，准其逐案报捐，俟收捐知照到部，将原议处分附入汇题查销。①

由此可见，捐复适用是比较广泛的，无论降级、革职留任，还是降级调用、革职，都可以依一定条件得到捐复。

---

①《宣宗成皇帝实录（一）》卷一九，道光元年六月上，第351—352页。

2. 相关问题

捐复人员，向例俱由部臣摘叙缘事案由，开具清单，分别准驳请旨。其奉旨准其捐复者，始得赴户部交纳捐项。[①] 然而，在具体实行捐复时，还有许多具体问题需要注意，兹分述如下：

(1) 捐复银两

标准。清代捐复交纳银两有明确标准，具体如下：

降级留任，依品级，京官与外官迥异。一品至七品，外官是京官两倍；八品、九品，京外无别。

革职留任，不同官职不同，相同品级，京官高于外官。

降级调用，是降级留任的两倍。

革职，是革职留任的两倍，相同品级，京官高于外官。[②]

应该注意，清代在执行时，总体上是遵照这个标准的，但不排除例外情况，兹举一些具体案例说明之：

乾隆四十八年，四川江津县知县高山堂，捐复降一级留任，交银一百四十两。

乾隆五十六年，内务府苑丞永安，捐复降一级留任，交银二百七十五两。

乾隆四十三年，山东巨野县知县，捐复降一级调用，交银九百两。

乾隆五十六年，湖南桂阳州知州，捐复降二级调用，交银三千四百两。

乾隆四十三年，直隶典史徐升洵，捐复革职，交银一百六十两。

---

① 《仁宗睿皇帝实录（五）》卷三一一，嘉庆二十年十月，第 135—136 页。

② 艾永明：《清朝文官制度》，商务印书馆 2003 年版，第 201—202 页。张友渔、高潮主编《中华律令集成·清卷》，吉林人民出版社 1991 年版，第 319—323 页。

乾隆四十四年，礼部主事泰斐绅，捐复革职，交银二千七百两。[①]

呈缴。捐复者呈缴银两，例由户部收纳，外省奏请捐复人员，声明就近在藩库交纳者，得旨后，该督抚即给咨该员先行赴部引见，如奉旨准其捐复，由部给发执照，以该员回省之日起，限三个月内照数上库。[②] 例如：

嘉庆十五年九月，“谕：据钱楷奏，容县知县冉基安，前因会匪黎树等，结拜添弟会，仅获首伙七名，部议照例降二级调用，先经该县绅耆人等两次吁请保留，均经批驳。嗣该抚查明该员实系操守廉洁，能留心整饬地方，民情爱戴，现据呈请捐复，可否准其捐复原官留于广西候补等语。冉基安于会匪案犯，虽未拿获及半，但已获首伙七名，非缉捕怠玩不能全获者可比。且据该抚查明，该员操守政绩，尚系出色之员，着加恩照该抚所请，准其捐复原官，即留于广西候补。其捐复银两，着就近呈缴广西藩库，俟补缺后再行送部引见”[③]。

至该员引见时，系奉旨仍发原省者，交银后即准其留省候补，毋庸再行赴部，系奉旨照例用者。交银后或奏留该省，或给咨赴选，由该督抚自行酌办。[④]

（2）捐复定以年限

捐复处分向未定限，得以随捐随升，乾隆三十三年七月，御史金云槐奏称，请将降革留任者，扣限半年，降革离任从宽留任者，扣限一年，准其捐复。而吏部却认为，捐复处分原为要缺需

① 孟姝芳：《清代乾隆朝官员行政处分研究》，中国人民大学博士论文未刊稿，第97页。

② 《宣宗成皇帝实录（一）》卷一九，道光元年六月上，第351—352页。

③ 《仁宗睿皇帝实录（四）》卷二三四，嘉庆十五年九月，第147页。

④ 《宣宗成皇帝实录（一）》卷一九，道光元年六月上，第351—352页。

人，碍于处分者而设，一例报捐，未免无别。若徒定以年限，限将满时倘又有新案处分，不无延案赶捐情弊。请嗣后题升各员，碍于处分者，专折奏请，其随时捐复之例概停。对此，皇帝最终同意了吏部的意见。①

当然，虽说此时乾隆不准捐复定以年限，但是后来的实践表明，捐复也有定限之例，例如乾隆五十年七月谕云：

> 吏部议覆，陕西巡抚何裕城奏，请将承缉逃兵处分停升各员，量加捐复等语。查此项革职留任人员，原定开复年限，本属不同，其应捐银数，即应分等递加。此内有曾经升任降补改补署事各员，应令各照现缺，一体报捐。至衔大缺小，衔小缺大，及先经留任，现未补缺，照原职分别捐复，均令以接准部文日起，勒限二年捐复。逾限不准报捐，仍由户部移咨吏部，查明有无别项处分，咨覆后收捐，再行汇题销案，论俸升转。从之。②

（3）捐复欠交官项

各省捐复人员，有欠交官项未完，该员具呈时，应将有无欠项呈明，并咨工部查核。乾隆三十八年定例，如应追银两逾限，及银数在三百两以下者，即令照数全缴，方准报捐。其有欠数较多，未经逾限者，准其先行捐复，仍令限内全完，倘逾限不完，已选者，即行解任，未选者，停其铨用。③

按照这个规定，数在三百两以上，定有年限，捐复后，依限

---

① 《高宗纯皇帝实录（十）》卷八一四，乾隆三十三年七月上，第1001—1002页。

② 《高宗纯皇帝实录（十六）》卷一二三四，乾隆五十年七月上，第585页。

③ 《高宗纯皇帝实录（十二）》卷九三〇，乾隆三十八年闰三月上，第518页。

可以完缴。但是，若是捐复人员，如有欠项数至千两，及数千两以上，若允许其先捐复，实际上为官员规避处分提供了条件，起不到真正的处分作用。因此，乾隆四十四年定例，对于这种情况的捐复官员，须交过十分之六，方准捐复，不得恃有限内捐复之例，置官项为缓图。[①]

（4）捐复多留本省

外官养廉优厚，外省降调人员，该督抚等往往奏请捐复原官，仍留本省补用，其京员降调，由该堂官奏请捐复者，甚属寥寥。[②] 例如嘉庆二十年四月谕云：

> 近来降调捐复人员，率多奏留本部本省，几似相沿成例。至丁忧推升人员，奏留尤属非宜，此中实难保无徇庇。若人地实在相需，亦难一概禁止。嗣后各部，及外省奏留人员，必该员缘事本案，系属公过，且平日办事实有劳绩可据者，均于折内详细声叙，候旨酌定，其余不得纷纷渎请，以杜夤缘而肃吏治。[③]

由此可见，官员恃有捐复之资，即使有过误降革，不日仍复原官，则其在官之日，已不免心无顾忌，若不肖之员，更复巧取私侵，豫积银两，此为捐复之一弊也。

（二）不准捐复

捐复制度，解决了清代朝廷的一时之急，而且得以捐复的官员基本上还是有一定可用之处，就是说准予捐复应该以人才为

① 《高宗纯皇帝实录（十四）》卷一〇八七，乾隆四十四年七月下，第597页。
② 《仁宗睿皇帝实录（五）》卷三〇六，嘉庆二十年五月，第64—65页。
③ 《仁宗睿皇帝实录（五）》卷三〇五，嘉庆二十年四月，第49—50页。

重，但是，若“议革议降者，人人希冀捐复，或亏帑朘民，豫为蓄资地步，殊与政治攸关”[①]。因此，清代规定许多情况下，官员不得捐复，兹择其重点条款开列如下：

奸赃不法，事涉营私者，不准捐复。

京察大计劾参各官，及随时以阘茸懈弛等罪劾参者，不准捐复。

曾拟死罪，已经赎免者，不准捐复。

革职永不叙用者，不准捐复。

承问故入人罪，及失入斩绞而囚已决者，不准捐复。

降调后已经补官者，不准捐复。

废员蒙恩录用者，不准捐复。

外官降革送部引见，奉旨改用京职，及指明以何官降补者，不准捐复。

近京五百里内疏防盗案，特参革职者，不准捐复。

失察邪教酿成滋事重案，系例不准抵者，不准捐复。[②]

由此可见，如果官员所犯之罪情节较重，一般不准捐复。相对于前面所讲捐复的弊端而言，这样对捐复官员进行必要的限制，确保在任官员的整体素质，对于维护正常的统治有积极意义。

总体而言，捐复制度满足了统治者的一时之需，也使得不少官员有了自新之路，然而，捐复毕竟是以金钱换官，使得权钱交易合法化，究于吏治有妨。而且捐复的泛滥，也使得本来严格的

① 《仁宗睿皇帝实录（四）》卷二六三，嘉庆十七年十一月，第573页。

② 《宣宗成皇帝实录（一）》卷一九，道光元年六月上，第351—352页。

处分制度失去了实际的效用，以此法坏彼法，所谓以“捐资而复之，亦非所以崇政体也”[①]。

第四节　呈　辩

清代初年，官员因受到处分不服或者有其他冤屈、压抑，旧例许于吏部呈辩。[②] 至迟康熙六年，皇帝关于官员因冤抑而发布的指示，还是向吏部作出，例如康熙六年闰五月己未谕云：

> 吏部等衙门：向来叩阍，自称冤枉、审系虚诬、有治罪之例，其果负屈者，止将叩阍之人伸理，承问官员无处分定例。嗣后凡叩阍，察明果系冤枉，除本人事情，即与伸理外，承问官员作何议处，着定例具奏。[③]

在此之后，关于官员受到处分后不服有冤抑，应向何部院呈辩，大体经历了三个发展阶段，即康熙、雍正和乾隆三朝。

康熙八年覆准，凡年久已结之案，有在吏部呈辩者，概不准行。如果有冤抑，许赴通政司鼓厅控告。至降级革职之官，或在通政司鼓厅呈辩具题者，吏部查明冤抑果实，准其开复，其同案内处分之人，一并昭雪。[④]

到了雍正时，官员对受到参劾或处分不服，主要是赴都察院

① 《仁宗睿皇帝实录（五）》卷三〇六，嘉庆二十年五月，第64—65页。

② 《钦定大清会典事例》卷八三，载《续修四库全书》第799册，第389页。

③ 《圣祖仁皇帝实录（一）》卷二二，康熙六年五月，第305—306页。

④ 《钦定大清会典事例》卷八三，载《续修四库全书》第799册，第389—390页。

呈辩，例如雍正三年六月乙酉谕云：

> 朕从前恐天下督抚参劾属员，或有不公，致受屈抑，曾降谕旨，令历年废官，具呈都察院查核题明引见，当经补用数员。……朕为天下臣民之主……岂可令郡县司牧，枉受冤抑乎。朕屡降谕旨，令督抚务宜秉公体恤属员……嗣后道府以下，知县以上各官，有实在冤抑，被参降革者，仍令赴都察院具呈。①

至乾隆时期，清代处分制度已经基本完备，呈辩途径也更加合理。对于受到参劾和处分的官员，如有不服和冤抑需要申诉，可以先部具呈，如果对结果仍然不满意，还可以赴都察院呈控。例如乾隆四年定例：

> 凡候补候选，以及曾经议处官员，如有应行呈明情节，咸准其赴部具呈，交与该司，将应准应驳缘由，详加考核，逐款明晰批示，分别办理。至既经具呈一次之后，如有复行捏词妄控者，一概不准收录。傥此内果有实属冤枉，令其自行赴都察院具呈。该院查明应行准理者，行文调取该部办理原案，及一应定例。②

官员呈辩的方式有两种：一为亲赴，例如雍正元年六月谕云：

---

① 《世宗宪皇帝实录（一）》卷三三，雍正三年六月，第507页。

② 《钦定大清会典事例》卷八三，载《续修四库全书》第799册，第390页。

外任文武官员，除特参贪酷外，其因公诖误，降革解退之员，将任内钱粮案件完结之后，各亲赴都察院具呈，十日一次，汇题代奏，有可取者，酌量录用。[①]

一为别人代呈，例如道光十六年八月谕云：

山东已革知县恩福之子监生德春，以代父鸣冤等词，赴都察院列款控告，着交经额布亲提人证卷宗，秉公查办。即将呈内所指各款，逐一研讯，务得确情，按律定拟具奏，德春着该部照例解往备质。至恩福逞刁渎诉一案，上年五月间业经奏结，迄今一年有余。该革员尚未回旗，其因何逗留该省之处，着该抚先行查明具奏。寻奏，恩福因交代未结，尚未回旗，报闻。[②]

当然，由于受到处分的官员，多由其上司参劾所致，所以官员在呈辩的过程中经常受到其上司的抑勒阻挠，为解决这个问题，雍正十三年议准定例：

直省各上司，有恃势抑勒者，许属官详报督抚，即行题参。若该督抚徇庇上司，不行参究，或督抚自行抑勒，致属官受屈难伸者，仍准其直揭部科。查明揭内情词，如果有抑勒实情，即行据揭具奏，将原揭一并行令该督抚确审该上司暂免解任，如审明该上司果有抑勒情由，题参到日，照抑勒例议处。若属官已知访揭题参，罪无可逭，即乘参本未到之

① 《世宗宪皇帝实录（一）》卷八，雍正元年六月，第163页。
② 《宣宗成皇帝实录（五）》卷二八七，道光十六年八月，第439—440页。

> 先，摭砌款迹，捏词诬揭部科者，部科查揭内情词，毫无确据，即据揭参奏，将该员解任，行令督抚确审。如审系诬揭，该员革职治罪。[①]

应该注意，这条例文，虽然主旨是防止上司抑勒属员呈辩，许属员直揭部科，但是，又存在逻辑上的矛盾，诸如有“督抚自行抑勒……将原揭一并行令该督抚确审”等语，既然督抚抑勒，督抚又岂能再审？

对于呈辩，该衙门一般要确查原参缘由，核实情况，其并无冤抑，系已身实有罪愆，人品不端，才力不及之人，混行具呈者，亦必重治其罪[②]，该部堂官如有办理未协，亦即奏明请旨察议，倘有营私受托等弊，都察院一经察访，即行参奏[③]。如实系舛错，即为奏请改正[④]，予以开复，一般“根据其原缺和开复官员的不同现状分别安排和任用。如该员未经离任，即准其仍留本任；若员缺到部已经有人拟补，于尚未引见之先即已开复者，亦准其留本任；如原缺拟补之人已经引见奉旨，则令新任官前往赴任，原官留省候补；误被揭参之员久离本省后始行查明开复，现已无任可回，其在州县以上，则令原籍督、抚给咨送部引见，系佐杂等官，则令原籍督、抚验看给咨，仍赴原省补用”[⑤]。

诚然，呈辩对受到参劾和处分的官员起到了救济作用，但是如果讦告成风，也会造成吏治疲骫之弊。清代中后期，被劾人员往往投递呈词，借端挟制，讦告之案，层见迭出。如被劾之员，

① 《钦定大清会典事例》卷八三，载《续修四库全书》第799册，第391页。
② 《世宗宪皇帝实录（一）》卷三三，雍正三年六月，第507页。
③ 《钦定大清会典事例》卷八三，载《续修四库全书》第799册，第390页。
④ 《钦定大清会典事例》卷八三，载《续修四库全书》第799册，第390页。
⑤ 艾永明：《清朝文官制度》，商务印书馆2003年版，第211—212页。

果有冤抑，原许其据实申诉，若于被劾本案之外，摭拾别项款迹，砌词耸听，显系怀挟私仇，藉图报复。而该管上司等，恐被讦告，遂多徇隐，或于开缺之后，始行纠参，或于已参之后，复为消弭，以致刁劣属员，肆无忌惮，究于整饬官方不利。因此，朝廷不得不对呈辩进行限制，例如咸丰元年七月谕云：

> 嗣后如有被参人员，以不干己事讦告上司，以图报复者，内外问刑衙门，着照定例，立案不行，仍分别治罪，以杜挟制各省督抚以下，凡有表率之责者。如果各励廉隅，奉公守法，自立于无过之地，俾该属员无瑕可指，亦何致启反噬之渐？惟当激发天良，洁己率属，不可因豫防挟制，隐忍姑容，亦不得因有立案不行之条，恃为无人发覆，遂不自加检束也。至各省遇有特旨查办之案，均应彻底根究，迅速清厘，毋得回护迁就，转致稽延，庶大法小廉，而劣员亦知所惩儆，于吏治人心，均有裨益。将此通谕知之。[①]

总体上而言，清代的呈辩制度，为冤屈、压抑的官员开了一条重新返回官位的途径，对维护君主的统治，肃清吏治，起到了积极作用。但是，正如前文所言，其制度本身也有不少缺陷，况且，在君主专制下的官官相护，也使其要真正发挥作用，有难以逾越的障碍。

---

① 《文宗显皇帝实录（一）》卷三七，咸丰元年七月上，第514页。

第五章 清代文官处分的评析

清代文官处分地位突出，作用明显，其完善了法律体系，确保了君主统治，为后世提供了可供借鉴的文本。究其形成原因，在于清代善于学习前代，勇于实践，提倡官德官范，立法技术提高。当然其也有弊端，主要包括处分的法律条文制定过于繁密，从而使胥吏得以上下其手，败坏吏治；皇帝立法坏法，处分不公；文官为自己利益计，常千方百计地规避处分，也使得处分的作用大打折扣。

第一节 价 值

一、完善了法律体系

古代皇帝讲求治官不治民的治国之道，然而治官不能仅靠言传身教，其有一最不坏的选择，即依法治官。据此，“文官管理的各个环节如考试、录用、分类、考核、奖惩、晋升、流动、培训、待遇、退休退职、管理机构、法律保障和监督等都应有法可依，任何违背文官法的行为都必须追究其法律责任”①。

① 艾永明：《清朝文官制度》，商务印书馆2003年版，第389页。

清代之前，关于文官的法规实际上已经相当完备，不过其关于文官处分制度的规定，始终没有完全独立，且不成体系。至清代，这一现象发生了较大变化，即文官处分制度已基本独立，且自成体系。具体表现在四个方面：一是有了系统的处分种类，分罚俸、降级和革职三种，除此之外，还有罚银、削级、削职、勒休等，虽无处分之名，却有处分之实。二是有了固定的管辖机关，吏部是文官处分的管辖机关，都察院行使对吏部官员的处分，同时，重要的案件还可以由部院大臣会议议处。三是有了单独的法律依据，《吏部处分则例》是文官处分的主要法律渊源，同时，会典、事例、条例、律文也可以作为渊源，而且在无法律明文情况下，还可以比议、酌议。四是有了特别的适用原则，例如，失入失出原则，清代刑罚和处分都适用，但是具体操作时，却正好相反。

可见，清代文官处分，使得文官管理制度更加健全，完善了相关法律体系，在实践中，也极大地推动了行政机构的良性运行。

二、确保了君主统治

文官处分这项制度，在清代起到了规范官员行为，确保国家沿着君主为代表的国家意志运转的积极作用，这是庞大的国家机器维持正常运作所不可或缺的。具体表现如下：

（一）体现皇权至上原则

在中国古代社会中，皇权是整个国家唯一核心，至高无上，无法被超越。皇帝就是皇权的集中代表者，具有无上权威，是整个国家唯一主宰，掌控国家包括行政、军事、立法、司法、文教等的一切权力，且基本不受限制。

文官作为中央或地方的治理者，其本身的权力并不来源于人民的赋予，从根本上说是皇权的延伸，官员的任务就是代表皇帝行使职权，因此其奖惩升迁、生杀予夺等都操之于皇帝。清代文官处分制度就充分体现了皇权至上原则，具体体现在以下三个方面：

1. 处分的立法权在皇帝

清代立法的基本程序是，先令大臣们呈上书面意见，经皇帝审议后，以皇帝个人的名义批准实施，这种立法模式，从清入关初年延续到清朝灭亡未有变化。由此反观前文，在本书第一章中，已详细论述了处分则例、事例、条例及律文等的制定过程，这就充分反映了清代皇帝是设定处分法规的最终决定者。

2. 是否提起处分权在皇帝

处分的开始方式，有特旨、参奏和陈请三种。特旨自然是皇帝意志的表达，不容置疑；参奏和陈请虽然是由大臣提出，但是参奏或陈请后，是否会开始处分的程序，还得由皇帝决定，如果皇帝不在题本或奏折上朱批同意，仍然不会进入程序。

3. 处分的裁决权在皇帝

处分议处的权力虽然在吏部和都察院，但是，部院在议定后，还得送交皇帝裁决（决定方式有皇帝径决和部议圣裁两种，前有详述，兹不赘述），然后才能敕下执行。

（二）保障官员基本生活

清代官员俸禄微薄，若没有特别支出，仅保证自己及家人的基本生活，还勉强过得去。然而，当官员身罹参案，被处以罚俸、降级，甚至革职时，常常出现入不敷出的窘境，外任官员有时连回家的盘缠都无法凑齐，客死他乡者，也不乏其人。考虑到这种情况，清代在制定处分则例时，非常重视对官员的保障。

1. 罚俸之员，不必勒限追缴

向来外任大小官员罚俸，如罚俸一年者，则将本年应领俸银扣抵，若再有罚俸之案，则勒限一年，追出俸银解部。如一年不完，又罚俸一年，辗转增加，常有因一二年罚俸，而积至数年，或数十年者，此例不甚妥协。在罚俸多案之州县，与力薄难完之微员，深为可悯。因此，雍正七年九月定例，凡有此等罚俸之员，倘力不能完，即将伊任内应得之俸，逐年扣抵，不必勒限追缴。①

2. 微员无力回籍者，令该督抚设法料理

直隶各省州县官，或革职，或被参解任，或身故者，妻子尚能回籍。其县丞、主簿、典史、驿丞等微员，革职、解任、身故者，无力回籍，羁留异乡，不免冻馁，甚至有全家死亡者。即使犯罪至死，亦与妻子无涉，甚属可悯。且如各地方鳏寡孤独，不能度日，尚设立养济院，以育养之，此等微员，理应抚恤。康熙五十三年十二月定例，直隶各省，如有县丞等微员，革职、解任、身故，无力回籍者，该督抚设法，令回原籍，无致失所。②

这样做本是国家轸恤下僚之至意，督抚办理此事，自应妥议捐助，俾穷员家口，得沾恩泽。然而，具体操作中，各省督抚，吝惜己赀，于通省各微员俸银养廉内扣除，以为资助之用。微员本来俸少禄薄，再行扣减，于情理大不协。因此，乾隆元年七月规定，微员离任身故，实系穷苦不能回籍者，着该督抚于存公项内，酌量赏给还乡路费，每年造册报销，不得派及现任之微员。③至于参革人员，其间情罪轻重，不可不加以区别，或虽经参革，

① 《世宗宪皇帝实录（二）》卷八六，雍正七年九月，第146页。

② 《圣祖仁皇帝实录（三）》卷二六一，康熙五十三年十二月，第575—576页。

③ 《高宗纯皇帝实录（一）》卷二三，乾隆元年七月下，第538页。

而无劣迹者，自应照旧赏给，如有侵贪重款，则系有罪之人，不得仍行给与。总之，对于皇上的格外之恩，各省大吏司其事者，不得过刻，亦不得太滥。①

对于教官遭处分，不能回籍者，各直省亦有照微员例酌量赏给还乡路费的情况。唯湖广、江西、四川、云南、广西等省，从无给过。教职品级，原与县丞相仿，虽籍隶本省，其中亦有相隔数百里至千里者，路途遥远，不无乏费之员。乾隆十年五月定例，各省教官，有相隔本地五百里以外，实系艰窘者，俱着照例赏给还乡路费。②

（三）维持日常行政运行

国不可一日无君，各部院及地方省府、州、县，署印长官也必须保证时时在任。只有这样，才能维持整个政府机构的运转，然而，当官员受到降级或者革职时，有时需要离开原任，造成本任职位空缺，影响行政。而且，有的官员在获知已犯黜革之条时，自知无法保住官位，便借机侵渔。因此，为解决这种状况，在处分时，需要一些技术措施。

1. 降调革职之员，即行摘印

雍正五年，贵州布政使祖秉圭条奏称，外任各官，已犯黜革之条，自知功名不保，经营归计，不顾官箴。请嗣后督抚于题参后，即行摘印，遴员委署。雍正五年六月，吏部议覆，查大计八法，及亏空钱粮，旧例出本后，即行摘印；至于钱粮经征经催，刑名承缉接缉，凡关系革职者，须详核分数，扣算限期，方可定议。况降调官员，或有加级纪录抵销，未便遽行摘印。得旨：凡

① 《高宗纯皇帝实录（二）》卷一一五，乾隆五年四月下，第679—680页。

② 《高宗纯皇帝实录（四）》卷二四一，乾隆十年五月下，第107—108页。

外任各官，有应行降调革职者，或奉朕特旨留任，故该部议称未便遽行摘印。但祖秉圭所奏，亦切中情弊，不可不加防范。嗣后该督抚题参降调革职之员，即行摘印，委员署理，俟该部议覆，奉旨定案之日，再行开缺，若有旨宽免，仍准复任，永着为例。①

2. 降调革职之员，禁止戴原官顶帽

官员顶帽是官员身份和地位象征，同时也可以维护国体，保证行政机构正常运转。降调人员应该更戴顶帽，革职人员则不能再戴官员顶帽，然而仍有降调革职之员戴顶帽之例，其主要想借此获得利益，客观上影响了国家的正常行政，例如乾隆三十一年七月谕云：

> 吏部议准，河南布政使佛德奏称，官员顶帽，例应各按品级戴用，今外省有已经降调，尚未补缺，并业经革职之人，公然仍戴原官项帽。请申明例禁，通行严加查察，如有违犯，即照违制例议处治罪，地方官纵容瞻徇，隐匿不报，各照例予以处分。从之。②

综上可见，文官处分对于清代规范官员行为，确保国家机器

---

① 《世宗宪皇帝实录（一）》卷五八，雍正五年六月，第877—878页。又，乾隆三十年二月谕云："吏部议覆，江西按察使廖瑛奏称，各省府、州、县官，遇一切承审获咎，及失察瞻徇，因公诖误等案，向例咨参后，并不离任，恐启侵渔等弊。请嗣后先由各督抚，查明例得处分，除罚俸、降级留任，并降级有级抵销者，仍照旧例外，其降级、革职应离任者，题咨时，即委员署印，清查仓库，听候部文到日，分别办理。查承审错误，情节不同，瞻徇失察，因公诖误，事有轻重，降、革尚须酌议，未便概令离任，应俟部议降革奉旨后，部咨到日，即委员接任。惟钱粮、盗案，限满应降革无级抵销者，该督抚于查参日，先令离任，俟部议奉旨后开缺。从之。"（《高宗纯皇帝实录（十）》卷七二八，乾隆三十年二月上，第21页。）这似与雍正年间的规定有所差异，特录此存疑。

② 《高宗纯皇帝实录（十）》卷七六五，乾隆三十一年七月下，第399页。

运转是不可或缺的。清法承前，但在国家管理过程中，不断摸索实践，总结出这一套文官处分制度，是一种历史的发展，为后世提供了研究相关法律沿革的重要素材，同时，对提高今日国家管理水平，完善相关法律，也不失为一个良好的借鉴文本。

第二节　原　因

在前面，详细论述了清代文官处分制度的重要价值，然而，对于研究者而言，须知其然更知其所以然，兹将清代为何可以制定出这一制度的原因分述如下。

一、善于学习前代

满族具有悠久的发展历史，但是在其发展过程中，其社会发育程度与汉族还是存在一定差距。不过，由于其善于学习，在入关以前，从努尔哈赤起，就开始学习明朝的典章制度，加以借鉴应用。例如其建立的“世职”制度，为以后清代建立官员的品级制度奠定了基础，也正因此，才有可能出现罚俸、降级和革职的处分种类，它们都是以官员品级为基础，不同品级不同俸禄，不同品级不同职位。

二、勇于实践创新

清以少数民族入关，统治中华大地，除了要保持自己的满族传统外，最大的压力是要统治人数多倍于己的汉人，其内心中常有紧张之感。这种背景下的清代统治者，不可能完全参照以前汉人的统治模式，许多制度都需要实践创新。就文官处分而言，在明及明以前的朝代，一是没有单独的处分法规，大多是杂糅于刑事法典中，而清代，创制了《吏部处分则例》这一单独的处分法典；二是对文官行政上的惩罚，例由刑部负责，吏部只重铨选，而清代，则明定吏部为文官处分的管辖机关；三是每个具体事项，应该怎样处分，程度如何，都是先实行，然后不断调整，这从清代不断修订处分则例就可以看出。

三、提倡官德官范

官员的处分与规范教化具有密切联系。中国传统社会对官德、官范要求极高，既有科举制度的引导保证，又有考绩、奖惩的推进，而其根本目标是为维护皇权，维护封建政治、经济制度。书中第一章所论处分事由及随后所举大量案例充分说明，处分的事由无不体现清代以皇帝为代表的统治阶级对官德、官范的要求，其核心，就是要求对皇帝效忠，尽心竭力地为皇帝办事，如果有官员胆敢逾越这条界限，轻者受到处分，重者还得受到刑事惩罚。

四、立法技术缜密

自秦以来，中国古代的立法技术不断提高，日臻严密。至清代，已臻完善。就清代处分立法而言，有两点可以体现其立法技术的水平：

一是立法机关确定。清初设律例馆，独立于吏部之外，各部则例、条例、事例、律文皆由各部派员与律例馆官员共同草拟，顺治、康熙时期的处分则例皆是通过这种形式制定。然而，随着实践的发展，这种立法体制出现了很多弊端，由于律例馆官员并不通晓各部事务，所以制定的法律多有前后互异之处，乾隆初年，将律例馆隶于刑部专司刑事法规的制定，而各部的则例则由各部自己制定，故乾隆后的处分则例基本由吏部完成。

二是处分法律体系完备。处分的核心法典为《吏部处分则例》，同时辅以会典、会典事例、条例和律文。处分则例又分属、目、条三级，在具体适用时，先据则例条文，无条文则引律，无例和律则比议，无可比则酌议。

第三节 弊 端

尽管清代的文官处分制度在当时社会治理中发挥了积极作用，但是也有其不可避免的弊端，这大大削弱了其在实际运作中的影响。究其弊端，或制度设计本身有弱项，处分条文繁密；或皇帝行使处分权时畸轻畸重，立法坏法；或各级官员做官求利的本质属性使之积极规避处分。

一、处分条文繁密

立法的本意，在于课公核实，而防奸伪，“但用之不善，则本以课公，或因琐细而转至羁迟；本以核实，或不胜繁数而应以具文；本以防奸，乃本病未去而它病丛生”①。就清代处分则例而

① 《皇清奏议》卷四三，第七册，转引自孟姝芳《清代乾隆朝官员处分研究》，中国人民大学博士论文未刊稿，第93页。

言，“小则罚俸，大则降革，几于一事一处分矣”[①]。如此繁密的法律，“以致奉行者，或以胶执为守法，或以苛索为详明，或例所未载，援引比附，轻重失宜，徒据成规，罔原情理；大小各官，稍有过误，动触文网，虽具才能，弗获展布，深为可惜”[②]。可见，处分则例过于繁密，有很多弊端，要之有二：

其弊一，胥吏[③]因缘为奸，高下其手，巧为规避[④]。清代，则例纷纭，权总归于胥吏，欲轻则有轻条，欲重则有重拟。例如，违限一事，有计月降调之例，有怠缓迟延之例，又有慢上误公之例，又有置若罔闻之例，事同法异，难以枚举，总是多立名色，便于高下其手。[⑤] 诚如嘉庆十八年十一月谕云：

> 从前立法之意，私罪立予创惩，公罪量为原宥，所以区分贤不肖者，至为简当。自定例屡经增改之后，条目滋多，日趋苛细，书吏因缘为奸，虽有贤能之员日诖吏议，而庸碌者或以幸免，于甄别人材澄叙官方之道，甚无益也。着吏兵二部，将文武处分则例公罪各条，逐加详核。凡事涉具文，无关政治者，一切处分，奏明大加删减，务使而易遵，信而可守，贤员不致掣肘，不肖者无所施其伎俩，书吏不能高下其手。庶地方文武各官，少所牵碍，得以展布谟猷，尽心职

---

① ［清］贺长龄辑《皇朝经世文编》卷一六《吏政二·吏论下·上制军条陈利弊书（周镐）》，光绪二十四年上海宏文阁铅印本（下同），第6页。

② 《圣祖仁皇帝实录（一）》卷四三，康熙十二年九月，第575页。

③ 此处的吏非指官员而言，大多为衙门里办差人员。可参考本书第一章中《对象》一文的相关内容。

④ 规避即设法躲避之意。

⑤ 《皇朝经世文编》卷一五《吏政一·吏论上·请除无益条例疏（李之芳）》，第11页。

守，用副朕蠲涤烦苛，敦崇实政之至意。[①]

其弊二，官员因公解任者居多，不能久安其位。清代定处分之例，“不论贤与不肖，而但绳之以苛急之法，虽廉能之品，一遇小节细故，即不能久安其位。如大选急选，每次出缺，其间以贪庸解任者，十无一二，大率以公事诖误而去之。天下之贤者，不可以多得，安知后来之人，必胜从前之官，迎来送往”[②]。所以清代有人说道：“公罪不可避，私罪不可有。”[③] 诚如所论。

由是，若“立法之初，不能详究事势，预为变通之地，后人承其已弊，拘于旧章不能更革，而复立一法以救之，于是法愈繁而弊愈多，天下之事，日至于丛脞”[④]。概而论之，“例繁则事繁，例简则事简”[⑤]，法贵在简明。

二、皇帝立法坏法

在君主专制的社会，皇权至高无上，“在实际权力变更过程中，各种考课监察制度和任免程序规定，并不能束缚君主的手脚。君主可以根本不顾任何明文法规规定和法定程序，随心所欲地做出任免赏罚官员的决定，只要符合君主的心愿，则不论是否

① 《仁宗睿皇帝实录（四）》卷二七八，嘉庆十八年十一月上，第792页。

② 《皇朝经世文编》卷一五《吏政一·吏论上·请除无益条例疏（李之芳）》，第11页。

③ ［清］汪辉祖：《学治臆说》，载《续修四库全书》第755册，上海古籍出版社1995—2002年版，第334页。

④ ［清］顾炎武著，黄汝成集释《日知录集释》（上）卷八，花山文艺出版社1990年版，第377页。

⑤ 《圣祖仁皇帝实录（一）》卷一六，康熙四年七月，第234页。

合乎规定，也能得到不循常规、非制度、非程序的超迁”[1]。

就清代文官处分而言，皇帝往往立法又坏法，具有较大的随意性，主要表现在两个方面：

一是无视制度规定，自创处分种类。例如本书第二章中“备考”所论，皇帝在罚俸七等之外，又创罚俸四年；在降级调用五等之外，又创降六级调用、降八级调用；在革职或革职永不叙用同时，又要附带给予官员额外惩罚。

二是办理不公，一令用于此不用于彼，行于前不行于后。例如乾隆时曾发生官员失察西洋人传教案件，对各地官员的处分结果就有极大不同，其除现任藩臬以上，“公过均蒙圣恩留任外，其余各省大小官员失察西洋传教处分，入广东、山西等省，则全行从宽留任，湖广、陕西等省则降调送部，又有此省州县从宽留任，而彼省上司降调送部，或传教地方从宽留任，而经过地方降调送部”[2]。

三、官员规避严重

前面讲到，清代处分相关法律太过繁密，大概法太密则顾忌不得不多。国家设定处分法，原为止奸惩贪，防微杜渐，用意甚为明确。然而，综观清代的处分执行情况，并不尽如人意，一边是朝廷强化处分乐此不疲，一边却是官员明目张胆地规避[3]处分，

① 余华青：《权术论》，陕西人民出版社 1996 年版，第 362 页。

② 中国台湾“故宫博物院”编《宫中档乾隆朝奏折》第 62 辑，中国台湾“故宫博物院”印行 1977—1980 年版，第 646 页，转引自孟姝芳《清代乾隆朝官员行政处分研究》，中国人民大学博士论文未刊稿，第 64 页。

③ 官员对应做之事，有意或无意不予执办，称作规避。（李鹏年、刘子扬、陈锵仪编著《清代六部成语词典》，天津人民出版社 1990 年版，第 63 页。）

而且愈演愈烈，相习成风，致使吏治不举，政事废弛，民怨随之沸腾不已。究其原因，或出于官员己身利益，或出于上司庇护属员，等等，不一而论。其规避的手段更是多种多样，要么讳匿不报，要么窜改捏造，无所不用其极。又规避的领域，涉及日常行政的方方面面，相当广泛，实在不能尽述。下面列举官府处理刑事案件各个环节中涉及的规避行为予以说明。

（一）报案环节

地方官遇有以劫案报者，常置若罔闻，避重就轻，为规避处分起见，讳匿不报，致使地方治安混乱。例如咸丰三年三月谕云：

> 有人奏，上年冬间，直隶正定府，阜平县属，有土匪多人抢劫，伤毙事主之案。本年二月间，行唐县及灵寿县各属，亦俱有土匪肆抢，拒伤事主重案等语。畿辅重地，理宜肃清，前经降旨查办安肃等处教匪，不知现在如何办理。似此土匪啸聚，恣意横行，若不及早查拿，尽数惩办，必致养痈贻患，滋蔓难图。近来地方官，规避处分，讳盗不报，该上司弥缝粉饰，相习成风，酿乱之由，实因乎此。[①]

（二）查缉环节

地方文武官员，遇有查缉逃犯案件，有时纵使不知是何人捕到犯人，也说成是与兵役协同拿获，以证明自己积极督缉，借此规避处分。例如，乾隆五十四年七月谕云：

---

① 《文宗显皇帝实录（二）》卷八八，咸丰三年三月中，第165页。

> 据盛京侍郎僧保住奏，吉林遣犯王淘气，商同蔡和尚脱逃，行至宁远州地方，被查街旗民兵役拿获等语。遣犯在配脱逃，该管文武衙门，自应各派兵役，上紧督缉，如有拿获之案，即照例量加议叙，以示鼓励。今僧保住所奏逃遣王淘气及蔡和尚二犯，自必有首先盘获之人，乃辄称被查街旗民兵役等将该犯拿获之语，殊属无谓，岂有该处旗民兵役同时拘获二犯之理。因思外省地方文武各官往往规避处分，遇有查缉逃犯案件，所获人数仅止一二名，亦必叙入兵役协同拿获字样，冀免处分，致究系何人缉获之处，转不明晰，殊为外省恶习。除僧保住另行降旨申饬外，着传谕各省督抚，嗣后如有拿获案犯，或系营兵，或系衙役，务须据实奏明，毋得稍存规避，致蹈牵混陋习。①

（三）承审环节

在承审时，若遇劫案，必使之改劫为窃，改多人为数人，所劫之赃，亦必改多为少，然后收呈。② 若遇命案，有时则捏词呈报。例如：

乾隆四十一年六月壬子，“谕：据闵鹗元奏，定远县知县倪存谟，于英山县任内，审理僧广明因奸致死杜得正一案，不能审出实情，转将尸子杜如意刑吓，误认杀父重罪。又缘犯案已久，希图规避处分，删去尸亲两次呈词，捏作访闻详报，以致案情颠

① 《高宗纯皇帝实录（十七）》卷一三三四，乾隆五十四年七月上，第1071—1072页。

② 《宣宗成皇帝实录（五）》卷二六九，道光十五年七月，第132页。

倒，几成冤狱。请旨将倪存谟革职等语。倪存谟，着革职”①。

审案时，需要引用法律条文，然而，清代有律有例，援引本不同，在具体适用时，官员害怕引错遭处分，也会采取相应的对策。例如：

康熙二十七年十一月，“刑部题，审拟各案，有律者引律，无律者引例，此旧制也。今督抚及承审各官，多有律例两引，候部臣定夺者，或有失轻失重之处，可以规避处分，且恐受人嘱托，借此作弊。请嗣后将律例两引者，概行停止。从之”②。

（四）奏案环节

积案问题，一直是清代难以解决的痼疾，而案件的处理状况，正是作为官员考核基础，其结果有可能得到相应的处分，因此，官员在奏报积案时，以多报少，以图免议，诚如嘉庆十二年七月谕云：

> 据汪日章奏，查明通省未结积案一折，并开具清单呈览。朕详阅折单内，藩臬两衙门经历任督抚批提审讯未结之案，及自理未结案件，均不过数十件及数件，其转饬府州审办之案未结者，自二百余案，至十余案不等，尚不至积压过多，均可不必予以处分。惟是前此直隶、江西、福建各督抚查奏未结案件，多者二千余件，少亦不下数百件，是以降旨均令查取职名交部议处。今汪日章奏江苏未结积案，尚不过多，或该省官员因恐干吏议，故意以多报少，甚或将案件草率完结，希图少报，得免处分。若果如此，则民闲冤抑必不

① 《高宗纯皇帝实录（十三）》卷一〇一〇，乾隆四十一年六月上，第566页。

② 《圣祖仁皇帝实录（二）》卷一三七，康熙二十七年十一月，第499页。

能伸，势必至告讦纷烦，愈滋案牍，将来别经查出，其获咎更重矣。所有江苏查明未结各案，该抚现已分别饬属勒限提讯，务即核实稽查，以清尘案。嗣后各督抚清查积案，仍须饬属详细审理，据实开报，勿任规避处分，稍涉颟顸。将此通谕知之。[①]

由此可见，官员规避处分，手段变化多端，而且在各个环节都有钻营，这样的结果，应该不是制度设计的本意，正是应了一句话：上有政策，下有对策。

诚是如此，对于规避处分，皇帝不可能不知，除了屡次降旨告诫申饬外，有时会直接驳斥欲图规避的行为，言辞锋利，近似讥讽，例如乾隆十一年闰三月谕云：

湖南巡抚杨锡绂奏，善化县员缺紧要，查有署湘阴县知县徐梁栋，可以调补。但该员现有承缉盗案未获，不但与例不符，且似规避处分，因据实奏明，可否准其调补，恭候钦定。得旨：湘阴亦属要缺，何必调补为哉，且阖省属员中，岂无一堪胜善化者。汝以为彼规避处分，朕将谓汝代彼规避矣。[②]

当然，为官者不全是没有担当之辈，对于实心任事，一心为公，即使以前有失察之过，只要办案不规避处分，也会得到相应的奖赏。例如，嘉庆十七年，滦州发生了一起民人董怀信等传教蛊惑人心的案件，滦州知州汪洞严查此案，将首从各犯按律惩

① 《仁宗睿皇帝实录（三）》卷一八三，嘉庆十二年七月，第407—408页。
② 《高宗纯皇帝实录（四）》卷二六三，乾隆十一年闰三月下，第414页。

办，并不规避处分，将案件如实上报，得到了嘉庆的表扬和奖赏：

> 汪洞查办此案，不规避处分，据实详报，获犯解办，尚属实心任事。着该督查明该员在任年分，如到任在三年以外，其失察日久，其功过仅足相抵，着将处分宽免。如到任在三年以内，则该员到任未久，即能留心查访，将多年传教巨案，破获惩办，除功过相抵外，仍奏明交部议叙。①

综上，官员规避处分，无处不在，无时不有，结果必是“祸国殃民”。国家制定法律，意在示惩，俾使执事者得以炯戒。其为贪婪，铤而走险犯罪者，固不待论，然而，表面守法，背下积极行规避之能事，也并不值得称道，此足为吏治者鉴。

① 《仁宗睿皇帝实录（四）》卷二五九，嘉庆十七年七月，第502—503页。

结　语

有清一代，沿袭汉制，参用满俗，创设了独特的文官处分制度。这一制度总体而言，已基本独立，且自成体系，其表现有四：一为有系统的处分种类，二为有固定的管辖机关，三为有单独的法律依据，四为有特别的适用原则。这一制度的制定和完善，使得清代文官管理制度更加健全，有力地确保了中央集权的君主专制下国家机器的良性运转，对于康雍乾盛世的出现及清入关后延续二百六十多年的统治，也不无促进作用。

制度的生命在于其合理性和积极性，清代的文官处分制度，长期存在，并不断发展，自有其不可替代的价值。概而言之，其优点主要有二：

一是法律体系完备。清代规定处分的法律有会典、事例、条例、则例和律文。其中，处分则例的制定，更是认定清代处分基本独立的重要标志，正所谓，一部吏部处分则例，自罚俸以至革职，各有专条，官员自朝至暮，何时不担处分，何事不可去官。

二是立法技术缜密。清代文官处分体系健全，例如，处分类别分为惩戒和惩处两类，处分种类分为罚俸、降级和革职三种，开始方式分为特旨、参奏和陈请三类，议定处分分为严议、议处和察议三等；同时，还适用自讼、抵销、开复和呈控四种救济方式。凡此种种，都说明当时的处分制度已经达到了较高的技术化程度。

尽管清代的处分制度，在当时社会治理中，发挥了积极作用，但是也有其不可避免的弊端：

一是处分条例繁密。清代从中央到地方，大小官员，在日常行政中，一旦有过失和错误，都有给予处分，比较小的则罚俸，比较大的则降级或革职，几乎是一件事项对应一个处分。

二是皇帝往往立法又坏法，具有较大的随意性。主要表现在两个方面：一为无视制度规定，自创处分种类。二为办理不公，一令用于此不用于彼，行于前不行于后。

三是清代处分相关法律太过繁密，大概法太密则顾忌不得不多。综观清代的处分执行情况，并不尽如人意，一边是朝廷强化处分乐此不疲，一边却是官员明目张胆地规避处分，而且愈演愈烈，相习成风，致使吏治不举，政事废弛，民怨随之沸腾不已。究其原因，或出于官员己身利益，或出于上司庇护属员，不一而足。其规避的手段更是多种多样，要么讳匿不报，要么窜改捏造，无所不用其极。规避的领域，更是涉及日常行政的方方面面，相当广泛。而皇上为了维持行政也不得不加恩示恤，不断减免处分。这种弹性空间，自是君臣共治的体现，但也不可避免成为吏治败坏的源泉。

可见，清代文官处分制度，优点突出，弊端也不少，但就总体而言，这是个出色的设计。它在清代付诸施行，贯彻始终，至清末改革未有根本变化，充分证明了其独立存在的价值。更值一提的是，它并没有因清朝的覆亡而销声匿迹，而是在后来的历史中得以延续和发展。

参考文献

《清实录》，中华书局1986年版。

［清］昆冈等修，吴树梅等纂《钦定大清会典》，载《续修四库全书》第794册，上海古籍出版社1995—2002年版。

［清］昆冈等修，刘启端等纂《钦定大清会典事例》，载《续修四库全书》第798，799，800册，上海古籍出版社1995—2002年版。

《钦定六部处分则例》，光绪十三年重修，光绪十八年上海图书集成印书局印。

田涛、郑秦点校《大清律例》，法律出版社1999年版。

《钦定工部则例》，《都察院则例》，《钦定台规》，《钦定王公处分则例》，《钦定总管内务府现行则例》，《钦定大清会典》，载张友渔、高潮主编《中华律令集成·清卷》，吉林人民出版社1991年版。

《钦定户部则例》，同治十三年刻本。

《刑案汇览》，道光十三年刻本。

［清］贺长龄辑《皇朝经世文编》，光绪二十四年上海宏文阁铅印本。

［清］盛康编《皇朝经世文续编》，光绪二十三年武进盛氏思补楼刊版。

［清］牛天宿：《百僚金鉴》，载《续修四库全书》第755册，上海古籍出版社1995—2002年版。

［清］汪辉祖：《学治臆说》，载《续修四库全书》第755册，上海古籍出版社1995—2002年版。

［清］沈家本：《历代刑法考》，中华书局1985年版。

《历代职官表》，商务印书馆“丛书集成初编”本1936年版。

《录副奏折·雍正乾隆朝》，中国第一历史档案馆数据库。

中国第一历史档案馆编《乾隆朝上谕档》，档案出版社1986—1991

年版。

《吏科史书·纠参处分》，中国第一历史档案馆缩微胶卷。

《吏科题本·纠参处分》，中国第一历史档案馆缩微胶卷。

中国台湾“故宫博物院”编《宫中档乾隆朝奏折》第62辑，中国台湾“故宫博物院”印行1977—1980年版。

［清］仁和琴川居士辑《皇清奏议》，文海出版社1967年版。

《辞源》，商务印书馆2002年版。

陈复华主编《古代汉语词典》，商务印书馆1998年版。

李鹏年、刘子扬、陈锵仪编著《清代六部成语词典》，天津人民出版社1990年版。

杨伯峻：《论语译注》，中华书局1980年版。

［清］钱大昕：《十驾斋养新录》，上海书店出版社1983年版。

［清］顾炎武著，黄汝成集释《日知录集释》，花山文艺出版社1990年版。

艾永明：《清朝文官制度》，商务印书馆2003年版。

织田万：《清国行政法》，中国政法大学出版社2003年版。

蒲坚：《中国古代行政立法》，北京大学出版社1990年版。

孟姝芳：《清代乾隆朝官员行政处分研究》，中国人民大学博士论文未刊稿。

柏桦：《明清州县群体研究》，天津人民出版社2003年版。

郭松义：《清朝典制》，吉林文史出版社1993年版。

王亚南：《中国官僚政治研究》，中国社会科学出版社1981年版。

戴逸：《18世纪的中国与世界·导言卷》，辽海出版社1999年版。

马小红主编《中国法律思想史研究》，中国人民大学出版社2007年版。

孔飞力：《叫魂》，上海三联书店1999年版。

瞿同祖：《清代地方政府》，法律出版社2003年版。

那思陆：《清代中央司法审判制度》，北京大学出版社2004年版。

孔令纪：《中国历代官制》，齐鲁出版社2002年版。

墨子刻：《摆脱困境：新儒学与中国政治文化的演进》，江苏人民出版社

1990 年版。

张晋藩主编《清朝法制史》，中华书局 1998 年版。

张晋藩总主编《中国法制通史》，法律出版社 1999 版。

张晋藩、李铁：《中国行政法史》，中国政法大学出版社 1991 年版。

李曙光：《晚清职官法研究》，中国政法大学出版社 2000 年版。

王钟翰：《王钟翰清史论集》，中华书局 2004 年版。

吴庚：《行政法之理论与实用》，中国人民大学出版社 2005 年版。

张德泽：《清代国家机关考略》，学苑出版社 2001 年版。

苏亦工：《明清律典与条例》，中国政法大学出版社 2000 年版。

郑秦：《清代法律制度研究》，中国政法大学出版社 2000 年版。

张金鉴：《中国文官制度史》，中国台湾华冈出版有限公司 1977 年版。

孔德明：《中国古代服饰用具职官》，北京广播学院出版社 1996 年版。

李孔怀：《中国古代行政制度史》，复旦大学出版社 2006 年版。

郭宝平：《中国传统行政制度通论》，中国广播电视出版社 2000 年版。

雷荣广、姚乐野：《清代文书纲要》，四川大学出版社 1990 年版。

左言东、陈嘉炎：《古代官制纵横谈》，新华出版社 1989 年版。

庄吉发：《清代奏折制度》，中国台湾“故宫博物院”印行 1979 年版。

田兆阳：《中国古代行政史略》，新世界出版社 1994 年版。

C. 莫里斯、D. 布迪：《中华帝国的法律》，朱勇译，江苏人民出版社 2004 年版。

余华青：《权术论》，陕西人民出版社 1996 年版。

彭安玉、胡阿祥：《政治与道德教化》，江苏古籍出版社 2002 年版。

杨建祥：《中国古代官德研究》，上海古籍出版社 2004 年版。

李建华：《中国官德》，四川人民出版社 2000 年版。

袁庭栋：《古代职官漫话》，巴蜀书社 1989 年版。

谢振民编著《中华民国立法史》，中国政法大学出版社 2000 年版。

姚锐敏、易凤兰：《违法行政及其法律责任研究》，中国方正出版社 2000 年版。

杨景宇、李飞主编《中华人民共和国公务员法释义》，法律出版社 2005

年版。

刘毓兰：《清代官员的罚俸制度》，《故宫博物院院刊》1983 年第 2 期。

郑定：《略论台湾法律制度的渊源与变迁》，《中国人民大学学报》1994 年第 1 期。

陈桦：《清代财政与经济发展》，载郭成康等《康乾盛世历史报告》，中国言实出版社 2002 年版。

潘喆、孙方明、李鸿彬：《清入关前史料选辑·天聪朝臣工奏议》，中国人民大学出版社 1989 年版。

杨一凡总主编《中国法制史考证·历代法制史考》甲编第七卷，中国社会科学出版社 2003 年版。

图书在版编目（CIP）数据

清代文官处分研究/董瑞著．—北京：北京联合出版公司，2020.8

ISBN 978－7－5502－8951－2

Ⅰ.①清… Ⅱ.①董… Ⅲ.①文官制度—处罚—研究—中国—清代 Ⅳ.①D691.42

中国版本图书馆 CIP 数据核字（2016）第 262835 号

清代文官处分研究

作　　者：董　瑞
出 品 人：赵红仕
责任编辑：申　妙
出版发行：北京联合出版有限责任公司
　　　　　北京联合天畅文化传播有限公司
社　　址：北京市西城区德外大街 83 号楼 9 层
邮　　编：100088
电　　话：（010）64243832
印　　刷：固安县云鼎印刷有限公司
开　　本：787mm×1092mm　1/16
字　　数：213 千字
印　　张：18
版　　次：2020 年 8 月第 1 版
印　　次：2020 年 8 月第 1 次印刷
ISBN 978－7－5502－8951－2
定　　价：68.00 元

文献分社出品